TRAUNER VERLAG
SCHULBUCH

W0194037

Getränkekunde

Wilhelm Gutmayer
Hans Stickler
Heinz Lenger
René Lenger

HLT
HF
TFS
GAFA
HLW
FW

Wir weisen darauf hin, dass das Kopieren zum Schulgebrauch aus diesem Buch verboten ist – § 42 Absatz (3) der Urheberrechtsgesetznovelle 1996: „Die Befugnis zur Vervielfältigung zum eigenen Schulgebrauch gilt nicht für Werke, die ihrer Beschaffenheit und Bezeichnung nach zum Schul- oder Unterrichtsgebrauch bestimmt sind."

Dieses Buch wurde auf umweltfreundlichem Papier gedruckt – Gruppe A laut Greenpeace.

© 1966
TRAUNER Verlag,
Köglstraße 14, A 4021 Linz
Alle Rechte vorbehalten.

Nachdruck und sonstige Vervielfältigung, auch auszugsweise, nur mit ausdrücklicher Genehmigung des Verlages.

Lektorat: Mag. Flora Stickler
Layout: Kiska GmbH
Titelgestaltung: Mag. Wolfgang Kraml
Umbruch: Christoph Sicher,
Medientechnik Mayrhofer & Partner OEG
Schulbuchvergütung/Bildrechte:
© VBK/Wien
Gesamtherstellung:
TRAUNER Druck, Linz

ISBN 978-3-85499-203-5
Schulbuch-Nr. 3.202
www.trauner.at

Impressum

Gutmayer ua, Getränkekunde
17. Auflage 2008
Schulbuch-Nr. 3.202
TRAUNER Verlag, Linz

Die AutorInnen

WILHELM GUTMAYER
Höhere Lehranstalt für Tourismus Krems

HANS STICKLER
Höhere Lehranstalt für wirtschaftliche Berufe Baden

HEINZ LENGER
Wien

RENÉ LENGER
Las Vegas

Approbiert für den Unterrichtsgebrauch
- an Hotelfachschulen für die 2. Klasse und an höheren Lehranstalten für Tourismus für den II. Jahrgang im Unterrichtsgegenstand Getränke, Bundesministerium für Bildung, Wissenschaft und Kultur, GZ 25.403/0001–V/9/2004;
- an dreijährigen Fachschulen für wirtschaftliche Berufe für die 2. und 3. Klasse und an höheren Lehranstalten für wirtschaftliche Berufe für den II. bis IV. Jahrgang im Unterrichtsgegenstand Küchenführung und Servierkunde; Bundesministerium für Bildung, Wissenschaft und Kultur, GZ 25.403/1–V/1/02;
- an Tourismusfachschulen für die 1. Klasse im Unterrichtsgegenstand Restaurant; Bundesministerium für Unterricht und kulturelle Angelegenheiten, GZ 25.403/19–V/2/95.

Dieses Schulbuch wurde auf der Grundlage eines Rahmenlehrplans erstellt; die Auswahl und die Gewichtung der Inhalte erfolgen durch die Lehrerinnen und Lehrer.

Liebe Schülerin, lieber Schüler,
Sie bekommen dieses Schulbuch von der Republik Österreich für Ihre Ausbildung. Bücher helfen nicht nur beim Lernen, sondern sind auch Freunde fürs Leben.

Einleitung

Das vorliegende Buch ist für den Gegenstand „Getränke" an mittleren und höheren Lehranstalten für Tourismus entstanden. In den weiteren Jahren sind Approbationen für die Fachschulen für wirtschaftliche Berufe, die höheren Lehranstalten für wirtschaftliche Berufe sowie für die Tourismusfachschulen dazu gekommen.
Das Hauptkriterium für die Auswahl der Inhalte war die Anwendbarkeit in der Berufspraxis. Besonders wichtig ist es uns, das erlernte Wissen über Getränke im Verkaufsgespräch umsetzen zu können.

Bei der Erarbeitung dieses Buches setzten wir folgende Schwerpunkte:
- Herkunft und Herstellung der einzelnen Getränke sowie deren Zusammensetzung
- Arten, Sorten und gängige Marken
- Einkauf
- Fachgerechte Lagerung
- Ausschank und Service
- Hinweise zur Gästebetreuung
- Harmonie von Speisen und Getränken
- Auswirkung der Getränke auf die Gesundheit
- Trends am Getränkemarkt

Folgende Piktogramme wurden für die verschiedenen Bereiche gewählt:

 unsere Ziele

 interessante Informationen

 Diskussionsaufgaben

 zum selbstständigen Denken

 Fragen und Arbeitsaufgaben

 Verweise auf andere Schulbücher

Für die vielen Ideen und Anregungen bedanken wir uns besonders bei Herrn **BOL Wolfram Baldauf** von der Landesberufsschule für das Gastgewerbe in Lochau.

Vielen Dank möchten wir all jenen Firmen sagen, die uns Fotos und Unterlagen zur Verfügung gestellt haben:

Brau Union Österreich AG, Linz
Coca-Cola, Wien
Pfanner, Lauterach
Pago, Klagenfurt
Fairtrade, Wien
Römerquelle, Wien
Österreichische Weinmarketing Serviceges.m.b.H., Wien
Gmundner Milch, Gmunden
Dir. Leopold Josef Edelbauer, Wien
Kaffee- und Teeverband, Wien
Nespresso, Wien
Eduscho, Wien
Lavazza, Wien, Herr Alexander Großschopf
Teekanne, Salzburg
Meinl, Wien
Wein & Co., Wien
Schlumberger, Wien

Wir wünschen Ihnen ein intensives Arbeiten, spannende Übungen und Diskussionen und viel Erfolg beim praktischen Umsetzen.

Ihr Autorenteam

Inhaltsverzeichnis

Einführung in die Getränkekunde

Als engagierter Servicemitarbeiter sind Sie gefordert, Ihr Wissen immer wieder zu aktualisieren. Neben der Herkunft und den gesetzlichen Bestimmungen sind die Herstellung und die jeweilige Zusammensetzung wichtig. Über Einkauf und Lagerung sollten Sie ebenfalls Bescheid wissen. Die Gäste sind jedoch erst dann zufrieden, wenn die Getränke auch richtig serviert werden. Also immer daran denken: Nur zufriedene Gäste kommen wieder!

Seit es Wein gibt, wird er zum Essen getrunken. Das Image des Bieres ist in den letzten Jahren beachtlich gestiegen, sodass einzelne Biersorten zu allen Gängen der gehobenen Restaurantküche empfohlen werden. Durch den allgemeinen Trend zu weniger Alkohol, vor allem durch ein gesteigertes Gesundheitsbewusstsein, ist der Vormarsch der Gruppe der alkoholfreien Getränke ungebrochen. Wenn Sie Ihre Gäste im Restaurant über diese und alle anderen Getränkegruppen gut beraten wollen, ist ein Basiswissen der Getränkekunde unerlässlich, wobei die Produktpalette der Getränkeindustrie ständig wächst.

 Unsere Ziele

Nach Bearbeitung dieses Kapitels werden Sie

- die Getränkegruppen nennen können,
- die Verträglichkeit und die Wirkung von Alkohol erklären können.

Besuchen Sie die Internetseite:
http://de.wikipedia.org/wiki/
hauptseite und geben Sie unter
„Suche" eine Getränkegruppe
oder einen Getränkenamen ein.

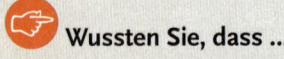 **Wussten Sie, dass ...**

Irrig ist die Ansicht, dass Kaffee
den Abbau von Alkohol beschleu-
nigt. Gerade das Gegenteil ist der
Fall. Kaffee regt den Blutkreislauf
enorm an.

Minuten	ohne Kaffee	mit Kaffee
nach 90	0,71 ‰	0,83 ‰
nach 135	0,84 ‰	0,93 ‰
nach 180	0,60 ‰	0,81 ‰

1 Einteilung der Getränke

Die Getränkekunde unterscheidet alkoholfreie Getränke und solche, die Alkohol enthalten.

1.1 Alkoholfreie Getränke

Unter alkoholfreien Getränken versteht man alle Getränke, die weniger als 5 ml Alkohol pro Liter (0,5 Vol.-%) enthalten. Seit die Promillegrenze bei Alkohol am Steuer auf 0,5 Promille (‰)
gesenkt wurde, sind viele Autofahrer auf alkoholfreie Getränke umgestiegen.

Wir brauchen zwei bis drei Liter Flüssigkeit, vorzugsweise Wasser, am Tag. Ein bis
eineinhalb Liter müssen wir trinken. Den Rest nehmen wir mit Lebensmitteln auf. Fast
alle Lebensmittel (außer Zucker und Öl) enthalten Wasser. Der Anteil liegt zwischen
10 Prozent (Walnüsse, Haselnüsse) und 95 Prozent (Salate, Gemüse, Obst). Wasser ist
das einzige notwendige Getränk und es liefert keine einzige Kalorie.

Alkoholfreie Getränke sind:
- Wasser
- Frucht- und Gemüsegetränke
- Limonaden und Erfrischungsgetränke
- Milch und Milchmischgetränke

Zu den alkoholfreien Getränken zählen auch die alkaloidhaltigen Aufgussgetränke
Kaffee, Tee und Kakao. Alkaloide (Koffein im Kaffee, Tein im Tee) sind verantwortlich für
die anregende Wirkung dieser Getränke.
- Kaffee und Kaffeegetränke
- Kakao
- Tee

1.2 Alkoholische Getränke

Unter alkoholischen Getränken versteht man all jene Getränke, die mehr als 5 ml Alkohol
(= 0,5 Vol.-%) pro Liter enthalten.
Bei Bier und Wein entsteht Alkohol durch Vergärung. Bei den Spirituosen wird durch
Destillation (Brennvorgang) dem Alkohol Wasser entzogen. Der Alkohol wird in Volum-
prozenten (Vol.-%) gemessen und ist auf den Flaschenetiketten angegeben.

Alkoholische Getränke sind:
- Bier
- Wein, Obstweine, Schaumweine, versetzte Weine
- Spirituosen

2 Verträglichkeit und Wirkung von Alkohol

Die Verträglichkeit von Alkohol ist abhängig vom generellen Gesundheitszustand eines
Menschen, vom Körpergewicht, vom Alter (der Körper eines jungen Menschen baut den
Alkohol schneller ab), vom Geschlecht (Frauen vertragen um zirka zwei Drittel weniger
als Männer) sowie von der Tagesverfassung (nie bei Ärger, Aufregung, Sorgen oder
Müdigkeit trinken). Ebenso kommt es darauf an, wie viel man gegessen hat (bei nüch-
ternem Magen geht der Alkohol direkt ins Blut über) und wie schnell man trinkt. In zirka
zwölf Stunden wird 1 ‰ Blutalkohol im Körper abgebaut.

Der durch Alkohol verursachte Rauschzustand ist in seiner Intensität von der Dosis
abhängig. Bei 0,5–1,2 ‰ kommt es bei den meisten Menschen zu einer Enthemmung,
einem verminderten Verantwortungsgefühl, einer Unterschätzung von Gefahren sowie
einer Überschätzung der eigenen Fähigkeiten.

Bei einem Blutspiegel von 1,3–3 Promille Alkohol wird die Berauschung auch äußerlich deutlich sichtbar. Die Bewegungen werden unpräzise und unkoordiniert. Die eigene Reaktionsfähigkeit und die Aufmerksamkeit sinken rapide ab. Doppeltsehen tritt auf. Steigt der Blutspiegel auf über 3 ‰, kommt es allmählich zur Lähmung des Nervensystems (Alkoholvergiftung). Über 4 ‰ Alkohol im Blut können zum Tod führen.

Alkoholmissbrauch

In vielen Ländern ist der Alkoholmissbrauch ein schweres gesellschaftliches Problem. Ungehemmter Alkoholgenuss zerstört die körperliche und geistige Gesundheit sowie die Würde des Menschen. Auch in Österreich ist das Problem Alkohol ein trauriges Kapitel. Immerhin sind eine Viertelmillion Österreicher Alkoholiker, weitere 600.000 sind gefährdet, Alkoholiker zu werden. Besonders unter den Jugendlichen nimmt der vermehrte Konsum von Alkohol in erschreckender Weise zu.
Bei einem über einen langen Zeitraum und regelmäßig durchgeführten Konsum von mehr als 60 Gramm reinen Alkohols pro Tag kommt es bereits zu einer Schädigung des Organismus. Diese Menge Alkohol ist in etwa zwei Flaschen Bier, zwei Vierteln Wein oder zwei großen Schnäpsen enthalten.

Jugendliche und Alkohol

Jugendliche und Kinder sind durch Alkohol besonders gefährdet, da ihr Körper wesentlich empfindlicher darauf reagiert.
Die Bereitschaft, alkoholische Getränke zu trinken, wird durch das „Vorbild" der Erwachsenen oft noch gefördert. Alkoholkonsum gilt für viele als Inbegriff für Erwachsensein. Er erzeugt ein trügerisches Wir-Gefühl. Besonders in jungen Jahren kann dies leicht zur Sucht führen.

Verkehrsteilnehmer

Für Verkehrsteilnehmer sind Kenntnisse über die Verträglichkeit von Alkohol besonders wichtig. Die Reaktionsfähigkeit wird nach dem Konsum von Alkohol stark vermindert. Auch die Aufmerksamkeit, die Sehfähigkeit, das Geschwindigkeitsgefühl und alle Gleichgewichtsempfindungen verschlechtern sich.
In den meisten Staaten liegt die Promillegrenze zwischen 0,5 und 0,8. In Österreich ist die Grenze mit 0,5 Promille festgelegt.

In Österreich ist der Konsum von alkoholischen Getränken durch Kinder und Jugendliche in den Jugendschutzgesetzen der Bundesländer geregelt:
Der **öffentliche** Konsum von **Spirituosen** ist vor dem vollendeten 18. Lebensjahr, in Vorarlberg vor dem 16. Lebensjahr verboten. Der **öffentliche** Konsum von **anderen alkoholischen Getränken** ist vor dem vollendeten 16. Lebensjahr verboten.

If you drink don't drive – if you drive don't drink.
www.dont-drink-and-drive.de

ZUSAMMENFASSUNG

Einteilung der Getränke

Alkoholfreie Getränke sind alle Getränke, die weniger als 5 ml Alkohol pro Liter (0,5 Vol.-%) enthalten. Es sind dies die Wässer, die Frucht- und Gemüsegetränke, die Limonaden und Erfrischungsgetränke sowie die Milch.
Weiters zählen zu den alkoholfreien Getränken auch die alkaloidhaltigen Getränke Kaffee, Kakao und Tee.
Alkoholische Getränke sind Getränke, die mehr als 0,5 Vol.-% Alkohol pro Liter enthalten. Es sind dies die Biere, die Weine, Obstweine, Schaumweine und versetzten Weine sowie die Spirituosen.

Verträglichkeit und Wirkung von Alkohol

Die Verträglichkeit von Alkohol ist abhängig
vom generellen Gesundheitszustand,
vom Körpergewicht,
vom Alter,
vom Geschlecht,
von der Tagesverfassung,
davon, wie viel man gegessen hat und
wie schnell man trinkt.

Die Wirkung von Alkohol ist abhängig von der Dosis. Sie reicht von einer Überschätzung der eigenen Fähigkeiten (bei 0,5–1,2 ‰) über eine enorme Herabsetzung der Reaktionsfähigkeit (bei 1,3–3 ‰) bis zur Lähmung des Nervensystems (über 3 ‰) und zum Tod (über 4 ‰).

(?) Arbeitsaufgaben

1. Nennen Sie die alkoholfreien Getränkegruppen.

2. Ab welchem Alkoholgehalt spricht man von alkoholischen Getränken?

3. Welche Getränke zählen zu den alkoholischen Getränken und wie entsteht der Alkohol?

4. Wie wirkt sich Alkoholismus im Straßenverkehr aus?

Wässer

Der Mensch kann wochenlang ohne Nahrung überleben, aber nur wenige Tage ohne Wasser (verliert man 12 Prozent seiner Körperflüssigkeit, tritt der Tod ein!). Der Tagesbedarf an Flüssigkeit hängt von mehreren Faktoren ab, liegt aber durchschnittlich bei zwei bis drei Litern. Gesteigerte Leistungsanforderung und hohe Tagestemperaturen sind zwei dieser Faktoren.

Bis vor kurzem wurde Wasser – da vermeintlich unbegrenzt verfügbar – als so genanntes freies Wirtschaftsgut gering geschätzt. Durch die Verschmutzung unserer Umwelt ist sauberes Wasser zu einem der kostbarsten Elemente (neben Luft und Erde) geworden. Wasser ist die Lebensgrundlage für den ganzen Planeten. Ca. 70% der Erde sind mit Wasser bedeckt, davon zählen nur 3% zu den Trinkwasserreserven.

In Österreich hat der Konsum von Trinkwasser, das ist Wasser aus privaten und kommunalen Versorgungsanlagen (Wasserleitung, Brunnen, Quelle), stark an Bedeutung verloren. Dies obwohl unser Trinkwasser im internationalen Vergleich einen Spitzenplatz einnimmt. Deutlich an Bedeutung dazugewonnen haben die natürlichen Mineralwässer. Der Pro-Kopf-Verbrauch steigt ständig an.

 Unsere Ziele

Nach Bearbeitung dieses Kapitels werden Sie

- die unterschiedlichen Wässer erklären können,
- die Zusammensetzung von Mineralwasser sowie bekannte Marken nennen können,
- den Einkauf und die Lagerung der Wässer erläutern können,
- wissen, wie die Wässer zu servieren sind,
- über Gesundheit und Wirkung sowie über die Trends auf dem Mineralwasser markt Auskunft geben können.

1 Zusammensetzung

Wasser ist eine Flüssigkeit, die hauptsächlich aus Wasserstoff (H) und Sauerstoff (O) besteht. Je nach Kalkgehalt und gelösten Stoffen (Salzen) unterscheidet man zwischen hartem und weichem Wasser. Hartes Wasser ist zB Kalkgesteinswasser, weiches Wasser ist zB Urgesteins- und Moorwasser. **Weiches Wasser** ist schal im Geschmack, hat große Lösungskraft und eignet sich gut zum Kochen. **Hartes Wasser** ist frisch im Geschmack und daher gut geeignet zum Trinken. Durch den erhöhten Kalkgehalt bilden sich Ablagerungen in Gefäßen, Rohren und Kesseln.

Eine Mineralwasserquelle entsteht, indem Regenwasser hunderte Meter durch verschiedene Gesteinsschichten absickert. Während dieses Verlaufes wird es mit Mineralstoffen, Spurenelementen und CO_2 (Bestandteil der Kohlensäure) angereichert und nebenbei auch filtriert.

Mineralstoffe sind für die Erhaltung der Gesundheit und Leistungsfähigkeit sehr wichtig.

CO_2 in Verbindung mit Wasser ergibt Kohlensäure.

2 Trinkwasserarten

Trinkwasser	Sodawasser	Natürliches Mineralwasser	Tafelwasser	Heilwasser
Abgefülltes Trinkwasser		Säuerling oder Sprudel Stilles, mildes und sanftes Mineralwasser Natürliches Mineralwasser ohne Kohlensäure Aromatisiertes Wasser		

2.1 Trinkwasser

Trinkwasser ist bei uns in erster Linie Quell- und Grundwasser. Es soll einen angenehmen und erfrischenden Geschmack haben, farb- und geruchlos sein. Es darf keine Krankheitskeime, Ekel erregenden Stoffe und giftigen Bestandteile enthalten. Trinkwasser aus eigenen Brunnen oder aus Quellen, das für die Zubereitung von Speisen und Getränken sowie für die Geschirrreinigung verwendet wird, muss von den Gesundheitsbehörden überprüft werden. **Abgefülltes Trinkwasser** ist industriell abgefülltes Wasser, das aufbereitet werden darf. **Natürliches Quellwasser** muss aus einem unterirdischen Vorkommen stammen und unterliegt denselben Richtlinien, die für natürliches Mineralwasser gelten. Es ist kein ernährungsphysiologisches Gutachten erforderlich.

Trinkwasser wird gerne zum Mischen von alkoholfreien Getränken bestellt. In vielen Betrieben wird gekühltes Trinkwasser von der Thekenzapfanlage angeboten.

2.2 Sodawasser

Sodawasser ist Trinkwasser, das mit Kohlensäure (mind. 4 Gramm pro Liter) versetzt wird und in Plastikflaschen und Containern, luftdicht abgefüllt, in den Handel kommt. Man verwendet Sodawasser zum Mischen mit alkoholfreien und alkoholischen Getränken, zB zur Herstellung von Soda-Zitrone, Gspritztem, Whisky-Soda, Campari-Soda.
Für die Gastronomie ist Sodawasser von Bedeutung, da es an Ort und Stelle mit Thekenzapfgeräten hergestellt werden kann. Sodawasser ist ein für Österreich spezifisches Getränk.

2.3 Natürliches Mineralwasser

Mineralwasser ist Quellwasser von ursprünglicher Reinheit, das am Quellort oder in unmittelbarer Nähe abgefüllt wird und einem behördlichen Anerkennungsverfahren unterzogen wurde. Die Bezeichnung „natürlich" sagt es schon aus: Das Wasser darf nicht mehr behandelt werden. Es darf lediglich Kohlensäure zugesetzt und Eisen entfernt werden.

Der Anteil der Mineralstoffe ist meist auf dem Etikett angegeben:
bis 50 mg/l: sehr geringer Gehalt an Mineralien
bis 500 mg/l: geringer Gehalt an Mineralien
ab 1.500 mg/l: hoher Gehalt an Mineralien

Aromatisierte Wässer = Auch als Near-water-Getränke bezeichnet zählt diese Gruppe zu den Erfrischungsgetränke, zB Römerquelle Emotion, Vöslauer Balance und Gasteiner Elements; in verschiedenen Sorten.

1 Alpquell (Münster)

2 Frankenmarkter (Frankenmarkt)

3 Gasteiner (Badgastein)

4 Gleichenberger Johannisbrunnen (Bad Gleichenberg)

5 Güssinger (Sulz bei Güssing)

6 Juvina (Deutschkreutz)

7 Long Life, Sicheldorfer Josefsquelle (Bad Radkersburg)

8 Markusquelle (Pöttsching)

9 Montes (Reith)

10 Peterquelle (Deutsch-Goritz)

11 Preblauer (Prebl)

12 Römerquelle (Edelstal)

13 Silberquelle (Brixlegg)

14 Severinquelle (Gerersdorf bei Güssing)

15 Sulzegger (St. Nikolai ob Drassling)

16 Vöslauer (Bad Vöslau)

17 Waldquelle (Kobersdorf)

www.roemerquelle.at
www.voeslauer.at
www.juvina.at
www.gasteiner.at
www.montes.at
www.forum-mineralwasser.at

Natürliches Mineralwasser muss den strengen Bestimmungen des Lebensmittelcodex entsprechen und mindestens

- 1.000 mg (1 g) gelöste feste Stoffe pro Liter oder
- mindestens 250 mg natürliches Kohlendioxid enthalten oder
- entsprechende ernährungsphysiologische Eigenschaften aufweisen, die durch ein Gutachten belegt sind.

Bezeichnung für natürliche Mineralwässer	
Säuerling oder Sprudel	Ein Säuerling ist ein natürliches Mineralwasser, das nur eigene Quellkohlensäure enthält. Es wird keine Kohlensäure zugesetzt. Als Sprudel können Säuerlinge bezeichnet werden, die unter natürlichem Gasdruck hervortreten („hervorsprudeln").
Stilles, mildes und sanftes Wasser (kohlensäurearmes Wasser)	Wässer mit weniger Kohlensäurezusatz, üblicherweise $1,5 - 2,5$ g CO_2/l.
Natürliches Mineralwasser ohne Kohlensäure	Mit wenig quelleigener Kohlensäure versetzt.
Aromatisiertes Wasser (Flavoured water)	Mineralwasser, mit Auszügen von Früchten oder Kräutern aromatisiert.

Bekannte Mineralwassermarken

Österreich

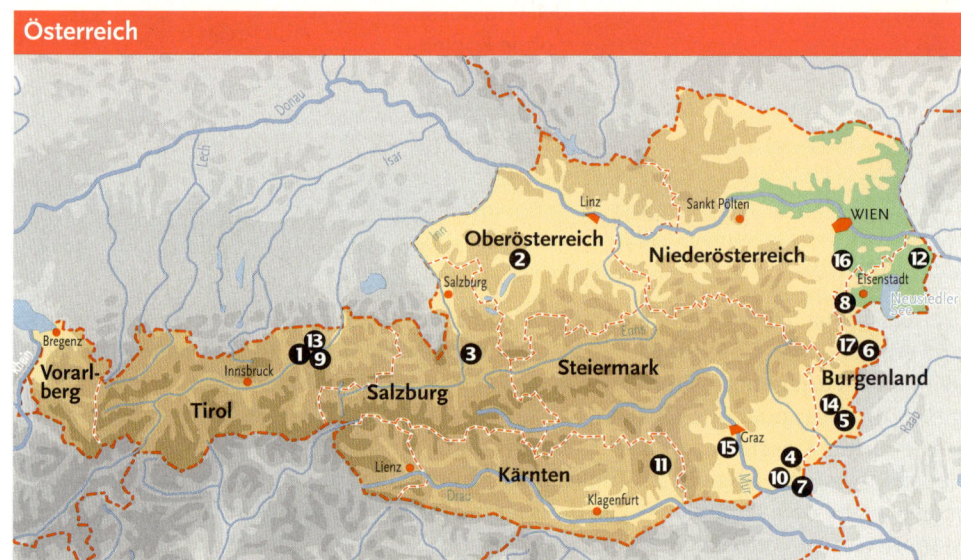

Andere Länder	
Deutschland	Apollinaris, Staatlich Fachingen, Gerolsteiner, Selters, Taunusquelle, Überkinger etc.
Frankreich	Badoit, Contrexéville, Evian, Perrier, Vittel, Vichy etc.
Schweiz	Eptinger, Henniez, Passugger, Valser etc.
Italien	Plose (Südtirol), Fabia, San Benedetto, San Pellegrino, Panna etc.
Belgien	Spa etc.
Slowenien	Radenska, Rogaska etc.
Ungarn	Parady etc.
Tschechien	Karlsbader etc.
Großbritannien	Malvern, Hildon, Ty Nant etc.

2.4 Tafelwasser

Tafelwasser ist Wasser, das aufbereitet und nachträglich behandelt werden darf (zB durch Zusatz von Mineralstoffen). Basis für Tafelwässer können Trink- oder Mineralwässer sein, die mit Kohlensäure versetzt oder in ihrer natürlichen Beschaffenheit abgefüllt werden. Früher wurden sie als künstliche Mineralwässer bezeichnet.

2.5 Heilwasser

Heilwasser ist ein Mineral- oder Thermalwasser mit nachgewiesener Heilwirkung. Thermalwasser muss beim Austritt aus der Erde eine Temperatur von mindestens 20 °C aufweisen. Es wird bei 16 bis 18 °C getrunken. Der Handel bleibt Apotheken und Drogerien vorbehalten und unterliegt der Arzneimittelverordnung.

3 Einkauf und Lagerung

Im Sortiment sollte man sowohl kohlensäurehaltige als auch stille Mineralwässer haben. Heimischen Produkten ist aufgrund ihrer Qualität (außergewöhnlichen Reinheit, ihres hohen Mineralstoffgehalts) der Vorzug zu geben. Die bekanntesten Marken sind überregional erhältlich, es gibt jedoch auch Wässer von regionaler Bedeutung.

Österreichische Mineralwässer für die Gastronomie sind in folgenden Flaschengrößen erhältlich: 0,2 l – 0,25 l – 0,33 l – 0,5 l – 0,75 l – 1 l.

In unangebrochenen Flaschen ist Mineralwasser über einen längeren Zeitraum (siehe Ablaufdatum) haltbar. Man lagert es am besten kühl und dunkel. In angebrochenen Flaschen wird Mineralwasser mit der Zeit schal.

Staatlich Fachingen ist ein bekanntes deutsches Heilwasser, das in der deutschen Gastronomie häufig angeboten wird.

Die Etikette kann Informationen über das Getränk geben und sowohl beim Einkauf als auch beim Verkauf behilflich sein.

Etikettensprache

⬜ Markenname: Quell-, Orts- bzw. Fantasiename

⬜ Art/Sorte

⬜ Firma, Herkunft: Name, Standort

⬜ Analysenauszug: Name und Menge der gelösten Stoffe, Hinweis auf entzogene Stoffe (zB enteisent)

⬜ Analyseinstitut: Name, Ort, Analysedatum

⬜ Mindesthaltbarkeitsdatum

⬜ Füllmenge: e = EU-Norm

⬜ EAN-Code (europäischer Artikelnummerncode): ist eine computerlesbare Aneinanderreihung von Strichen; verschlüsselt sind darin das Herstellungsland, der Herstellungsbetrieb, sowie die Artikelnummer

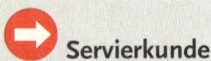 Je mineralhältiger ein Wasser ist, desto geschmacks-intensiver ist es. Zum Mischen eignen sich stark mineralhältige Wässer schlecht, da Farb- und Geschmacksveränderungen möglich sind. Mineralwässer, die sich wegen ihrer hohen Minerali-sierung kaum als Speisenbeglei-ter eignen, dürfen nicht als min-dere Qualität angesehen werden.

Servierkunde

Was ist der Deckungsbeitrag?

Verkaufspreis

– gesetzliche Zuschläge
  (Umsatzsteuer,
  Bedienungsentgelt usw.)

– Wareneinsatz

Deckungsbeitrag

Wellness = Wohlbefinden

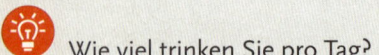 Wie viel trinken Sie pro Tag?

4 Service

Service, Gläser, Verwendung	
Service	■ Ideale Trinktemperatur 8 °C ■ Eiswürfel und Zitrone nur auf Wunsch des Gastes (Eis verwässert, Zitrone überdeckt den Eigengeschmack)
Gläser	Gläser mit Firmenaufdruck, Wasserglas (1), Stielwasserglas (2), mittlerer Tumbler (3), großer Tumbler (4)
Verwendung	■ Als Durstlöscher ■ Als zusätzliche Aufmerksamkeit im Hotelzimmer ■ Als Diätgetränk ■ Zu Kaffee- und Teezubereitung, zur Speisenzubereitung sowie begleitend zu Kaffeegetränken ■ Zum Mischen mit alkoholfreien und alkoholischen Getränken ■ Zur Neutralisierung des Geschmackes, zB bei Weinwechsel ■ Idealer Begleiter zu jeder Speise

Hinweise zur Gästebetreuung

Mineralwasser ist das deckungsbeitragsstärkste Segment in der Gastronomie und liegt dies-bezüglich noch vor Tee und Kaffee. Immerhin braucht man für das Service von Mineralwasser keine Maschinen und keine zeitaufwändigen und arbeitsintensiven Vorbereitungen.

Fragen und empfehlen Sie. Sie vermitteln dem Gast das Gefühl, dass er es mit einem Servicemitarbeiter zu tun hat, der um eine gute Betreuung bemüht ist.

■ „Wünschen Sie ein Mineralwasser mit oder ohne Kohlensäure?"
■ „Soll es gekühlt oder ungekühlt sein?"
■ „Welche Flaschengröße darf ich Ihnen bringen – eine kleine (0,25 l) oder ein große (0,75 l) Flasche?"

Mineralwasser-Spezialitätenkarten können in Zeiten, in denen Begriffe wie Wellness, gesunde Ernährung, Kalorienbewusstsein etc. in aller Munde sind, eine wachsende Interessentengruppe ansprechen.

5 Gesundheit und Wirkung

Etwa zwei bis drei Liter Flüssigkeit, über den Tag verteilt, sind nötig, um den ständigen Flüssigkeitsverlust auszugleichen und eine einwandfreie Funktion des Stoffwechsels zu gewährleisten. Diese zwei bis drei Liter werden dem Körper in Form von Getränken und Nahrungsmitteln zugeführt. Der Wasseranteil der Lebensmittel ist jedoch unterschied-lich hoch und liegt zwischen 10 und 95 Prozent. Brot enthält zB 40 bis 50 % Wasser, in Fleisch und Fisch sind 50 bis 80 % Wasser enthalten.

Mineralwässer sind die gesündesten Durstlöscher, haben keine Kalorien und sind ide-ale Mineralstofflieferanten. Auch für Diäten eignen sie sich vorzüglich. In Kuranstalten werden Trinkkuren angeboten. Kohlensäurearme Mineralwässer sind bekömmlicher, da die Kohlensäure in großen Mengen blähend wirken kann und den Magen übersäuert. Die Kohlensäure fördert darüber hinaus die Alkoholaufnahme ins Blut. Als Begleiter, zB zum Wein, empfiehlt sich daher ein kohlensäurearmes Wasser. Eine Ausnahme sind Mischungen. Sie sollen ja spritzig sein. Verwenden Sie daher für einen Gspritzten ein kohlensäurereiches Wasser oder ein Sodawasser.

Trends

In Österreich hat der Konsum von natürlichen Mineralwässern deutlich zugenommen. Neue Impulse geben die 0,75-l-Flasche in der Gastronomie sowie die Auswahl an Wässern mit unterschiedlichem Kohlensäuregehalt (ohne Kohlensäure, mit wenig Kohlensäure, mit Kohlensäure).

Mit eleganten und originellen Flaschenformen und Etiketten wird dem Konsumenten die hohe und edle Qualität des Produktes vermittelt. Ein ganz bestimmter Lifestyle wird von den Herstellern geschaffen bzw. angesprochen. Nicht zuletzt durch ein gesteigertes Gesundheitsbewusstsein ist eine neue Wasserkultur entstanden.

Die Mineralwasserfirmen unterstützen die Betriebe in Form von Mitarbeiterschulungen beim aktiven Verkauf.

Wie viel Einfluss hat die Werbung auf die neue „Wasserkultur"? Denken Sie an Werbeplakate, Flaschenettiketten etc.

? Fragen und Arbeitsaufgaben

1. Erklären Sie den Unterschied zwischen Trinkwasser, Sodawasser, natürlichem Mineralwasser und Heilwasser.

2. Beschreiben Sie die Zusammensetzung von Mineralwasser und nennen Sie fünf nationale und fünf internationale Mineralwassermarken.

3. Worauf soll man beim Einkauf und bei der Lagerung von Mineralwasser achten?

4. Sammeln Sie Etiketten und besprechen Sie diese mit Ihrem Banknachbarn. Welche Wirkung haben die einzelnen Mineralstoffe auf den menschlichen Körper? Nehmen Sie die Unterlagen aus Ernährungslehre oder ein Lexikon zu Hilfe.

5. Wie wird Mineralwasser serviert? Welche Gläser werden verwendet?

6. Wie viel Flüssigkeit sollte der Mensch täglich zu sich nehmen?

ZUSAMMENFASSUNG

Wasser besteht hauptsächlich aus Wasserstoff und Sauerstoff. Es gibt hartes und weiches Wasser, das sich aus dem Kalkgehalt und der Menge an gelösten Stoffen (Salzen) ergibt. Mineralwasser enthält Mineralstoffe, Spurenelemente und CO_2.

Trinkwasser ist Quell- und Grundwasser. Es unterliegt einer Qualitätsprüfung.
Sodawasser ist Trinkwasser, das mit Kohlensäure versetzt wird.
Natürliches Mineralwasser ist Quellwasser, das am Quellort abgefüllt wird. Es muss mindestens 1.000 mg (1 g) gelöste feste Stoffe pro Liter oder mindestens 250 mg freies Kohlendioxid enthalten. Weiters kann es als natürliches Mineralwasser deklariert werden, wenn es entsprechende ernährungsphysiologische Eigenschaften aufweist, die durch ein Gutachten belegt sind. Das Wasser darf nicht mehr behandelt werden. Es darf lediglich Kohlensäure zugesetzt und Eisen entfernt werden. Zusatzbezeichnungen sind **Säuerling** oder **Sprudel**, **stilles**, **mildes** und **sanftes Wasser** (kohlensäurearmes Wasser), **natürliches Mineralwasser ohne Kohlensäure** und **aromatisiertes Wasser**.

Tafelwasser ist Wasser, das aufbereitet und nachträglich behandelt werden darf.
Heilwasser ist ein Mineral- oder Thermalwasser mit nachgewiesener Heilwirkung.

Einkauf und Lagerung: Österreichische Mineralwässer für die Gastronomie sind in folgenden Flaschengrößen (Glas- und Kunststoffflaschen) erhältlich: 0,2 l – 0,25 l – 0,33 l – 0,5 l – 0,75 l – 1 l. Man sollte im Betrieb sowohl kohlensäurehaltige wie auch stille Mineralwässer haben.

Service: Die ideale Trinktemperatur ist 8 °C. Eiswürfel und Zitrone nur auf Wunsch des Gastes. **Gläser:** Wasserbecher, Stielwasserglas, mittlerer oder großer Tumbler, Gläser mit Firmenaufdruck.

Gesundheit und Wirkung: Etwa zwei bis drei Liter Flüssigkeit sind nötig, um den ständigen Flüssigkeitsverlust des Körpers auszugleichen. Die Flüssigkeit liefern uns Getränke und Nahrungsmittel. Der Wasseranteil der Lebensmittel ist jedoch unterschiedlich hoch. Kohlensäurearme Mineralwässer sind bekömmlicher, da die Kohlensäure in großen Mengen blähend wirken kann.

Trends: Der Konsum von natürlichen Mineralwässern nimmt deutlich zu. Neue Impulse geben die 0,75-l-Flasche in der Gastronomie sowie die Auswahl an Wässern mit unterschiedlichem Kohlensäuregehalt.

Frucht- und Gemüsegetränke

Das „flüssige Obst und Gemüse" ist gesund. Sein süßer Geschmack ist gleichermaßen bei Kindern und Jugendlichen als auch bei Erwachsenen beliebt. Süßes wird jedoch oftmals nur mit schlechtem Gewissen verzehrt. Neue Forschungen der Ernährungswissenschaftler haben ergeben, dass für gesunde Menschen der natürliche Fruchtzucker keinesfalls ein Gesundheitsrisiko darstellt.

Frucht- und Gemüsegetränke werden aus frisch gepressten Säften bzw. aus Saftkonzentraten hergestellt. Sie haben in der Ernährung einen hohen Stellenwert, da sie wichtige Stoffe für den menschlichen Organismus und seinen Stoffwechsel liefern. Die unvergorenen Säfte enthalten neben dem Hauptbestandteil Wasser auch große Mengen an Zucker, lebenswichtigen Vitaminen, Mineralstoffen und natürlichen Fruchtsäuren. Wurde Zucker in der Vergangenheit ernährungsphysiologisch eher negativ beurteilt, so weiß man heute, dass er über positive Eigenschaften verfügt, wie eine Steigerung der Leistungsfähigkeit sowie eine positive Wirkung auf die Regeneration nach intensiver körperlicher Belastung.

 Unsere Ziele

Nach Bearbeitung dieses Kapitels werden Sie

■ die Herstellung sowie die verschiedenen Konservierungsmethoden von Frucht- und Gemüsegetränken erklären können,

■ den Unterschied zwischen Fruchtsäften, Fruchtnektaren und Sirupen sowie von Gemüsesäften, Gemüsetrunken und Gemüsenektaren erläutern können,

■ bekannte Frucht- und Gemüsegetränkemarken nennen können,

■ wissen, wie man Frucht- und Gemüsegetränke lagert und serviert,

■ die Auswirkungen der Frucht- und Gemüsegetränke auf die Gesundheit veranschaulichen können.

1 Herstellung

Fruchtsäfte sind frisch gepresst am wertvollsten. Die Produktionsschritte sind:

- Waschen und Maischen (Zerkleinern) der Früchte
- Pressen der Maische
- Filtrieren bzw. Klären des gewonnenen Saftes

Bei der gewerbsmäßigen Produktion, die auf eine Haltbarkeit der Säfte angewiesen ist, durchläuft die Erzeugung noch folgende Schritte:

- Konservieren
- Abfüllen in Flaschen, Dosen oder Tetrapacks

Die Konservierung erfolgt u.a. durch:	
Pasteurisieren	Der Saft wird einige Sekunden auf 70 °C erhitzt und dann abgekühlt.
Eindicken	Dem Saft wird im Vakuumverdampfer bei 10 bis 20 °C Wasser entzogen. Die Säfte sind konzentriert bzw. verdickt. Fügt man die entsprechende Menge Wasser wieder zu, entstehen die ursprünglichen Säfte mit denselben Eigenschaften.

2 Arten von Frucht- und Gemüsegetränken

Fruchtgetränke	Sirupe	Gemüsegetränke	Süßmoste
Fruchtsaft Fruchtsaft aus Fruchtsaftkonzentrat Konzentrierter Fruchtsaft Fruchtnektar		Gemüsesaft Gemüsetrunk Gemüsenektar	

2.1 Fruchtgetränke

Allen Fruchtgetränken können Vitamine und Mineralstoffe sowie Kohlensäure zugesetzt werden.

Fruchtsaft	Ein Fruchtsaft ist das gärfähige, jedoch nicht gegorene aus gesunden und reifen Früchten einer oder mehrerer Fruchtarten gewonnene Erzeugnis. Farbe, Aroma und Geschmack müssen die für die verwendete Fruchtart charakteristischen Eigenschaften aufweisen.
Fruchtsaft aus Fruchtsaftkonzentrat	Ist ein Fruchtsaft, dem das bei der Konzentrierung entzogene Wasser wieder zugefügt wird.
Konzentrierter Fruchtsaft (Fruchtsaftkonzentrat)	Er wird aus dem Saft einer oder mehrerer Fruchtarten durch physikalischen Entzug des natürlichen Wassergehalts hergestellt. Das zur Abgabe an den Konsumenten bestimmte Erzeugnis muss mindestens auf das halbe Volumen des ursprünglichen Saftes eingedickt worden sein.
Fruchtnektar	Ein Fruchtnektar ist ein Fruchtsaft (mit einem Anteil von mindestens 25 %, meist jedoch einem viel höheren), dem Wasser und Zucker und/oder Honig (bis höchstens 20 % des Gesamtgewichtes) zugesetzt wurden. Er kann nicht nur aus Fruchtsäften und konzentrierten Fruchtsäften, sondern auch aus getrocknetem Fruchtsaft (Fruchtsaftpulver) oder Fruchtmark bzw. einem Gemisch dieser Erzeugnisse hergestellt werden. Der Fruchtgehalt ist deutlich sichtbar in der Sachbezeichnung anzugeben.

Sirupe werden für alkoholfreie und alkoholische Mischgetränke und für Milchmischgetränke verwendet.

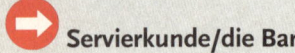 **Servierkunde/die Bar**

2.2 Sirupe

Sirupe sind Dicksäfte mit hohem Zuckergehalt, die durch Verdünnen mit Wasser trinkfähig gemacht werden. Sie können Fruchtanteile, naturidentische Aromastoffe oder künstliche Aromen enthalten. Der Verdünnungsfaktor muss angegeben werden (zB 1:6, dh, ein Teil Sirup wird mit sechs Teilen Wasser verdünnt).

2.3 Gemüsegetränke

Gemüsesaft	Ist ein zum unmittelbaren Genuss bestimmtes unvergorenes oder milchsauer vergorenes Erzeugnis aus Gemüse. Er wird aus Gemüserohsäften erzeugt. In der Regel müssen 100 Prozent des betreffenden Gemüses enthalten sein. Gemüsesäfte können auch aus konzentrierten Gemüserohsäften durch Rückverdünnen mit Trinkwasser hergestellt werden.
Gemüsemischsaft	Er besteht aus mindestens zwei Gemüsesäften. Gegebenenfalls können zur geschmacklichen Abrun dung höchstens 10 % Gemüsemark oder Fruchtsäfte und Fruchtmark zugefügt werden.
Gemüsesaftcocktail	Er besteht aus mindestens drei Gemüsesäften.
Gemüsetrunk, Gemüsenektar	Mit Trinkwasser verdünnte Zubereitung aus mindestens 40 Prozent Gemüsesaft oder Gemüsemark. Vorwiegend werden Karotten-, Tomaten-, Sauerkraut-, Weißkraut-, Sellerie- und Rote-Rüben-Säfte sowie Mischungen angeboten.

2.4 Süßmoste

Süßmoste sind unfermentierte Fruchtsäfte aus Beeren- und Mischobst (Äpfeln und/oder Birnen) sowie Trauben mit natürlichem Zuckergehalt. Um ihre Haltbarkeit zu verlängern, werden sie pasteurisiert bzw. homogenisiert.

2.5 Bekannte Frucht- und Gemüsegetränkemarken

Österreich
Cappy (gehört zur Coca-Cola-Gruppe)
Pfanner (Gourmet) – Lauterach (Vorarlberg)
Rauch (Happy Day, Bravo, 100 Pro) – Rankweil (Vorarlberg)
Pago (Pago) – Klagenfurt (Kärnten)
Biodiät – Klagenfurt (Kärnten)
Mautner Markhof (Sirupe) – Wien
Ybbstaler Obstverwertung (YO, Obi, Hohes C) – Kröllendorf (Niederösterreich)
Spitz (Sirupe) – Attnang-Puchheim (Oberösterreich)
Darbo (Sirupe) – Stans (Tirol)

Deutschland
Valensina, Punica, Riemerschmid (Sirupe), Diäta, Schneekoppe, Granini, Niehoffs, Vaihinger, Burkhard

Schweiz
Biotta

Italien
Zuegg (die Säfte heißen Skipper), Fabbri (Sirupe)

Frankreich
Monin (Sirupe)

www.pago.cc
www.fruchtsaefte.info
www.eckes-granini.at

3 Einkauf und Lagerung

Frucht- und Gemüsegetränke werden heute in verschiedenen Qualitäten in allen Betrieben angeboten. Sie sind in den verschiedensten Handelsformen erhältlich. In der Gastronomie werden sie jedoch, wenn sie nicht frisch gepresst sind, normalerweise in Flaschen serviert. Teilweise sind Postmixanlagen PET-Flaschen und Tetrapaks in Verwendung. Man lagert Frucht- und Gemüsesäfte am besten kühl und dunkel. In angebrochenen Gebinden gären sie in kurzer Zeit.

Etikettensprache

4 Service

Service, Gläser, Verwendung

Service	■ Ideale Trinktemperatur 8 °C. ■ In der Orginalflasche mit Glas (mit Firmenaufdruck) serviert. ■ Gemüsegetränke im Glas auf Untertasse mit Serviette und Kaffeelöffel. ■ Bei Gemüsegetränken evtl. Menagen einstellen. Zu Karottensaft wird oft etwas Olivenöl gereicht bzw. beigemischt, da es die Aufnahme des enthaltenen Provitamins A steigert. Es wird im Körper zum Vitamin A umgewandelt. ■ Fruchtsatz vor dem Ausschenken aufschütteln bzw. aufrühren. ■ Eis auf Wunsch des Gastes.
Gläser	Stielwasserglas (1), mittlerer Tumbler (2), großer Tumbler (3)
Verwendung	■ Als Aperitif. ■ Zum Frühstück. ■ Als Erfrischungsgetränk. ■ Als Fitness- bzw. Wellnessgetränk. ■ Begleitend zu Baby-, Kranken- und Schonkost sowie vegetarischen Gerichten und Vollwertkost.

Kleines ABC der Etikettensprache

Ascorbinsäure: Vitamin C

Fructose: Zuckerart mit einer sehr hohen Süßkraft

Saccharose: Zuckerart, die sehr häufig von der Getränkeindustrie verwendet wird

Multivitaminsaft: Saftmischung aus 10 bis 12 Fruchtsorten

„Reich an Vitamin C": Vitamin-C-Gehalt von mindestens 250 mg pro Liter Saft

„Vitamin-C-haltig": Vitamin-C-Gehalt von mindestens 150 mg pro Liter Saft

„ohne Zuckerzusatz": nicht zwingend ein zuckerfreies Getränk; es wird zwar kein Zucker zugesetzt, enthält jedoch in der Regel frucht-eigenen Zucker.

👉 **Wussten Sie, dass ...**

schäumende Fruchtsäfte oder Säfte, die Alkoholgeruch verströmen, bereits in Gärung übergegangen sind? Sie dürfen auf keinen Fall serviert werden!

➡ **Servierkunde**

Hinweise zur Gästebetreuung

Bieten Sie als Aperitif frisch gepressten Orangensaft an. Bei gespritzten Säften wird immer häufiger nach Leitungswasser anstelle von Mineral- oder Sodawasser verlangt.

Wussten Sie, dass ...

ein Viertelliter Orangensaft den Tagesbedarf eines Erwachsenen an Vitamin C decken kann?

FAIRTRADE

5 Gesundheit und Wirkung

Eine gesunde Ernährung ist ohne Obst und Gemüse undenkbar. Dies gilt auch für die Getränke, die aus ihnen hergestellt werden. Der Fruchtzucker geht rasch ins Blut über, daher sind diese Getränke kräftigend und nahrhaft. Durch Vitamine kann Erkältungskrankheiten vorgebeugt werden. Ein Großteil der für die Entschlackung, den Stoffwechsel und die Blutbildung notwendigen Mineralstoffe ist in ihnen enthalten. Die natürlichen Fruchtsäuren wirken ebenfalls entschlackend und durststillend. Die meisten Fruchtsäfte haben allerdings einen hohen Kaloriengehalt.

Trends

Durch die Tendenz zu weniger Alkohol (0,5 Promille bei Autofahrern), aber vor allem durch ein erhöhtes Gesundheitsbewusstsein erfreuen sich Frucht- und Gemüsesäfte wachsender Beliebtheit. Die Angebotspalette wird durch neue Kreationen ständig erweitert. Einer Studie zufolge bevorzugen die Konsumenten Apfel- und Orangensaft vor allen anderen Sorten. Sortenreine, meist naturtrübe Apfelsäfte sowie Mischsäfte, wie Apfel-Birne, werden verstärkt in den Gastronomiebetrieben angeboten. Auf dem Markt sind auch Frucht- und Gemüsesaftkombinationen, wie z. B. Orangen-Karotten-Zitrone. Gut etabliert haben sich die „ACE-Getränke". Darunter versteht man Frucht- und Gemüsegetränke, denen zusätzlich die Vitamine A, C und E zusammen mit Mineralstoffen beigefügt werden (zB Pago ACE). Nicht zuletzt durch die gestiegene Nachfrage nach Bioerzeugnissen werden immer mehr Säfte aus biologischen Produkten hergestellt, die z. B. im Fall von Orangen, durch Fairtrade vertrieben werden.

(?) Arbeitsaufgaben

1. Erklären Sie die Herstellung von Frucht- und Gemüsesäften. Wie können sie haltbar gemacht werden?

2. Wo liegt der Unterschied zwischen Fruchtsaft und Fruchtnektar?

3. Wo finden Sirupe in der Gastronomie Verwendung?

4. Aus welchen Sorten werden vorwiegend Gemüsesäfte hergestellt?

5. Nennen Sie einige bekannte Frucht- und Gemüsegetränkemarken.

6. Wie lagert man Frucht- und Gemüsegetränke?

7. Was ist beim Service von Frucht- und Gemüsesäften zu beachten?

8. Nennen Sie einige Verwendungszwecke von Frucht- und Gemüsesäften.

ZUSAMMENFASSUNG

Herstellung
Die Produktionsschritte sind Waschen, Maischen, Pressen und Filtrieren. Bei der gewerbsmäßigen Produktion, die auf eine Haltbarkeit der Säfte angewiesen ist, werden sie vor dem Abfüllen konserviert. Die Konservierung erfolgt durch Pasteurisieren bzw. Eindicken.

Arten von Frucht- und Gemüsegetränken
Ein **Fruchtsaft** ist das gärfähige, jedoch nicht gegorene aus gesunden und reifen Früchten einer oder mehrerer Fruchtarten gewonnene Erzeugnis. Einem **Fruchtsaft aus Fruchtsaftkonzentrat** wird das bei der Konzentrierung entzogene Wasser wieder zugefügt. Ein **konzentrierter Fruchtsaft (Fruchtsaftkonzentrat)** wird aus dem Saft einer oder mehrerer Fruchtarten durch Entzug des natürlichen Wassergehalts hergestellt. Ein **Fruchtnektar** ist ein Fruchtsaft, dem Wasser und Zucker und/oder Honig sowie Fruchtmark und Aromen zugesetzt wurden. Der Fruchtgehalt ist deutlich sichtbar in der Sachbezeichnung anzugeben.

Sirupe sind Dicksäfte mit hohem Zuckergehalt, die durch Verdünnen mit Wasser (zB 1:6) trinkfähig gemacht werden. Sie können naturidentische Aromastoffe oder künstliche Aromen enthalten.

Gemüsesäfte sind 100-prozentige Säfte. Bestehen sie aus mindestens zwei Gemüsesäften heißen sie **Gemüsemischsäfte**, aus mindestens drei Gemüsesäften **Gemüsesaftcocktail**.
Gemüsetrunk, Gemüsenektar sind mit Trinkwasser verdünnte Zubereitungen aus mindestens 40 Prozent Gemüsesaft oder Gemüsemark. Vorwiegend werden Karotten-, Tomaten-, Sauerkraut-, Weißkraut-, Sellerie- und Rote-Rüben-Säfte sowie Mischungen angeboten.

Süßmoste sind unfermentierte Fruchtsäfte, die zur Haltbarmachung pasteurisiert bzw. homogenisiert werden.

Man lagert Frucht- und Gemüsesäfte am besten kühl und dunkel. In angebrochenen Flaschen gären sie in kurzer Zeit.

Fruchtgetränke werden in der Originalflasche mit Glas (evtl. mit Firmenaufdruck) serviert, Gemüsegetränke im Glas auf Untertasse mit Serviette und Kaffeelöffel. Die **Trinktemperatur** beträgt 8–10 °C. Bei Gemüsegetränken evtl. Menagen einstellen.

Erfrischungsgetränke

Die alkoholischen „Verwanten" sind die Alcopops (zirka 4 Vol.-%, mit intensivem Fruchtgeschmack) und die Spirituosendrinks, die einen höheren Alkoholgehalt aufweisen.
Bekannte Alcopops sind zB Two Dogs, Hooch, Go!, Puschkin Red Tank und K'atú. Zu den Spirituosendrinks zählen zB Pepito (Tequila-Zitrone) und cyBer Red (Limettenlikör mit Guarana).

Erfrischungsgetränke sind trinkfertige Erzeugnisse, die aus Wasser oder Mineralwasser mit oder ohne Zusatz von Kohlensäure, geruchs-, geschmacks- und farbgebenden Zusätzen sowie süßenden Stoffen hergestellt werden und nicht mehr als 0,5 Prozent Alkohol pro Liter enthalten. Außerdem können Mineralsalze, Vitamine, Molke und Malzextrakte zugesetzt werden. Als süßende Stoffe können Zucker und Süßungsmittel verwendet werden.
Zu den Erfrischungsgetränken zählen auch die aromatisierten Mineralwässer (siehe Seite 12) und der Eistee (siehe Seite 48).

 Unsere Ziele

Nach Bearbeitung dieses Kapitels werden Sie

- die Zusammensetzung von Fruchtsaftlimonaden und Limonaden (in ihren unterschiedlichen Formen) erläutern können,

- einen Überblick über die bekanntesten Limonadenmarken geben können,

- die Begriffe Brausen, Kracherl, isotonische Getränke, Mineralstoffgetränke, Energy- oder Powerdrinks sowie Wellnessdrinks erklären können,

- erläutern können, worauf es beim Einkauf und bei der Lagerung sowie beim Service von Erfrischungsgetränken ankommt,

- die unterschiedlichen Ausschankanlagen erklären können,

- über die Wirkung der einzelnen Erfrischungsgetränke Ihre Meinung abgeben können.

Als natürliche Limonade wird ein Getränk bezeichnet, das aus dem frisch gepressten Saft von Zitrusfrüchten mit Wasser, Mineralwasser, Zucker oder Süßstoff zubereitet wird.

Es gibt auch alkoholische Erfrischungsgetränke (Alcopops, Spirituosendrinks).

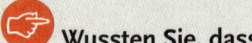 **Wussten Sie, dass ...**
größere Mengen von Coffein und Zucker dem Körper Wasser entziehen?

1 Arten von Erfrischungsgetränken

Fruchtsaft-limonaden	Limonaden	Kracherl	Isotonische Getränke	Energy- oder Powerdrinks	Wellness-drinks
	Kräuter Cola Ingwer Bitter Malz Molke				

1.1 Fruchtsaftlimonaden

(Fruchtsaftgetränk, Fruchtsaft-Erfrischungsgetränk, Erfrischungsgetränk mit Fruchtsaft)

Sie enthalten einen Saftanteil von mindestens 6 Prozent der namensgebenden Frucht, bei Kernobst-, Ananas- und Traubensaft von mindestens 30 Prozent. Außerdem können natürliche Aromen und Fruchtfleisch zugesetzt werden.
Bekannte Produkte: Frucade, Orangina, Sinalco.

1.2 Limonaden

Sie werden unter Verwendung von Fruchtsaft (weniger als 6 Prozent) oder Kräuterauszügen oder Aromen und Trinkwasser mit oder ohne Zugabe von süßenden Stoffen hergestellt.
Bekannte Produkte: Sprite, Fanta, Keli, Schartner, Seven up.

Kräuterlimonaden
Sie beziehen ihren Geschmack aus Kräuterauszügen.
Bekanntes Produkt: Almdudler.

Colalimonaden
Sie stellen eine eigene Limonadengattung dar und orientieren sich in Aussehen und Geschmack am weltweiten Vorbild Coca-Cola. Sie enthalten Phosphorsäure (Säuerungsmittel) und Coffein (65 bis 250 mg/l). Coffein kommt in Kaffeebohnen, Teeblättern, Kolanüssen, Mateblättern (Stechpalmenart) und Guaranasamen vor und hat eine anregende Wirkung.
Bekannte Produkte: Coca-Cola, Pepsi-Cola.

Ingwerlimonaden
Der Geschmack ist auf Auszüge der Ingwerwurzel zurückzuführen.
Bekanntes Produkt: Ginger ale.

Bitterlimonaden
Sie enthalten Bitterstoffe, zB Chinin (max. 85 mg/l) und werden als Tonic bezeichnet, wenn sie mindestens 15 mg Chinin enthalten. Chinin wird aus der Rinde des Chinabaumes gewonnen.
Bekannte Produkte: Schweppes Tonic Water, Schweppes Bitter Lemon und Bitter Orange, Kinley Tonic.

Malzlimonaden
Sie sind besser bekannt unter der Bezeichnung „alkoholfreies Bier". Der Begriff „alkoholfrei" ist missverständlich, da sie bis zu 0,5 Vol.-% Alkohol enthalten dürfen.
Bekannte Produkte: Schloßgold, Null Komma Josef, Birell, Clausthaler.

Molkelimonaden
Wird bei alkoholfreien Erfrischungsgetränken in hervorhebender Weise auf einen Molkezusatz hingewiesen, muss er mindestens 40 Prozent betragen.
Bekannte Produkte: Lattella, Sportella.

Erfrischungsgetränke

Die alkoholischen „Verwanten" sind die Alcopops (zirka 4 Vol.-%, mit intensivem Fruchtgeschmack) und die Spirituosendrinks, die einen höheren Alkoholgehalt aufweisen.
Bekannte Alcopops sind zB Two Dogs, Hooch, Go!, Puschkin Red Tank und K'atú. Zu den Spirituosendrinks zählen zB Pepito (Tequila-Zitrone) und cyBer Red (Limettenlikör mit Guarana).

Erfrischungsgetränke sind trinkfertige Erzeugnisse, die aus Wasser oder Mineralwasser mit oder ohne Zusatz von Kohlensäure, geruchs-, geschmacks- und farbgebenden Zusätzen sowie süßenden Stoffen hergestellt werden und nicht mehr als 0,5 Prozent Alkohol pro Liter enthalten. Außerdem können Mineralsalze, Vitamine, Molke und Malzextrakte zugesetzt werden. Als süßende Stoffe können Zucker und Süßungsmittel verwendet werden.
Zu den Erfrischungsgetränken zählen auch die aromatisierten Mineralwässer (siehe Seite 12) und der Eistee (siehe Seite 48).

 Unsere Ziele

Nach Bearbeitung dieses Kapitels werden Sie

- die Zusammensetzung von Fruchtsaftlimonaden und Limonaden
  (in ihren unterschiedlichen Formen) erläutern können,

- einen Überblick über die bekanntesten Limonadenmarken geben können,

- die Begriffe Brausen, Kracherl, isotonische Getränke, Mineralstoffgetränke,
  Energy- oder Powerdrinks sowie Wellnessdrinks erklären können,

- erläutern können, worauf es beim Einkauf und bei der Lagerung sowie beim
  Service von Erfrischungsgetränken ankommt,

- die unterschiedlichen Ausschankanlagen erklären können,

- über die Wirkung der einzelnen Erfrischungsgetränke Ihre Meinung abgeben
  können.

Als natürliche Limonade wird ein Getränk bezeichnet, das aus dem frisch gepressten Saft von Zitrusfrüchten mit Wasser, Mineralwasser, Zucker oder Süßstoff zubereitet wird.

Es gibt auch alkoholische Erfrischungsgetränke (Alcopops, Spirituosendrinks).

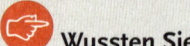 **Wussten Sie, dass …**

größere Mengen von Coffein und Zucker dem Körper Wasser entziehen?

1 Arten von Erfrischungsgetränken

Fruchtsaft-limonaden	Limonaden	Kracherl	Isotonische Getränke	Energy- oder Powerdrinks	Wellness-drinks
	Kräuter Cola Ingwer Bitter Malz Molke				

1.1 Fruchtsaftlimonaden

(Fruchtsaftgetränk, Fruchtsaft-Erfrischungsgetränk, Erfrischungsgetränk mit Fruchtsaft)

Sie enthalten einen Saftanteil von mindestens 6 Prozent der namensgebenden Frucht, bei Kernobst-, Ananas- und Traubensaft von mindestens 30 Prozent. Außerdem können natürliche Aromen und Fruchtfleisch zugesetzt werden.
Bekannte Produkte: Frucade, Orangina, Sinalco.

1.2 Limonaden

Sie werden unter Verwendung von Fruchtsaft (weniger als 6 Prozent) oder Kräuterauszügen oder Aromen und Trinkwasser mit oder ohne Zugabe von süßenden Stoffen hergestellt.
Bekannte Produkte: Sprite, Fanta, Keli, Schartner, Seven up.

Kräuterlimonaden

Sie beziehen ihren Geschmack aus Kräuterauszügen.
Bekanntes Produkt: Almdudler.

Colalimonaden

Sie stellen eine eigene Limonadengattung dar und orientieren sich in Aussehen und Geschmack am weltweiten Vorbild Coca-Cola. Sie enthalten Phosphorsäure (Säuerungsmittel) und Coffein (65 bis 250 mg/l). Coffein kommt in Kaffeebohnen, Teeblättern, Kolanüssen, Mateblättern (Stechpalmenart) und Guaranasamen vor und hat eine anregende Wirkung.
Bekannte Produkte: Coca-Cola, Pepsi-Cola.

Ingwerlimonaden

Der Geschmack ist auf Auszüge der Ingwerwurzel zurückzuführen.
Bekanntes Produkt: Ginger ale.

Bitterlimonaden

Sie enthalten Bitterstoffe, zB Chinin (max. 85 mg/l) und werden als Tonic bezeichnet, wenn sie mindestens 15 mg Chinin enthalten. Chinin wird aus der Rinde des Chinabaumes gewonnen.
Bekannte Produkte: Schweppes Tonic Water, Schweppes Bitter Lemon und Bitter Orange, Kinley Tonic.

Malzlimonaden

Sie sind besser bekannt unter der Bezeichnung „alkoholfreies Bier". Der Begriff „alkoholfrei" ist missverständlich, da sie bis zu 0,5 Vol.-% Alkohol enthalten dürfen.
Bekannte Produkte: Schloßgold, Null Komma Josef, Birell, Clausthaler.

Molkelimonaden

Wird bei alkoholfreien Erfrischungsgetränken in hervorhebender Weise auf einen Molkezusatz hingewiesen, muss er mindestens 40 Prozent betragen.
Bekannte Produkte: Lattella, Sportella.

1.3 Kracherl

Sie können naturidentische und künstliche Aromen oder Farbstoffe enthalten.

1.4 Isotonische Getränke

Die **Mineralstoffgetränke** sind so zusammengesetzt, dass sie den durch Schwitzen verursachten Wasser- und Mineralstoffverlust durch Mineralsalze ausgleichen können. Üblicherweise enthalten sie vor allem Wasser, Zucker, Mineralstoffe, Vitamine (B, C, Biotin, E), Aroma- und Farbstoffe.
Folgende Bezeichnungen sind möglich: Mineralsalzgetränk, Mineralstoffgetränk, Mineralgetränk, Mineraldrink.
Bekannte Produkte: Isostar, Isostar Light, Isotonic, Iso-Fresh, Mega Basic, Vita-Malz, Gatorade, Esprit.

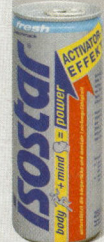

1.5 Energy- oder Powerdrinks

Sie sind stark coffeinhaltig (ca. 320 mg/l – eine Tasse Filterkaffe enthält 80–100 mg Coffein) und haben daher eine anregende Wirkung. Sie enthalten Wasser, Zucker, Zitronensäure, Coffein (auch aus der Guaranapflanze), verschiedene B-Vitamine sowie Hilfs- und Zusatzstoffe. Das österreichische Lebensmittelrecht kennt den Begriff Energiegetränk nicht. Für „alkoholfreie Getränke mit geschmackgebenden Zusätzen" ist allerdings die Beigabe von Coffein begrenzt. Die Angleichung an die EU-Bestimmungen zwang zu einer Hinaufsetzung von 150 auf 250 mg pro Liter. Die meisten Energydrinks überschreiten diesen Wert und vermeiden daher die Bezeichnung Limonade oder Erfrischungsgetränk.
Bekannte Produkte: Red Bull, Taurus, Flying Horse, Dynamite, Shark, Mystery, Dark Dog, Blinde Kuh, Boss!, Full Speed, Guarana, Warp 4, Power Bull, Schartner Clue.

Geschickte Vermarktungsstrategie: Die Markennamen und Werbeaussagen greifen bewusst das Vokabular der Drogenszene (Flash, Speed, XTC für Ekstase) oder der Weltraumserien (Star Trek) auf.

1.6 Wellnessdrinks

Wellness bedeutet Wohlbefinden. Diese Kategorie umfasst also Getränke, die das Wohlbefinden erhöhen sollen. Sie wenden sich an Menschen, die dem Trend nach bewussterer Ernährung anhängen. Dazu zählen zB Fruchtgetränke, die mit Vitaminen und Mineralstoffen angereichert wurden, oder das Getränk Kombucha, eine gesüßte Teemischung, vergoren mit Hefe, Milchsäurebakterien und dem Kombuchapilz. Neu auf dem Markt ist das Grünteegetränk Nativa.
Die Near-water-Getränke Römerquelle Emotion und Vöslauer Balance sowie Gasteiner Elements zählen ebenfalls zu dieser Gruppe. Die Mineralwässer enthalten Aromen und Extrakte (Frucht- und Kräuterextrakte), Fructose und künstliche Süßungsmittel.

2 Einkauf und Lagerung

Es sind verschiedene Handelsformen üblich (Verkauf in Flaschen, Containern). Man sollte schon beim Einkauf aus Umweltschutzgründen auf die Gebindeform achten. Erfrischungsgetränke lagert man am besten kühl und dunkel. Kohlensäurehältige Limonaden werden in angebrochenen Flaschen schnell schal.

Zuckerarm	Der Gehalt an Zucker darf höchstens 4 % betragen.
Nur mit frucht-eigenem Zucker	kein Zusatz von süßenden Stoffen.
Kalorienreduziert, kalorienarm, energie-arm, brennwertver-mindert, „Lights"	Der Zucker wird durch Süßstoffe ersetzt. Der Brennwert ist, verglichen mit dem Standardprodukt, um mindestens 30 % reduziert.
Kalorienfrei, energiefrei	Maximal 1 kcal bzw. 4,2 kJ pro 100 ml.

Brennwert = Energiemenge, die beim Abbau der Nahrung im Körper frei wird.

Kleines ABC der Etikettensprache

Antioxidantien: Konservierungs-mittel.

Guarana: Aus den Samen einer brasilianischen Schlingpflanze ge-wonnene Substanz, die den drei- bis vierfachen Coffeingehalt einer Kaffeebohne besitzt.

Ginseng: Ostasiatische Pflanze, deren Wurzel lebensverlängernde Kraft zugesprochen wird.

Maltose: Zuckerart, die häufig bei der Erzeugung von Sport- und Wellnessgetränken verwendet wird.

Taurin: Geschmacksverstärker. Es ist eine normale Aminosäure, die auch vom menschlichen Körper produziert wird. Taurin ist im Stierhoden enthalten, was die Werbung mit dem Stier erklärt. Die Wirkung von Taurin ist jedoch stark umstritten. Einige Länder haben ein Einfuhrverbot für Getränke verhängt, die Taurin enthalten.

Zuckercouleur: Gebrannter Zucker zum Färben von Lebens-mitteln und Getränken.

Etikettensprache

Was trinken Sie, wenn Sie in Ihrer Freizeit unterwegs sind?

 **Servierkunde**

3 Service

Service, Gläser, Verwendung	
Service	■ Ideale Serviertemperatur 8–10 °C (Ausnahme Colali-monaden: 4–6 °C). ■ Bei den Fruchtsaftlimonaden vor dem Ausschenken den Fruchtsatz aufschütteln. ■ Häufig in der Originalflasche mit Glas (mit Firmenaufdruck) serviert. ■ Eiswürfel nur auf Wunsch des Gastes.
Gläser	Tumbler (1), Limonadenglas (2), Originalglas (mit Firmenaufdruck)  
Verwendung	■ Für Autofahrer, für Kinder (ausgenommen Energydrinks). ■ Für Mischungen, zB Radler (Bier mit Zitronen- oder Kräuterlimonade), Spezi (Orangen-Cola-Limonade). ■ Für Longdrinks, zB Gin-Tonic, Whisky-Cola, Wodka-Bitter-Lemon. ■ Als Begleiter zum Essen ungeeignet, da sie durch ihren Geschmack den Geschmack jeder Speise übertönen. Speziell Kinder und Jugendliche konsumieren dennoch gerne Limonaden zum Essen.

4 Ausschankanlagen

In der Gastronomie erfolgt der Ausschank von alkoholfreien Getränken häufig mit Schankanlagen.

Voraussetzungen dafür sind:
- Erstklassig gewartete und hygienisch einwandfreie Anlagen mit hohem technischem Standard.
- Qualitativ hochwertige Produkte.
- Fachgerechte Behandlung der Container (zB Einhaltung der empfohlenen Lagerbedingungen, Aufbrauchsfristen).

Der Ausschank über Thekenzapfgeräte hat Vorteile, wie geringen Lagerraumbedarf und automatische Kühlung, sowie Nachteile, wie die Notwendigkeit, sie täglich zu reinigen.

Grundsätzlich werden zwei Typen von Schankanlagen unterschieden, und zwar Premixanlagen und Postmixanlagen.

☞ **Wussten Sie, dass ...**
laut Schankanlageverordnung die Verwendung von Pressluft zur Förderung unzulässig ist?

Premixanlage (PEM): Das fertige Originalgetränk in zylindrischen Containern mit Steckanschluss wird an die Schankanlage angeschlossen und kann dort mit CO_2-Druck portionsweise entnommen werden.

Premixanlage (PEM)

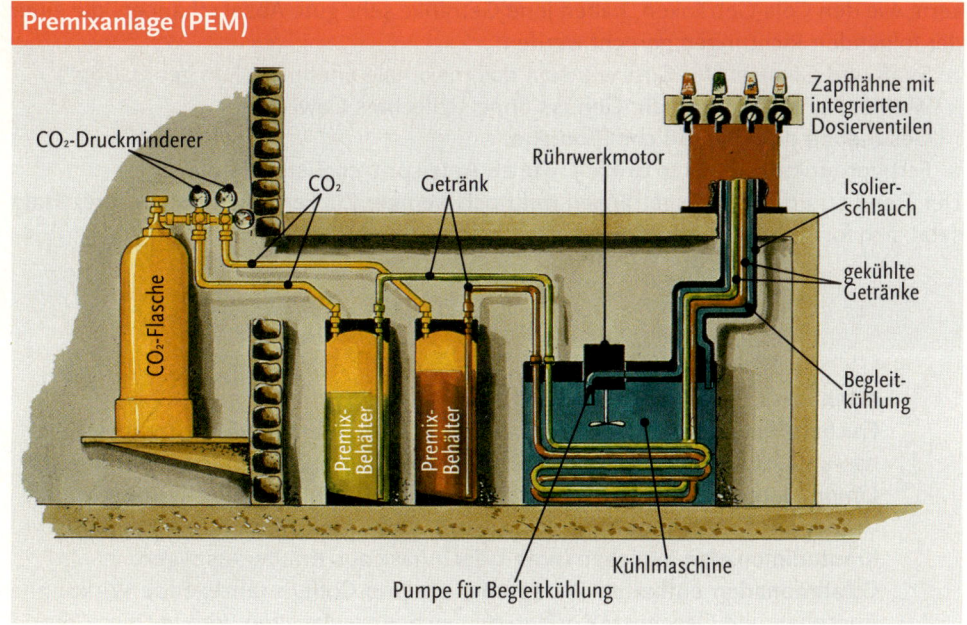

- CO_2-Druckminderer
- CO_2-Flasche
- CO_2
- Getränk
- Rührwerkmotor
- Zapfhähne mit integrierten Dosierventilen
- Isolierschlauch
- gekühlte Getränke
- Begleitkühlung
- Premix-Behälter
- Premix-Behälter
- Pumpe für Begleitkühlung
- Kühlmaschine

Postmixanlage (POM)

Postmixanlage (POM): Hier wird nicht das Fertiggetränk, sondern Sirup im Container an das Zapfgerät angeschlossen. Wird der Zapfhahn betätigt, so wird der Sirup mit Treibgas zum Zapfhahn befördert und an Ort und Stelle mit vorgekühltem, CO_2-versetztem Wasser vermischt. Postmixanlagen eignen sich für Betriebe mit einem Verkaufspotenzial von über 60 Portionen (0,25 l) pro Öffnungstag (bei 310 Öffnungstagen pro Jahr).

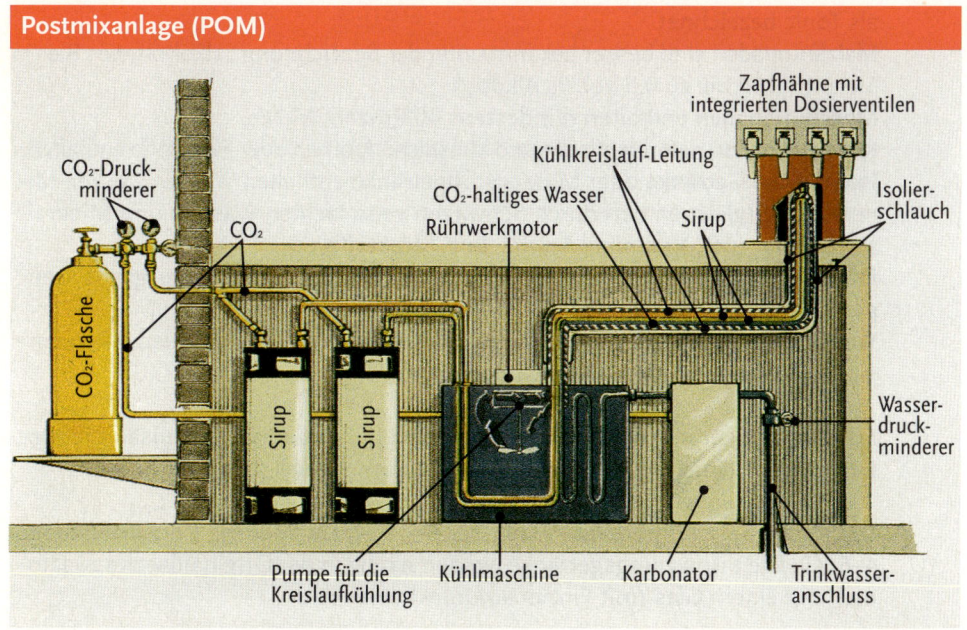

- CO_2-Druckminderer
- CO_2-Flasche
- CO_2
- CO_2-haltiges Wasser
- Rührwerkmotor
- Kühlkreislauf-Leitung
- Sirup
- Zapfhähne mit integrierten Dosierventilen
- Isolierschlauch
- Sirup
- Sirup
- Wasserdruckminderer
- Pumpe für die Kreislaufkühlung
- Kühlmaschine
- Karbonator
- Trinkwasseranschluss

5 Gesundheit und Wirkung

Limonaden und Erfrischungsgetränke enthalten verschiedene Zuckerarten in unterschiedlichen Mengen, so enthält zB ein Glas Coca-Cola mit 0,2 Liter 22 Gramm Zucker. Ausnahmen sind die Lightversionen, die mit Süßstoffen gesüßt werden. Durch den hohen Zuckeranteil bewirken sie ein rasch erneuertes Durstgefühl.

Coffeinhaltige und chininhaltige Limonaden besitzen eine anregende Wirkung. In sehr großen Mengen haben beide jedoch einen starken Gewöhnungscharakter. Ohne ausreichende Nahrungsaufnahme kann es zu Nervosität, Kopfschmerzen, Schlaflosigkeit, Muskelzittern und Herzrhythmusstörungen kommen.

Vorsicht bei den Energydrinks. Der gelegentliche Konsum ist nicht schädlich, die Menge macht die Wirkung. Von der Verwendung als Aufputschgetränk ist abzuraten. In Verbindung mit Alkohol werden die Energydrinks als gesundheitlich äußerst bedenklich eingestuft. Isotonische Getränke führen dem Körper bei Leistungabfall schnell verwertbare Energie zu. Ein Zuviel an Mineralstoffen kann jedoch die Nierentätigkeit beeinträchtigen.

Trends

Noch nie war die Produktvielfalt der Erfrischungsgetränke so groß. Neben den Klassikern, wie den Cola-Getränken, haben jene Getränke sehr gute Absatzchancen, die einer der folgenden Richtungen gerecht werden:

- Spaß und Genuss: Der Gast wünscht das maximale Erlebnis („Fun generation").
- Wellness und Natürlichkeit: Genuss ohne schlechtes Gewissen; Gesundheit durch natürliche Produkte.
- Fertigprodukte („ready to drink"), wie zB Apfelspritzer, Eistee, Radler.

Der Trend zu Erfrischungsgetränken mit noch weniger Zucker- und Kohlensäurezusatz setzt sich fort.

Wussten Sie, dass ...

in größeren Mengen konsumierte Süßstoffe Durchfall verursachen?

Denken Sie an das letzte Rave, Clubbing etc. Haben Sie Erfrischungsgetränke konsumiert? Waren sie wirklich erfrischend?

Arbeitsaufgaben

1. Woraus setzen sich die Limonaden und die Fruchtsaftlimonaden zusammen?

2. Was versteht man unter isotonischen Getränken, was sind Wellnessdrinks?

3. Erklären Sie die Energydrinks? Nehmen Sie auch kritisch dazu Stellung.

4. Nennen Sie jeweils einen Markennamen der einzelnen Limonadenarten.

5. Worauf ist bei der Lagerung von Erfrischungsgetränken zu achten?

6. In welchen Gläsern werden Erfrischungsgetränke serviert?

7. Welche Wirkung können die Erfrischungsgetränke auf den Körper haben?

ZUSAMMENFASSUNG

Arten von Erfrischungsgetränken

Fruchtsaftlimonaden enthalten mindestens 6 Prozent Saftanteil, bei Kernobst-, Ananas- und Traubensaft mindestens 30 Prozent, natürliche Aromen sowie Fruchtfleisch.

Limonaden enthalten weniger als 10 Prozent Fruchtsaft oder Kräuterauszüge oder Aromen und Trinkwasser sowie evtl. süßende Stoffe.

Kräuterlimonaden beziehen ihren Geschmack aus Kräuterauszügen.

Colalimonaden enthalten Phosphorsäure und Coffein (anregende Wirkung). Aussehen und Geschmack orientieren sich am weltweiten Vorbild Coca-Cola.

Ingwerlimonaden schmecken nach der Ingwerwurzel.

Bitterlimonaden enthalten Bitterstoffe, zB Chinin. Bei mindestens 15 mg Chinin als Tonic bezeichnet.

Malzlimonaden sind besser bekannt unter der Bezeichnung „alkoholfreies Bier". Sie enthalten bis zu 0,5 Vol.-% Alkohol.

Molkelimonaden enthalten mindestens 40 Prozent Molke.

Kracherl können naturidentische und künstliche Aromen oder Farbstoffe enthalten.

Isotonische Getränke oder Mineralstoffgetränke enthalten Wasser, Zucker, Mineralstoffe (gleichen den durch Schwitzen verursachten Wasser- und Mineralstoffverlust aus), Vitamine, Aroma- und Farbstoffe.

Energy- oder Powerdrinks enthalten Wasser, Zucker, Zitronensäure, große Mengen an Coffein (auch aus der Guaranapflanze) und B-Vitamine.

Wellnessdrinks sind Getränke, die das Wohlbefinden erhöhen sollen, zB indem sie mit Vitaminen und Mineralstoffen angereichert wurden.

Erfrischungsgetränke lagert man am besten kühl und dunkel. Kohlensäurehältige Limonaden werden in angebrochenen Flaschen schnell schal.

Die ideale Serviertemperatur liegt bei 8–10 °C (Ausnahme Colalimonaden: 4–6 °C). Die Erfrischungsgetränke werden häufig in der Originalflasche zusammen mit einem Glas (mit Firmenaufdruck) serviert.

Milch und Milchmischgetränke

Milch ist ein wertvolles Nahrungsmittel, in dem alle wichtigen Nährstoffe in einem ausgewogenen Verhältnis vorliegen.

Ca. 1 % Mineral-
stoffe und Vitamine
3,5 % Milcheiweiß
Ca. 4 % Milchfett
4,8 % Milchzucker
86,7 % Wasser

➡ Ernährungslehre

Milch ist eines der ältesten, wenn nicht – neben dem Wasser – das älteste Getränk der Menschheit. Der Wert dieses Nahrungsmittels war schon vor Jahrtausenden bekannt, nicht umsonst wird im Alten Testament das Gelobte Land als Land beschrieben, in dem Milch und Honig fließen.

Unter Milch als Handelsware versteht man im Allgemeinen Kuhmilch. Sie wird vor allem wegen ihrer idealen Nährstoffzusammensetzung und der leichten Verdaulichkeit sehr geschätzt.

Auch vom volkswirtschaftlichen Standpunkt aus gesehen nimmt die Milch einen bedeutenden Platz ein, stellt sie doch eines der wichtigsten Produkte der Landwirtschaft dar.

 Unsere Ziele

Nach Bearbeitung dieses Kapitels werden Sie

- die wesentlichen Arbeitsgänge bei der Milchverarbeitung erklären können,

- einen Überblick über die im Handel erhältlichen Milchprodukte haben,

- die Rezepturen der Milchmischgetränke nennen können,

- Lagerung, Verwendungsmöglichkeiten und Service der Milchprodukte erläutern können,

- über die Rolle, die Milch in der Ernährung einnimmt, Bescheid geben können.

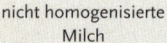

nicht homogenisierte Milch

homogenisierte Milch

Große Fett-Tröpfchen rahmen auf.

Kleine Fett-Tröpfchen bleiben fein verteilt.

1 Verarbeitung von Milch

Die Milch wird in Molkereien verarbeitet. Die wesentlichen Arbeitsgänge sind:

- **Prüfen** der Rohmilch.
- **Separieren:** Trennung von Rahm und Magermilch.
- **Standardisieren:** Trennung von Voll- und Magermilch durch Bestimmen des Fettgehaltes.
- **Homogenisieren:** Milch wird unter hohem Druck durch Düsen gepresst, wobei die größeren Fettkügelchen zertrümmert werden.
  Die Milch rahmt dadurch nicht mehr. Sie wird leichter verdaulich und im Geschmack vollmundiger.
- Wärmebehandlung zur Abtötung von Keimen und zur Verlängerung der Haltbarkeit, wobei **Pasteurisieren** die häufigste Methode ist. Dabei wird die Milch so schonend erhitzt, dass bis zu 99,9 % der Keime vernichtet werden, die Nähr- und Wirkstoffe jedoch erhalten bleiben.
- Abfüllen in Flaschen oder Tetrapaks.

2 Milchsorten und Milchprodukte

Es sind jene Milchprodukte angeführt, die in der Gastronomie von Bedeutung sind.

Trinkmilch	Sauermilch-produkte	Rahmprodukte	Dauermilch
Rohmilch Kinder- frischmilch Vollmilch Leichtmilch Magermilch Milch mit Zusätzen	Sauermilch Buttermilch Acidophilusmilch Joghurt Kefir	Schlagobers Kaffeeobers Haltbarobers	Haltbarmilch Sterilmilch Instantmilch

3 Milchmischgetränke

Die Milchmischgetränke lassen sich in kalte und warme sowie in alkoholfreie und alkohol-hältige Getränke einteilen.

Shakes	Kalte Milchmischgetränke, mit oder ohne Alkohol. Grundrezept: 1/8 l Milch, 3 Eiswürfel, 2 Esslöffel beliebiger Sirup, Zubereitung im Aufsatzmixer oder Shaker.
Frappés	Kalte Milchmischgetränke mit Speiseeis. Sie werden mit oder ohne Alkohol im Aufsatzmixer zubereitet. Grundrezept: 1/8 l Milch, 2 Kugeln Speiseeis, mit einem Esslöffel dazupassenden Sirup gut vermischen und mit Schlag-obers und/oder Früchten garnieren.
Milchpunsche	Warme Milchmischgetränke mit Alkohol. Rezept: 2 Barlöffel Zucker mit 4 cl Punschessenz, Rum oder Arrak erhitzen, in ein vorgewärmtes Punschglas geben und mit heißer Milch auffüllen.

4 Einkauf und Lagerung

Qualitativ gute Milch ist weiß bis gelblich, fast geruchlos, undurchsichtig und schmeckt leicht süßlich. Milch und Milcherzeugnisse sind Frischprodukte, dh, sie sind nur begrenzt haltbar.

Milch muss lichtgeschützt, verschlossen und gekühlt bei 4 bis 6 °C aufbewahrt werden.

www.noem.at
www.milch.com

5 Service

Service, Gläser, Verwendung	
Service	■ Kalt oder warm ■ Mischgetränke im Tumbler mit Trinkhalm ■ Werden als Garnitur Schlagobers oder Früchte gereicht, serviert man das Glas mit einem Limonadenlöffel auf einem Unterteller mit Serviette
Gläser	Milchglas (1), Tumbler (2) 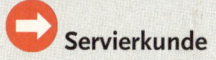
Verwendung	■ Als Kinder- und Jugendgetränk ■ Als Gesundheitsgetränk ■ Zum Mischen (siehe Milchmischgetränke)

In Milch steckt eine Menge Kalzium, das für die Bildung von Knochen und Zähnen benötigt wird. Dennoch trinkt Österreichs Jugend zu wenig Milch. Wo liegen Ihrer Meinung nach die Gründe für dieses Verhalten? Trinken Sie Milch? Wenn nein, warum nicht?

Servierkunde

Hinweise zur Gästebetreuung

Frische, Natürlichkeit, aber auch die österreichische Herkunft sind wichtige Argumente beim Verkauf. Die Rückverfolgbarkeit von Lebensmitteln zum Erzeuger wird für viele Gäste immer wichtiger. Falls Sie in einem Betrieb arbeiten, der Milch vom eigenen Hof anbietet oder von einem bestimmten Hof bezieht, scheuen Sie sich nicht, dies zu erwähnen. Beispiel: „Möchten Sie ein Glas frische Milch trinken, unsere Milch beziehen wir von ...“

Vor allem bei ausländischen Gästen wird Österreich als Land mit einer intakten Umwelt (Berge, kristallklare Bäche, grüne Wiesen etc.) wahrgenommen – hier ist eine Bemerkung über die Herkunft (Milch frisch vom Hof) sicher angebracht.

6 Gesundheit und Wirkung

Milch spielt in der Ernährung von Kindern wie auch von Erwachsenen eine wesentliche Rolle. Sie wird vor allem wegen ihrer idealen Nährstoffzusammensetzung und der leichten Verdaulichkeit sehr geschätzt. Milch und Milchprodukte sind die wichtigste Kalziumquelle für den Menschen. Die Aufnahme von einem Liter Milch deckt beim Erwachsenen den ganzen Tagesbedarf an Kalzium, Kalium und Phosphor sowie die Hälfte des täglichen Bedarfs an Eiweiß und Fett. Dies ist vor allem für Kinder und Jugendliche von großer Bedeutung.

Kalzium und Phosphor = sind maßgeblich am Aufbau des Knochengerüstes und der Zähne beteiligt

Trends

Obwohl bei Frischmilch ein leichter Rückgang zu verzeichnen ist, gilt Österreich als das Frischmilchland. Die Konsumenten greifen vermehrt zu Produkten aus der bunten Palette der Frucht- und Trinkjoghurts.
Milch mit verlängerter Haltbarkeit, sogenannte extended-shelf-life-Milch, wird angeboten.

? Fragen und Arbeitsaufgaben

1. Welche Verarbeitungsschritte durchläuft Milch, bevor sie in ein Glas gefüllt wird?

2. Welche Milchmischgetränke kennen Sie und wie werden sie zubereitet?

3. Wie kann man qualitativ gute Milch beschreiben. Wie wird sie richtig gelagert?

4. Welche Rolle spielt Milch in der Ernährung?

ZUSAMMENFASSUNG

Verarbeitung von Milch
Die wesentlichen Arbeitsvorgänge in einer Molkerei sind: Prüfen – Separieren – Standarisieren – Homogenisieren – Wärmebehandlung (hauptsächlich Pasteurisieren) – Abfüllen.

Milchsorten und Milchprodukte
Trinkmilch: Rohmilch, Kinderfrischmilch, Vollmilch, Leichtmilch, Magermilch, Milch mit Zusätzen.
Sauermilchprodukte: Sauermilch, Buttermilch, Acidophilusmilch, Joghurt, Kefir.
Rahmprodukte: Schlagobers, Kaffeeobers, Haltbarobers.
Dauermilch: Haltbarmilch (H-Milch), Sterilmilch, Instantmilch.

Milchmischgetränke
Kalte und warme sowie alkoholfreie und alkoholhältige Milchmischgetränke.

Einkauf, Lagerung und Service
Qualitativ gute Milch ist weiß bis gelblich, fast geruchlos, undurchsichtig und schmeckt leicht süßlich. Sie wird wegen ihrer idealen Nährstoffzusammensetzung und der leichten Verdaulichkeit sehr geschätzt. Milch muss lichtgeschützt, verschlossen und gekühlt bei 4 bis 6 °C aufbewahrt werden.
Milch wird kalt oder warm im Keramikbecher oder Milchglas gereicht. Milchmischgetränke serviert man im Tumbler mit Trinkhalm.

Kaffee

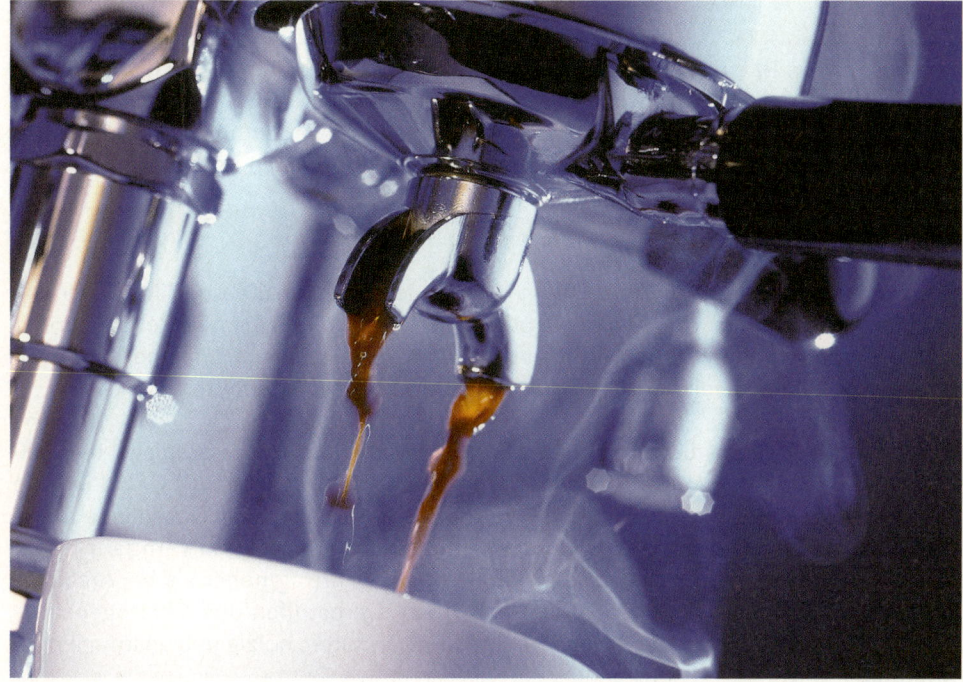

Kaffeehäuser entstanden bereits 1530 in den syrischen Städten Damaskus und Aleppo. Das erste Kaffeehaus auf europäischem Boden wurde 1554 in Konstantinopel errichtet, 1645 in Venedig, 1652 in London und in weiterer Folge in den Städten Amsterdam, New York, Paris, Hamburg, usw. Das erste Wiener Kaffeehaus „Zur blauen Flasche" von Franz Georg Kolschitzky soll nach der Türkenbelagerung 1683 entstanden sein.
Im 19. Jahrhundert breitete sich dieser Kaffeehaustyp weiter aus, sodass aus dem Wiener Kaffeehaus eine österreichische Institution wurde.

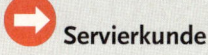 **Servierkunde**

Um die Geburtsstunde des Kaffees ranken sich viele Geschichten. Die ursprüngliche Heimat des Kaffees ist aller Wahrscheinlichkeit nach die Provinz Kaffa in Südwestäthiopien (Abessinien), wo noch heute der wild wachsende Kaffeebaum zu finden ist. Der Anbau und der Genuss von Kaffee sind auf die Araber zurückzuführen. Ursprünglich stammt der Name vom arabischen Wort „gahwah", das für Wein gebraucht wurde und wahrscheinlich übertragen worden.
Die europäische Kaffeetradition ist eng verbunden mit den Türkenbelagerungen. Im 17. und 18. Jahrhundert begann durch die Kolonialisierung der plantagenmäßige Kaffeeanbau in den klassischen Kaffeeanbauländern. Brasilien ist heute der weltgrößte Kaffeelieferant, gefolgt von Vietnam und Kolumbien. Heute gibt es mehr als 60 Anbauländer, ca. 15 Milliarden Kaffeebäume, die Kaffee für etwa 2,25 Milliarden Tassen liefern, die weltweit täglich getrunken werden.

 Unsere Ziele

Nach Bearbeitung dieses Kapitels werden Sie

- über die Herkunft bzw. die Kaffeeanbaugebiete Bescheid geben können,

- die Verfahren für die Kaffeeaufbereitung nennen können,

- über das Rösten von Kaffee berichten können,

- über die verschiedenen Kaffeearten informieren können,

- beschreiben können, worauf beim Einkauf und bei der Lagerung zu achten ist,

- die verschiedenen Zubereitungsverfahren erläutern können,

- die verschiedenen Kaffeespezialitäten mit und ohne Alkohol erklären können,

- beschreiben können, wie Kaffee serviert wird.

Reife Kaffeekirschen sind dunkelrot und gelb, die Blüte ähnelt nicht nur dem Jasmin, sondern duftet auch so.

💡 Bereits 1770 wurde die erste Kaffeeplantage in Brasilien angepflanzt.

Kaffee aus Mittelamerika (außer Mexiko) und die Sorten aus Kenia zählen zu den qualitativ–besten Kaffees.

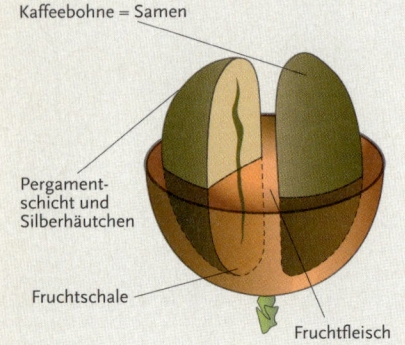

Kaffeebohne = Samen

Pergamentschicht und Silberhäutchen

Fruchtschale

Fruchtfleisch

1 Herkunft

Unter Kaffee verstehen wir ein Aufgussgetränk aus den aufbereiteten, gemahlenen Samen der Kaffeekirsche, die auf Sträuchern wächst. Die Kaffeesträucher werden in Plantagen angebaut und werden auf eine Höhe von ca. 3 Meter beschnitten, um eine rationelle Bearbeitung und Ernte der Früchte zu gewährleisten.

Die Kaffeepflanze

Der Kaffeebaum ist eine tropische Pflanze und wächst in Gebieten nördlich und südlich des Äquators, bis jeweils zum 25. Breitengrad. Von den zahlreichen „Coffea-Arten" sind nur zwei Sorten für den weltweiten Anbau und Handel von Bedeutung. Dies sind **Coffea arabica** (ca. 2/3 der Weltproduktion) und **Coffea canephora** auch **Robusta** genannt (ca 1/3 der Weltproduktion).

Anbaugebiete

Hochlandkaffee: Coffea arabica bevorzugt Höhenlagen zwischen 600 und 2000 Meter. Die Früchte wachsen langsamer und der Ertrag ist geringer. Im Vergleich zu Robusta bringt die Sorte Arabica höherwertigen, aromaintensiven Kaffee mit feiner Säure und Duft sowie geringerem Koffeingehalt hervor. Hochlandkaffee ist begehrter und teurer.

Tieflandkaffee: Robusta bevorzugt Höhenlagen zwischen dem Meeresspiegel und 600 Metern. Sie verträgt feucht-warmes Klima, Temperaturen von über 30° C und ist, wie der Name sagt, robust, widerstandsfähiger gegen Krankheiten und Schädlinge sowie anspruchslos in Bezug auf die Bodenverhältnisse. Da sie mehrmals im Jahr blüht, schneller wächst und mehr Früchte produziert, ist der Ertrag höher als bei Arabicas. Robusta ist durch den höheren Gehalt an Koffein, Gerbstoffen und Chlorogensäure rauer im Geschmack, was von vielen Konsumenten als bitter, holzig und adstringierend empfunden wird.

Die größten Erzeuger- und Ausfuhrländer

In Südamerika: Brasilien, Venezuela, Ecuador, Kolumbien
In Mittelamerika: Mexiko, Guatemala, El Salvador, Costa Rica
In Afrika: Elfenbeinküste, Uganda, Angola, Kongo, Äthiopien, Kenia, Tansania
In Asien: Vietnam, Indonesien, Indien, Hainan (chinesische Insel)
In Australien: im Norden des Kontinents
Weitere Gebiete siehe Karte.

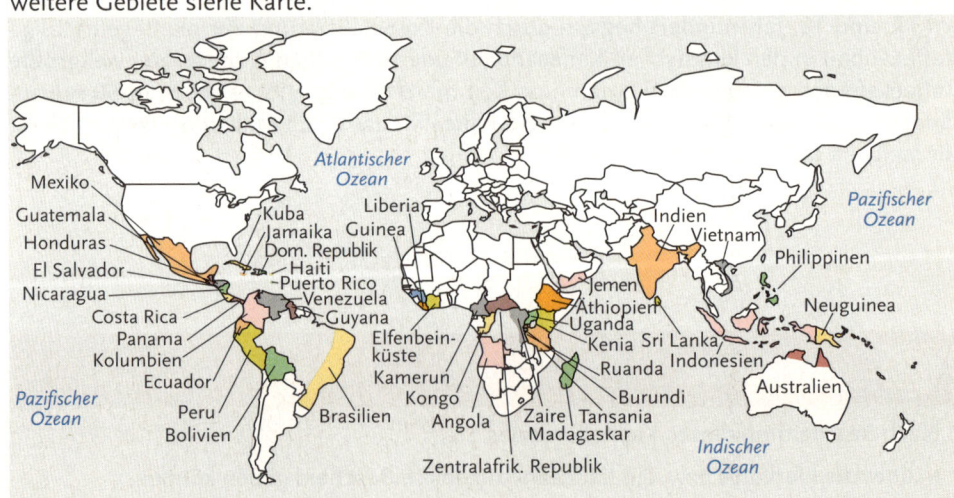

2 Aufbereitung

Die Kaffeekirschen enthalten im Allgemeinen zwei Samenkerne (Bohnen). Sie werden meist von Hand geerntet. Danach erfolgt die Aufbereitung (nass oder trocken), um lagerfähige Kaffeebohnen zu erhalten.

2.1 Nasse Aufbereitung (gewaschener Kaffee)

- **Waschen** und Quellen der Kaffeekirschen im Schwemmkanal.
- **Zerquetschen** der Kirschen im so genannten Pulper. Das Fruchtfleisch wird mit Wasser weggeschwemmt.
- **Fermentieren** in Fermentationstanks (1 bis 2 Tage).
- **Waschen** der Bohnen und Entfernen des restlichen Fruchtfleisches.
- **Trocknen** der Bohnen (erfolgt künstlich oder in der Sonne).
- **Entfernen der Pergamentschicht** und des Silberhäutchens in Schäl- und Poliermaschinen.
- **Sortieren** der Bohnen nach ihrer Größe. Entfernen von unreifen oder beschädigten Bohnen sowie Verunreinigungen (zB Steinchen). Fast alle Arabicas werden nass aufbereitet.

Fermentieren = Angären (Umwandlung der Säuren in ätherische Öle)

2.2 Trockene Aufbereitung (ungewaschener Kaffee)

- **Reinigen** des Erntegutes (meist im Schwemmkanal)
- **Trocknen** der Früchte in der Sonne. Das Fruchtfleisch wird spröde.
- **Aufbrechen** der trockenen Kirschen durch Walzen in der Brechmaschine.
- **Entfernen des Fruchtfleisches,** der Pergamentschicht und des Silberhäutchens.
- **Sortieren** und Reinigen (vgl. nasses Verfahren). Fast alle Robustas werden trocken aufbereitet.

Der fertig aufbereitete Rohkaffee wird in Jutesäcke zu 60 Kg (15%) und zu 85% in klimatisierte Lebensmittelcontainer verpackt und in die Verbraucherländer exportiert.
Blue Mountain Kaffee aus Jamaika wird noch in Holzfässern exportiert.

Trocknen

3 Rösten

Beim Rösten entwickelt der Kaffee sein typisches Aroma, seinen Duft und seine Farbe. Der Rohkaffee wird in Rösttrommeln bei 200 – 260 °C geröstet. Dabei verdampft das Wasser in den Bohnen und sie vergrößern sich. Gut gerösteter Kaffee hat eine gleichmäßige Färbung (Kastanienfarbe). Zu schnell und zu hell gerösteter Kaffee schmeckt sauer, zu dunkel gerösteter Kaffee bitter. Nach dem Rösten werden die Bohnen im Kaltluftstrom abgekühlt.
Schließlich werden noch die schlechten und verbrannten Bohnen aussortiert und die einwandfreien Kaffeebohnen verpackt bzw. gemahlen und aromageschützt und luftdicht verpackt. Nach dem Rösten reagiert Kaffee empfindlich auf Licht, Sauerstoff und Feuchtigkeit. Die rasche Abpackung ist wichtig, damit der Kaffee haltbar bleibt und seine organoleptischen Eigenschaften bewahrt.

Poliermaschine

4 Kaffeearten

Bohnenkaffee	Besondere Kaffeesorten	Kaffee-Ersatzmittel (Surrogate)
Bohnenkaffeemischungen Sortenreine Bohnenkaffees	Entcoffeinierter und coffeinarmer Kaffee Säurearmer (reizarmer) Kaffee Instantkaffee (Löskaffee) Aromatisierte Kaffeemischungen	Malzkaffee Feigenkaffee Zichorienkaffee

Kaffee ist nach dem Erdöl der zweitwichtigste Exportrohstoff der Welt.

4.1 Bohnenkaffee

Bohnenkaffeemischungen

Kaffee wird fast nur als Mischung angeboten, da in einer Sorte alleine selten Aroma, Säure und Fülle optimal harmonieren. Verschiedene Kaffeesorten werden daher gemischt, um eine bestimmte Geschmacksrichtung zu erzielen.

Sortenreine Bohnenkaffees

Wie der Name schon sagt, handelt es sich um unvermischten Kaffee aus einer bestimmten Region oder Plantage. Sehr teuer ist der auch bei uns erhältliche Jamaika Blue Mountain Coffee.

4.2 Besondere Kaffeesorten

Entcoffeinierter und coffeinarmer Kaffee

Das Coffein wird entweder mit Wasserdampf, Kohlendioxid oder mit chemischen Lösungsmitteln aus den rohen Kaffeebohnen fast ganz oder teilweise herausgelöst. Erst dann werden die Bohnen geröstet. Der Coffeingehalt beträgt höchstens 0,08 %, bei coffeinarmem Kaffee höchstens 0,2 %.
Entcoffeinierter Kaffee ist für herzkranke Gäste und Gäste mit Kreislaufbeschwerden um vieles bekömmlicher.

Säurearmer (reizarmer) Kaffee

Um den Kaffee für Menschen mit empfindlichem Magen verträglich zu machen, wird aus den Bohnen mit Wasserdampf ein Teil der Gerbsäure entfernt. Das Coffein bleibt dabei erhalten.

Instantkaffee (Löskaffee)

Dem Kaffeeaufguss wird durch Sprüh- oder Gefriertrocknung das Wasser entzogen. Zurück bleibt Kaffeepulver, das sich beim Aufgießen mit Wasser vollständig auflöst.

Aromatisierte Kaffeemischungen

Unmittelbar nach dem Rösten werden die Bohnen mit natürlichen oder naturidentischen Aromen besprüht. Die geschmacklichen Qualitäten des Basiskaffees bleiben dadurch voll spürbar, die zusätzlichen Aromen (Vanille, Haselnuss, Amaretto, Schokolade etc.) runden den Kaffeegeschmack ab.

4.3 Kaffee-Ersatzmittel (Surrogate)

Das sind Röstprodukte aus anderen Pflanzen, wie Gerstenmalz, Feigen oder Zichorie (Malzkaffee, Feigenkaffee, Zichorienkaffee).

5 Einkauf und Lagerung

Kaffee ist in unterschiedlichen Preis- und Qualitätsstufen erhältlich. Beim Einkauf sollte nicht der möglichst niedrige Preis, sondern die Qualität maßgebend sein.

Gerösteter Kaffee verliert sehr rasch sein Aroma. Er ist deshalb nur kurze Zeit lagerfähig. In geöffnetem Zustand sollte Bohnenkaffee nicht länger als zwei Wochen, gemahlener Kaffee nicht länger als eine Woche gelagert werden. Kaffee muss kühl, trocken, lichtgeschützt in luftdicht abschließenden Gefäßen aufbewahrt werden. Vakuumverpackter, ungeöffneter Kaffee behält seine Röstfrische über einen längeren Zeitraum. Eine Mindesthaltbarkeit ist auf der Verpackung angegeben.

Für 20 Kg Röstkaffee benötigt man 100 Kg reife Kaffeefrüchte.

👉 **Wussten Sie, dass ...**
der Coffeingehalt bei Arabica-Kaffee 1–1,5 % und bei Robusta-Kaffee 2–2,5 %, beträgt (bei herkömmlicher Herstellung)?

Sprüh- oder Gefriertrocknung = modernste Methode, bei der das Aroma geschont wird.

💡 Wird Kaffee in der Gastronomie auf der Karte als solcher bezeichnet, muss er aus Bohnenkaffee hergestellt sein.

www.kaffeeverband.at

💬 Welche Kaffeesorten werden in Ihrem Betrieb verwendet oder in dem Betrieb, in dem Sie Ihr Praktikum absolviert haben?

Bekannte Kaffeehandelshäuser

Arabia, Alvorada, Columbia, Heißenberger, Hornig, Illy, Jacobs, Lavazza, Meinl, Naber Kaffee, Nestlé (Nespresso), Sachers, Santora, Segafredo, Stambulia, Tchibo-Eduscho, Wedl, Zumtobel.

6 Zubereitung

Die Qualität des Kaffeegetränks hängt von vielen Faktoren ab:
- Qualität des Rohkaffees.
- Mischung der Rohkaffeesorten.
- Röstung.
- Verpackung und Lagerung.
- Wasserqualität (hartes Wasser laugt den Kaffee nicht so gut aus als weiches).
- Zubereitung: Es kommt auf die Zubereitungsart an, wie der Kaffee zu mahlen ist. Filterkaffee wird mittelfein gemahlen, der Kaffee für Espressi noch feiner. Je feiner der Kaffee gemahlen ist, desto besser wird er ausgelaugt, desto stärker werden die Extrakte und der Geschmack, aber auch die Bitterstoffe betont.

6.1 Zubereitungsverfahren in der Gastronomie

Filtermaschine (Melitta-Methode)

In einen Papier- oder Metallfilter wird mittelfein gemahlener Kaffee gegeben und mit frischemm, ca. 90 Grad heißem Wasser aufgegossen. Diese Methode wird vor allem für Frühstückskaffee angewendet. Der Kaffee ist schnell zubereitet und völlig satzfrei. Für einen Liter Wasser rechnet man 50 bis 60 g nicht zu fein gemahlenen Kaffee.

Expressbrühung mit Dampf- oder Pumpendruck

Das ist die Zubereitung in Espressomaschinen (wie zB von Faema, Gaggia, San Marco, La Cimbali, Schärf). Der Espresso hat, von Italien ausgehend, fast die ganze Welt erobert. Er ist stark konzentriert und wird unter Druck zubereitet. Die Bitterstoffe werden ebenfalls ausgepresst und geben dem Kaffee den besonderen Geschmack.

Türkische Methode

Türkischer Kaffee ist stark, dicklich und wird nur schwarz getrunken. Die Zubereitung erfolgt im so genannten Çesve (türkische Kaffeekanne). Der Kaffee wird mehlfein gemahlen – pro Tasse rechnet man einen gehäuften Kaffeelöffel – und mit frischem kaltem Wasser und eventuell Zucker zum Kochen gebracht. Nach dem Aufwallen vom Feuer nehmen, die Schaumkrone darf nicht zerkochen. Sobald sich der Kaffee gesetzt hat, wir er in Mokkagläser oder Mokkatassen gefüllt, dazu kann Rahat oder Lokumi gereicht werden. Je nach Zuckerzugabe bei der Zubereitung unterscheidet man: Sade – ohne Zucker, Utra – wenig Zucker, Sekerli – viel Zucker.

Vollautomatische Kaffeemaschine

Die in den letzten Jahren immer weiterentwickelten Maschinen garantieren eine hohe und gleich bleibende Qualität des Kaffees (genaue Einstellung des Mahlgrades, der Pulvermenge, Wassermenge, Brühtemperatur etc.).
Eine Neuentwicklung stellen die Nespresso-Maschinen dar. Der gemahlene Kaffee wird in Einzelportionen (in verschiedenfärbigen Kapseln) gelagert. Der große Vorteil ist die Frische des Kaffees zum Zeitpunkt der Zubereitung. In der Gastronomie kann die Maschine zB im Seminar- und Tagungsbereich eingesetzt werden. Die Gäste können sich ganz unkompliziert selbst bedienen.

6.2 Kaffeegetränke und Kaffeespezialitäten

Auf Grund der langen Kaffeehaustradition hat sich im Laufe der Zeit eine breite Palette verschiedener Kaffeegetränke, so genannter **Kaffeehausschattierungen,** entwickelt.

Gut zubereiteter Espresso hat immer eine Creme (Schaumkrone). Ist die Creme zu dunkel und grobporig, war die Temperatur zu hoch und der Kaffee schmeckt verbrannt. Bei zu geringer Temperatur ist die Creme flach und zu hell.

Überhaupt liefert die „Crema" wichtige Hinweise auf die korrekte Einstellung sowie Abstimmung von Kaffeemühle (Menge und Mahlgrad), Kaffeemischung und Kaffeemaschine (Brühtemperatur und Druck).

Vollautomatische Kaffeemaschine

Nespresso-Maschine

Mengenverhältnisse

1 kleiner Mokka:
6 bis 8 g gemahlener Kaffee
(= 1 1/2 bis 2 Kaffeelöffel)
1 großer Mokka:
12 bis 16 g gemahlener Kaffee

Kleiner Brauner und **großer Brauner** werden in Westösterreich oft mit einem kleinen Kännchen Obers separat serviert.

 Wussten Sie, dass ...

zu starkes Auslaugen des Kaffeepulvers die Konzentration der Schadstoffe erhöht? Eine bekömmlichere Alternative ist es daher zu einem kleinen Espresso in der Doppelmokkaschale ein Kännchen heißes Wasser dazu zu servieren. Der Gast verlängert seinen Kaffee nach Belieben.

Wiener-Kaffeehaus-Klassiker	
Kleiner Mokka	Kleiner Espresso, kleiner Schwarzer oder Piccolo.
Kleiner Brauner	Kleiner Espresso mit Obers oder Milch.
Einspänner	Kleiner Espresso mit Schlagobershaube und Staubzucker bestreut, im Einspängerglas serviert.
Kapuziner	Kleiner Espresso mit kleiner Menge Obers (dunkelbraun).
Wiener Melange	Kleiner Espresso, etwas verlängert, mit Milch und Milchschaum.
Franziskaner	Sehr helle Melange mit Schlagobershaube.
Verlängerter Schwarzer	Kleiner Espresso, mit heißem Wasser verlängert.
Verlängerter Brauner	Kleiner Espresso, mit heißem Wasser verlängert, mit Milch oder Obers serviert.
Großer Schwarzer	Doppelter Espresso.
Großer Brauner	Großer Espresso, mit Milch oder Obers serviert.
Türkischer	Im Kupferkännchen (Çesve) zubereitet; bei der Bestellung fragen: ohne Zucker, mit wenig Zucker oder mit viel Zucker.

Wiener-Kaffeehaus-Spezialitäten	
Konsul	Großer Espresso mit einem Schuss Obers (dunkelbraun).
Schale Nuss	Kleiner Espresso in der so genannten Nusstasse (sehr kleine Espressotasse) mit etwas Obers.
Schale Gold	Kleiner Espresso, 1/3 Kaffee, 2/3 Obers.
Obers, gespritzt	Kleiner Espresso kurz, 1/3 Kaffee, 2/3 Obers.
Kaffee, verkehrt	1/3 Kaffee (Espresso), 2/3 Milch.
Obermayer	Großer Espresso, auf dem eine dünne Schicht kaltes, ungeschlagenes Obers schwimmt; nach einem Wiener Philharmoniker benannte Kaffeehausspezialität.
Kaisermelange	Verlängerter kleiner Espresso, mit geschlagenem Eidotter und Honig, auf Wunsch auch Zucker, verquirlt.
Wiener Eiskaffee	Vanilleeis mit Kaffee und Schlagobers. In dickwandigem Laufglas oder Eiskaffeeglas mit Limonadenlöffel und evtl. Strohhalm serviert. Staubzuckerstreuer dazugeben.
Berliner Eiskaffee	Wie Wiener Eiskaffee, aber mit Kaffeeeis zubereitet.

Wiener-Kaffeehaus-Spezialitäten mit Alkohol	
Mokka, gespritzt	Kleiner oder großer Espresso mit 2 cl Cognac, Weinbrand oder Rum.
Fiaker	Kleiner Espresso im Glas mit 2 cl Rum, Cognac oder Weinbrand und Schlagobershaube.
Maria Theresia	Kleiner Espresso, 1/3 Kaffee, 2/3 Obers.
Pharisäer	Verlängerter kleiner Espresso in der großen Tasse, mit 2 Kaffeelöffel Zucker und 2 cl Rum vermischt, mit Schlagobershaube; auch im Glas serviert.
Mazagran	Gesüßter, mit Eiswürfeln gekühlter kleiner Espresso im Glas mit 2 cl Maraschino; auch mit Maraschino und Rum.

Kaffeeklassiker aus Italien

Espresso	Kleiner Espresso schwarz, ca. 30 ml.
Ristretto	Kleiner Espresso schwarz, kurz (also mit wenig Wasser).
Espresso macchiato	Kleiner Espresso mit Milch (macchiato = gefleckt).
Cappuccino	Kleiner Espresso in der großen Tasse mit cremigem Milchschaum.
Espresso doppio con latte	Großer Espresso mit Milch.
Latte macchiato	Großes Glas warme Milch, mit einem kleinen Espresso übergossen.
Caffè latte	Kleiner Espresso kurz mit viel heißer Milch und Milchschaum, in einer großen Schale (oder einem Glas) serviert.

Kaffeespezialitäten aus Italien

Trend-Cappuccinos	Cappuccinos mit Vanillesirup (vaniglia), Karamellsirup (caramella), Minzesirup (menta), Kokosnusssirup (cocco) und Haselnusssirup (nocciola); diese Geschmacksrichtungen sind auch bei Latte macchiato erhältlich.
Caffè freddo	Kalter Kaffee.
Caffè shakerato	Kleiner kalter Espresso mit Zucker im Shaker kalt geschüttelt und im Cocktailglas serviert.
Iced Cappuccino	Geeister Cappuccino.
Caffè milanese	Eiskaffee mit 2 Kugeln Schokoladeeis und Schlagobershaube, Schokosplitter.

Kaffeespezialitäten aus Italien mit Alkohol

Caffè Corretto con Grappa	Kleiner Espresso schwarz mit 2 cl Grappa.
Caffè Corretto con Amaretto (Mandellikör)	Kleiner Espresso schwarz mit 2 cl Amaretto di Saronno.
Caffè Pucci	Großer Espresso mit braunem Zucker, 2 cl braunem Rum und 2 cl Amaretto, Schlagobershaube.

Internationale Kaffeespezialitäten mit Alkohol

Irish Coffee	2 Kaffeelöffel Rohzucker und 4 cl Irish Whiskey mit Kaffee aufgießen, leicht geschlagenes Obers vorsichtig über einen warmen Löffel in den Kaffee laufen lassen. Evtl. mit einer Prise fein gemahlenem Kaffee bestreuen.
Rüdesheimer Kaffee	In eine vorgewärmte Rüdesheimer Spezialtasse 3 bis 4 Stück Würfelzucker und 4 cl erwärmten Asbach Uralt (Weinbrand) geben und mit einem (langen) Streichholz anzünden. Dann entweder die Schale drehen oder mit einem langen Barlöffel umrühren, bis sich der Zucker gelöst hat und der Alkohol verbrannt ist. Mit Kaffee (Espresso) aufgießen, mit Vanillezucker gesüßtes Schlagobers darauf geben und mit Schokoladenstreusel bestreuen.
Café brûlot	1 Stück Würfelzucker mit Weinbrand tränken und in der vorgewärmten Tasse entzünden, mit einem kleinen Espresso ablöschen; auch mit kleiner Schlagobershaube serviert.

In vielen österreichischen Betrieben wird ein Cappuccino anstatt mit Milchschaum mit Schlagobers serviert und mit Kakaopulver bestreut. Manchmal wird die doppelte Kaffeepulvermenge verwendet.

Alle Kaffeegetränke gibt es auch entcoffeiniert (decaffenato).

Irish Coffee kann auch flambiert werden, das entspricht aber nicht dem Originalrezept. Flambierter Irish Coffee enthält weniger Alkohol, da dieser verbrennt und nur die Extraktstoffe zurückbleiben.

Zuckersets zum Anbieten mehrerer Zuckeraten werden von Gästen sehr geschätzt.

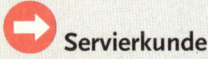 **Servierkunde**

7 Service

Service,Tassen und Gläser, Verwendung	
Service	■ Ausschließlich in vorgewärmten Kaffeeschalen und Kaffeekannen. ■ Zucker und Süßstoff einstellen. ■ Frisches Obers bzw. frische Milch ist eine Selbstverständlichkeit. ■ In Wiener Kaffeehäusern wird immer ein Glas Wasser zur Neutralisierung des Geschmackes zum Kaffee serviert.
Tassen und Gläser	Mokkaschale (1), Melangeschale (2), Doppelmokkaschale (3), Rüdesheimer Set (4), Irish-Coffee-Glas (5), Einspännerglas (6), Eiskaffee- bzw. Laufglas (7)
Verwendung	■ Frühstücks- und Jausengetränk. ■ Zum Abschluss eines Essens, allein oder zusammen mit einem Digestif (zB Cognac, Weinbrand, Likör). ■ Als warmes oder kaltes Kaffeegetränk mit oder ohne Alkohol. ■ Zutat für Süßspeisen (zB Mokkatorte, Tiramisu).

Hinweise zur Gästebetreuung

Kaffee ist der klassische Abschluss eines Menüs. Vergessen Sie daher nicht auf diesen Zusatzverkauf. Bieten Sie zum Kaffee auch einen Digestif an. Seit einiger Zeit findet man vollautomatische Kaffeemaschinen auch als Teil des Frühstücksbuffets (anstelle des Filterkaffees).

8 Gesundheit und Wirkung

Coffein, der wichtigste Bestandteil des Kaffees, wirkt kreislauf- und verdauungsanregend, stimmungsverändernd und führt zu einer kurzfristigen Steigerung der Leistungsfähigkeit. Zu große Mengen an starkem Kaffee führen jedoch zu körperlichen Beschwerden wie Zittern, Unruhe, Schlaflosigkeit, Herzklopfen, Schweißausbruch und Sodbrennen. Das Absinken der Leistungsfähigkeit durch Alkoholgenuss kann durch Kaffeetrinken nicht ausgeglichen werden. Im Gegenteil: Kaffee konserviert den Alkohol im Blut.

Trends

Kaffee ist ein sehr beliebtes Getränk in Österreich. Allgemein lassen sich mit dem Kaffeeumsatz gute Deckungsbeiträge erzielen. Im Trend liegen Marken aus Italien, zB Illy, Lavazza und Segafredo. Bohnenkaffeemischungen sind nach wie vor vorherrschend, nicht zuletzt deshalb, weil sortenreine Plantagenkaffees sehr teuer sind. Aromatisierte Kaffeemischungen werden angeboten. Manche Betriebe offerieren neben der Standardkaffeemischung weitere spezielle Röstungen. Eine Verkaufsmaßnahme der besonderen Art ist der Kaffeesommelierwagen. Der Kaffeesommelier berät die Gäste über Kaffeesorten und die Zubereitung des Kaffees, die beim Tisch des Gastes stattfindet. Verschiedene Kaffeefirmen bieten Ausbildungen und Schulungen für die Gastronomie zum Kaffeefachmann, dem sogenannten **Barista,** an. Neben den bekannten Kaffeehandelshäusern haben sich in den letzten Jahren kleine Kaffeeröstereien etabliert, die verschiedene Kaffeesorten röstfrisch anbieten.

Die **Karlsbader Kanne** besteht aus einer Porzellan-Kaffeekanne, dem Porzellanfilter mit Siebboden und dem Wasserverteiler mit Deckel. Die Zubereitung ist sehr zeitaufwändig – ergibt aber, nach Expertenmeinung, einen besonders bekömmlichen Kaffee.

(?) Fragen und Arbeitsaufgaben

1. Nach den Anbaugebieten unterscheidet man zwei Kaffeearten. Erklären Sie die Eigenschaften der beiden.

2. Nennen Sie die zwei wichtigsten Kaffeesorten und die größten Erzeugerländer.

3. Erklären Sie den Unterschied zwischen nassem und trockenem Verfahren zur Aufbereitung von Kaffee.

4. Was passiert beim Rösten?

5. Sie bedienen einen ausländischen Gast, der mit fragendem Gesichtsausdruck vor der Kaffeekarte sitzt. Erklären Sie Ihm folgende Kaffeegetränke: Piccolo, Verlängerter, Melange, Einspänner, großer Brauner, Wiener Eiskaffee.

6. Worauf ist beim Einkauf und bei der Lagerung von Kaffee zu achten?

7. Welche Tassen und Gläser werden für das Servieren von Kaffee und Kaffeegetränken verwendet?

8. Welche Zubereitungsverfahren für Kaffee kennen Sie? Beschreiben Sie zwei näher.

9. Wie wirkt sich Kaffee auf den menschlichen Körper aus?

ZUSAMMENFASSUNG

Herkunft

Kaffee ist ein Aufgussgetränk aus den aufbereiteten, gemahlenen Samen der Kaffeekirsche. Man unterscheidet zwischen Hochland- und Tieflandkaffee. Die beiden wichtigsten Sorten sind Coffea arabica (ca. 2/3 der Weltproduktion) und Coffea canephora, auch robusta genannt. Die größten Erzeugerländer sind in Süd- und Mittelamerika, in Afrika und in Asien. Die besten stammen aus Mittelamerika (außer Mexiko) und Kenia.

Aufbereitung und Rösten

Die Kaffeekirschen enthalten zwei Samenkerne (Bohnen), die meist von Hand geerntet werden. Danach erfolgt die Aufbereitung (nass oder trocken), um lagerfähige Kaffeebohnen zu erhalten. Dieser Rohkaffee wird in die Verbraucherländer exportiert, wo er geröstet und zu Kaffeemischungen zusammengestellt wird. Beim Rösten entwickelt der Kaffee sein typisches Aroma, seinen Duft und seine Farbe.

Kaffeearten

Bohnenkaffee: In Mischungen und sortenrein.
Besondere Kaffeesorten: Entcoffeinierter und coffeinarmer Kaffee, säurearmer (reizarmer) Kaffee, Instantkaffee (Löskaffee), aromatisierte Kaffeemischungen.
Kaffee-Ersatzmittel (Surrogate): Feigenkaffee, Malzkaffee, Zichorienkaffee.

Einkauf und Lagerung

Kaffee ist in unterschiedlichen Preis- und Qualitätsstufen erhältlich. Gerösteter Kaffee verliert rasch sein Aroma. Er ist deshalb nur kurz lagerfähig.

Zubereitung

Viele Faktoren, zB Wasserqualität und Zubereitungsart, bestimmen die Qualität des Kaffeegetränks. Zubereitungsverfahren in der Gastronomie sind: Filtermaschine (Melitta-Methode), Expressbrühung mit Dampf- oder Pumpendruck, türkische Methode, vollautomatische Kaffeemaschine. Österreich hat eine lange Kaffeehaustradition, daher hat sich eine Palette von warmen und kalten Kaffeegetränken entwickelt, mit und ohne Alkoholzugabe. Im Wiener Kaffeehaus wird immer ein Glas Wasser zur Neutralisierung des Geschmackes zum Kaffee serviert. Zucker und Süßstoff sowie frisches Obers bzw. frische Milch einstellen. Anhand der Größe unterscheidet man Mokka-, Doppelmokka- und Melangeschale. Für die Spezialitäten gibt es eigene Tassen bzw. Gläser.

Kakao

Zur Kakaoaufbereitung werden die Früchte aufgeschlagen und die Samen ausgelöst.

Unter Kakao versteht man ein Aufgussgetränk aus den aufbereiteten Samen der Kakaofrucht (Theobroma cacao).

Das Ursprungsland des Kakaos ist Mexico. Die Azteken bereiteten ein würziges Getränk aus Wasser, Pfeffer und gemahlenen Kakaobohnen und nannten es „Xocolatl". Der schwedische Biologe Linnäus nannte den Kakao „Theobroma", weil die Frucht den Rohstoff für ein gutes, gesundes und nahrhaftes Getränk lieferte. Er setzte den Namen aus zwei griechischen Wörtern zusammen, und zwar Teos (Gott) und Broma (Speise), also Götterspeise. Nach der Entdeckung Amerikas gelangte das sogenannte „braune Gold" nach Spanien, von wo sich der Handel mit Kakao in ganz Europa ausbreitete.

 Unsere Ziele

Nach Bearbeitung dieses Kapitels werden Sie

- die Herkunft und die Aufbereitung von Kakao erklären können,
- den Unterschied zwischen Kakao und Kakaogranulat nennen können,
- die verschiedenen Zubereitungsarten von Kakao erläutern können,
- die Lagerbedingungen und die Besonderheiten im Service nennen können,
- über die Wirkung von Kakao auf den menschlichen Organismus Bescheid geben können.

1 Herkunft

Die Kakaobäume werden in Plantagen gezüchtet und erreichen eine Höhe von zwei bis fünf Metern. Sie blühen ganzjährig und bilden in einem Jahr bis zu 10.000 Blüten. Die Früchte sind gurken- oder melonenähnlich. In ihnen liegen 25 bis 50 Kakaobohnen. Die ungerösteten Kakaobohnen enthalten Kohlenhydrate (Zucker), Fett, Eiweiß, Wasser, Mineralstoffe und in kleiner Menge das Alkaloid Theobromin sowie geringe Spuren von Koffein.

Die **Hauptanbaugebiete** des Kakaos sind heute vor allem Westafrika (Ghana, Nigeria, Elfenbeinküste, Kamerun), aber auch Südamerika (Brasilien, Venezuela, Ecuador, Kolumbien), Mittelamerika, die Westindischen Inseln, Java und Sri Lanka (Ceylon). Weitere Gebiete siehe Karte.

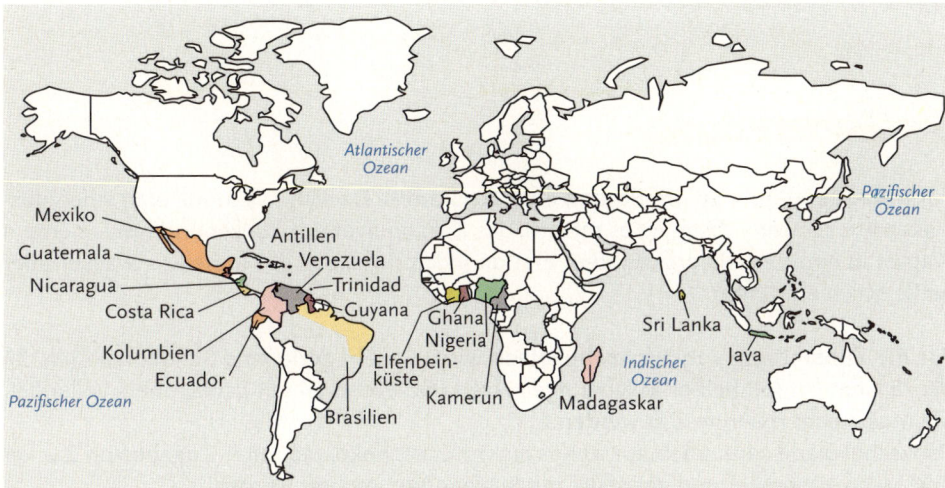

Kakaobäume = der bekannteste Kakaobaum ist der **Forastero** (auch eine Kakaosorte), weiters **Criollo** und **Trinitario.**

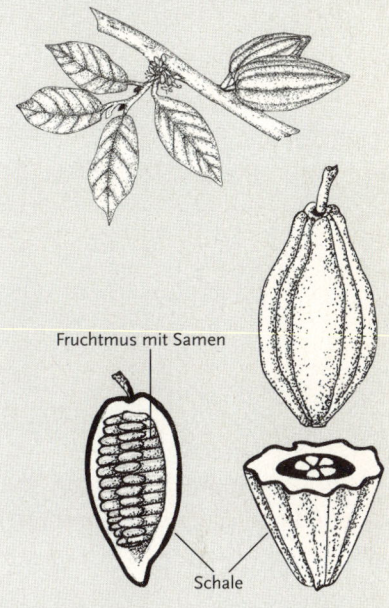

Fruchtmus mit Samen

Schale

2 Aufbereitung

- Aufschlagen der Früchte und Auslösen der Samen.
- Fermentierung der Samen. Sie geschieht durch mehrtägige Gärung oder „Rottung" in Erdgruben, betonierten Gruben oder Fermentierungshäusern. Dadurch wird Folgendes erreicht:
- Lösung der Fruchtfleischreste.
- Anreicherung von Fett.
- Aroma- und Farbbildung (Kakaorot).
- Abbau der Gerbsäure. Die Gerbsäure ist verantwortlich für den bitteren Geschmack.
- Entfernung der Fruchtfleischreste durch Waschen.
- Trocknen und Einsacken der Bohnen.

In den Verbraucherländern werden die Bohnen gereinigt, sortiert, geröstet, gebrochen (zerkleinert) und gemahlen. Es entsteht die dünnbreiige, dunkelbraune Kakaomasse (Ausgangsprodukt für Kakaopulver und Schokoladenerzeugung), die aufgeschlossen wird, dh sie wird bei 120 °C gerührt. Anschließend wird die Kakaobutter abgepresst. Zum Schluss wird der Presskuchen noch gemahlen (pulverisiert).

Presskuchen

3 Kakao und Kakaogranulate

Kakao

Kakao ist schwach entöltes Kakaopulver mit 20 bis 22 Prozent Kakaobutteranteil. Er ist dunkel, mild, sehr nahrhaft und grob gemahlen. Der **Magerkakao** ist stark entöltes Kakaopulver mit 8 bis 20 Prozent Kakaobutteranteil. Er ist sehr fein gemahlen, hell und herb im Geschmack. Bekannte Marken: Suchard, Pompadour, Van Houten.

Kakaogranulate

Sie bestehen aus Eiweiß, Zucker, Fett, Kakaoanteilen und Vitaminen. Kakaogranulate werden mit kalter oder heißer Milch aufgegossen, nicht gesüßt und können auf Wunsch mit Obers verfeinert werden. Bekannte Marken: Ovomaltine, Benco, Siggi, Nesquick.

4 Lagerung

Kakao soll kühl, trocken, geruchsfrei, dunkel und verschlossen (aromageschützt) gelagert werden. Durch Fremdgerüche (Gewürze) und Feuchtigkeit leidet das Aroma des Kakaos. Kakao und Trinkschokolade werden in verschiednen Packungsgrüßen im Handel Angeboten. Die Mindesthaltbarkeit ist auf der Verpackung angegeben.

5 Zubereitung

Für **Kakao** benötigt man pro Portion etwa 20 Gramm. Da sich Kakaopulver in einer Flüssigkeit nur schwer auflöst, ist es ratsam, das Kakaopulver mit Zucker und etwas heißem Wasser in einer Schale anzurühren. Erst dann kann man es gut in heißes Wasser oder heiße Milch einrühren.

Für die Zubereitung von **Trinkschokolade** wird die fein geriebene Schokolade (ca. 20 bis 25 Gramm) mit heißer Milch aufgegossen und eventuell mit Schlagobers vollendet. Sie muss nicht mehr gesüßt werden.
Trinkschokolade kann auch aus zerlassener Kochschokolade unter Zugabe von Zucker und Milch zubereitet und ebenfalls mit Schlagobers serviert werden.

Für **Wiener Schokolade** werden zwei gehäufte Kaffeelöffel fertige Schokoladencreme (als „Wiener Schokolade" im Handel erhältlich) mit heißer Milch verrührt, ein Schuss Weinbrand wird beigegeben und das Getränk mit einer Schlagobershaube gekrönt.

Das Kakaogetränk ist dunkler und bitterer als das Schokoladengetränk.

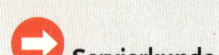
Servierkunde

Service im Wiener Kaffeehaus

6 Service

Service, Tassen und Gläser, Verwendung	
Service	▪ Warm: in Kakao- oder Schokoladentassen serviert. ▪ Kalt: im Tumbler serviert.
Tassen und Gläser	Schokoladentasse (1), Tumbler (2) 1 2
Verwendung	▪ Als Frühstücks- und Jausengetränk. ▪ Als Kinder- und Jugendgetränk.

Hinweise zur Gästebetreuung

Kakao hat als Getränk in der Gastronomie eine geringe Bedeutung. Lediglich im Kaffeehaus und in der Kaffeekonditorei spielt er eine gewisse Rolle. Mit Kakao lässt sich aber auch gut mixen. Es gibt Rezepte mit und ohne Alkohol.
Orangenschokolade: Trinkschokolade, mit Orangensaft und Grand Marnier abgeschmeckt.
Irische Schokolade: Trinkschokolade, mit irischem Whiskey und Bienenhonig verfeinert und mit Schlagobers und geraspelter Schokolade garniert.
Kakao Vital: Kakao mit 4 cl Orangensaft.

7 Gesundheit und Wirkung

Das im Kakao enthaltene Theobromin wirkt wie Coffein anregend auf das Nervensystem, ohne jedoch Herz und Kreislauf zu belasten. Kakao kann deshalb auch von Kindern getrunken werden. Kakao ist leicht verdaulich, Magerkakao hat allerdings durch den höheren Gerbstoffgehalt eine leicht stopfende Wirkung. Trinkschokoladen und Kakaogranulate weisen einen hohen Zuckergehalt auf.

Trends

Es werden auch dickflüssige Trinkschokoladen in vielen Geschmacksrichtungen angeboten, z.B. Nuss-Nougat, Bourbon-Vanille, Orange-Zimt, Honig-Zimt. Die erhältlichen Sorten werden mit heißer Milch schaumig geschlagen (Milchschäumer) und in einer Tasse serviert.

(?) Fragen und Arbeitsaufgaben

1. Woraus wird Kakao gewonnen und wo wird er hauptsächlich angebaut?
2. Erklären Sie die einzelnen Schritte der Kakaoaufbereitung.
3. Wo liegen die Unterschiede zwischen Kakao und Kakaogranulat?
4. Wie lagert man Kakao richtig? Wie wird er serviert?
5. Erklären Sie die Zubereitung von Kakao, Trinkschokolade und Wiener Schokolade.

ZUSAMMENFASSUNG

Unter Kakao versteht man ein Aufgussgetränk aus den aufbereiteten Samen der Kakaofrucht. Sie enthalten Kohlenhydrate (Zucker), Fett, Eiweiß, Wasser, Mineralstoffe und in kleiner Menge das Alkaloid Theobromin sowie geringe Spuren von Koffein. Die Kakaobäume werden in Plantagen gezüchtet. Die Hauptanbaugebiete sind Westafrika sowie Süd- und Mittelamerika.

Aufbereitung

Die Arbeitsschritte im Ursprungsland sind: Aufschlagen der Früchte und Auslösen der Samen – Fermentierung der Samen (Lösung der Fruchtfleischreste, Anreicherung von Fett, Aroma- und Farbbildung, Abbau der Gerbsäure) – Entfernung der Fruchtfleischreste – Trocknen und Einsacken der Bohnen.
In den Verbraucherländern werden die Bohnen geröstet und gemahlen. Die Kakaomasse wird aufgeschlossen und die Kakaobutter abgepresst. Zum Schluss wird der Presskuchen noch gemahlen (pulverisiert).

Zubereitung

Man unterscheidet Kakao und Magerkakao (Kakaopulver), Kakaogranulate, Trinkschokolade sowie Wiener Schokolade.
Das Kakaopulver wird mit Zucker und etwas heißem Wasser in einer Schale angerührt und anschließend in heißes Wasser oder heiße Milch eingerührt.
Die Kakaogranulate sind bereits gesüßt und werden mit kalter oder heißer Milch aufgegossen.
Trinkschokolade wird aus fein geriebener Schokolade zubereitet, die mit heißer Milch aufgegossen wird. Evtl. süßen, mit Schlagobers servieren.
Die Wiener Schokolade ist eine im Handel erhältliche Schokoladencreme. Sie wird mit heißer Milch verrührt. Ein Schuss Weinbrand dazu, Schlagobershaube.

Die **Lagerung** von Kakao soll kühl und trocken erfolgen. Warmer Kakao wird in der Schokoladentasse, kalter Kakao im Tumbler **serviert**.

Tee

Der Teestrauch ist eine der ältesten Kulturpflanzen der Welt, fast 5.000 Jahre alt, und stammt aus China. In Europa wurde er allerdings erst im 16. Jahrhundert bekannt. England ist der traditionelle Hauptimporteur von Tee mit vielen alteingesessenen Teehandelshäusern.

Tee bietet eine große Geschmacks- und Aromavielfalt, kann heiß oder mit Eis getrunken werden und passt zu jeder Tages- und Jahreszeit.

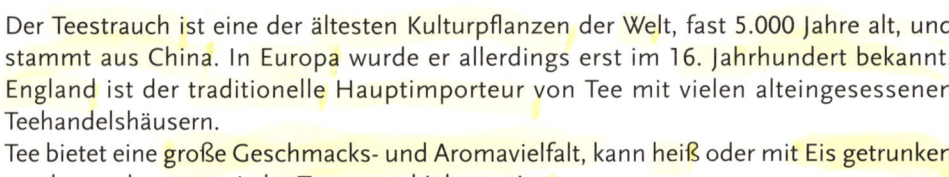

🎯 Unsere Ziele

Nach Bearbeitung dieses Kapitels werden Sie

- die wichtigsten Teeanbaugebiete nennen sowie die Unterschiede zwischen Hochland-, Tiefland- und Mittellandtee erklären können,
- die Teearten und ihre Aufbereitung erläutern können,
- die Teesortierungen und Teebezeichnungen nennen können,
- die Unterschiede von Oolong-Tee, grünem Tee, weißem Tee, Rauchtee und aromatisiertem Tee erklären können,
- die Früchte- und Kräutertees nennen können,
- Einkauf und Lagerung sowie Zubereitung und Service der einzelnen Teearten beschreiben können,
- die Wirkung von Tee und teeähnlichen Erzeugnissen erklären können.

In den Qualitätsplantagen wird ausschließlich mit der Hand gepflückt.

1 Herkunft

Tee ist ein Aufgussgetränk aus den aufbereiteten Blättern des Teestrauches. Alle modernen Zuchtformen des Teestrauches stammen von Kreuzungen der Teepflanzen Camellia sinensis und Camellia assamica, der erst 1823 im indischen Assamgebiet entdeckt wurde.
Tee enthält das Alkaloid Coffein (Tein), außerdem die beruhigende Gerbsäure Tannin, ätherische Öle, Vitamin B1 und B2 sowie Mangan und Fluor.

Die wichtigsten Teeanbaugebiete

Indien (Darjeeling, Assam), Ceylon (Sri Lanka), China, Japan, Indonesien (Sumatra, Java),

Indien produziert mit 870 Millionen Kilogramm rund ein Drittel der Welternte.

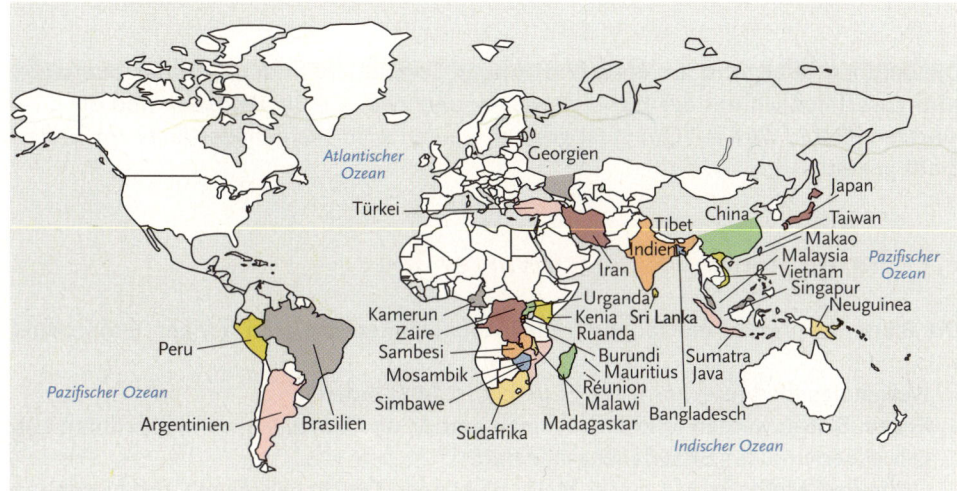

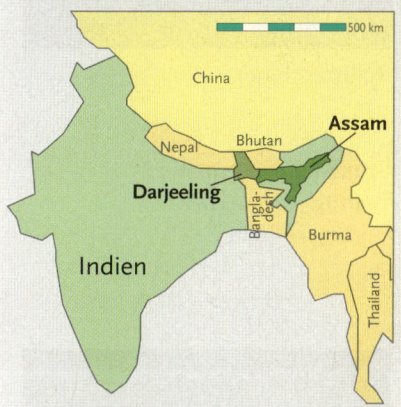

Die Teepflanze wächst zwischen dem 43° nördlicher und dem 30° südlicher Breite.

viele Länder Afrikas (Kenia) und Georgien. Weitere Gebiete siehe Karte.
Wie beim Kaffee spielen auch für die Charakteristik des Tees nicht nur die Pflanze, sondern das Anbaugebiet, dh Klima, Bodenbeschaffenheit und Lage, eine große Rolle. Je jünger die Blätter und Knospen sind und je langsamer sie wachsen, desto wertvoller fällt die Teequalität aus. Man unterscheidet Hochland-, Mittelland- und Tieflandtee. Die feinsten Tees stammen aus hoch gelegenen Teekulturen.

1.1 Hochlandtee

Zart duftender Tee mit feinem Aroma. Der bekannteste und beste Hochlandtee kommt aus **Darjeeling** am Fuße des Himalaja im Norden Indiens (1.200 bis 3.000 Meter Seehöhe) sowie aus **Assam,** dem größten Teeanbaugebiet der Welt, in dem vorwiegend Hochlandtee geerntet wird. Assamtees sind kräftig und würzig. Sie sind Hauptbestandteil vieler Teemischungen. Weiters wird in den Gebieten **Uva, Nuwary Eliya** und **Dimbula** auf **Ceylon (Sri Lanka)** hervorragender Hochlandtee erzeugt.

1.2 Mittellandtee

Er wächst auf 300 bis 1.200 Metern Seehöhe und weist ein etwas stärkeres Aroma und einen kräftigeren Geschmack auf. Südlich von Darjeeling, aber nur wenige 100 Meter hoch, liegen die Teeanbaugebiete Terai und Dooars.

1.3 Tieflandtee

Kräftig und herb im Geschmack. Im Tiefland wächst der Tee sehr rasch, mehrere Ernten sind daher möglich. Tieflandtee wird meist für Teemischungen und aromatisierte Tees verwendet.

Teeplantage

45

2 Teearten und ihre Aufbereitung

Fermentierter oder schwarzer Tee	Schwarztee-mischungen (Blends)	Spezialtees	Speziell behandelte Tees	Teeähnliche Erzeugnisse
		Oolongtee Grüner Tee Weißer Tee Aromatisierter Tee Rauchtee	Entcoffeinierter Tee Tee-Extrakte Instant-teeprodukte Eistee	Früchte- und Kräutertees

Die erste Ernte beginnt am etwa fünfjährigen Teestrauch. In den Qualitätsplantagen wird ausschließlich mit der Hand gepflückt, und zwar die Blattknospen und die zwei jüngsten Blätter. Wird auf Quantität gesetzt, werden auch ältere Blätter (bis zum fünften Blatt) geerntet.

2.1 Fermentierter oder schwarzer Tee

Die Blätter werden in Teefabriken in den Anbauländern bis zum fertigen Endprodukt aufbereitet:

- **Welken** des Blattgutes nach der Ernte bis zu 24 Stunden.
- **Rollen:** Blätter werden in Rollmaschinen gerollt, die Blattzellen werden dadurch aufgebrochen und das Blatt dabei zerkleinert.
  Orthodoxe Methode: Mit dieser Methode können Tees in beliebiger Größenordnung hergestellt werden.
  CTC-Methode: Mischmethode von Rollen und Zerreißen in Maschinen mit gedornten Walzen. Mit dieser Methode werden vorwiegend Broken Teas erzeugt.
- **Fermentieren:** Der beim Rollen austretende Zellsaft oxidiert durch das Zusammentreffen mit dem Sauerstoff der Luft. Es bildet sich das Aroma und die Gerbsäure wird abgebaut. Die Teeblätter färben sich zunächst kupferrot.
- **Trocknen:** Die fermentierten Blätter werden mit Heißluft getrocknet, erst hier kommt es zur charakteristischen Schwarzfärbung der Teeblätter. Dieser Vorgang ist wichtig für die Haltbarkeit des Tees.
- **Reinigen und Sortieren:** Das Reinigen und Sortieren geht Hand in Hand. Das unsortierte Teematerial wird durch Stufensiebe in verschiedene Größen (Blatt-Tee, Broken Tea, Fannings, Dust) sortiert.
- **Verpacken:** In Sperrholzkisten, die mit Metallfolie ausgekleidet sind (gegen den Aromaverlust).

Teesortierungen und Teebezeichnungen

In früheren Zeiten konnte man aus den Teebezeichnungen die Stellung des gepflückten Blattes und so die Qualität ableiten. Heute bedient sich der weltweite Teehandel zwar der traditionellen Größenbezeichnungen, man kann jedoch keinen Rückschluss auf die Qualität ziehen. Die Teequalität hat nichts mit der Blattgröße zu tun. Die tatsächliche Qualität kann nur durch Verkostung festgestellt werden.

Blatt-Tee

Die Blätter werden bei der Aufbereitung nur geringfügig gebrochen. Das Wasser kann die Teeblätter nur wenig auslaugen. Blatt-Tees sind deshalb leicht und aromatisch.

Flowery Orange Pekoe (FOP)	Nur die jüngsten Blätter des Zweiges werden verwendet.
Orange Pekoe (OP)	Lange, drahtige Blätter, größer als beim FOP.
Pekoe (P)	Kurze, grobe Blätter, kräftiger im Aufguss als Orange Pekoes, weil sie mehr Blattrippen enthalten.
Souchong (S)	Gröbste Blattsortierung, schwaches Aroma, schwacher Aufguss.

Rollmaschine

Crushing = Zermahlen
Tearing = Zerreißen
Curling = Rollen

Fermentation

Blatt-Tees umfassen nur zirka zwei Prozent der Weltproduktion.

Flowery = Blumig, der Tee hat ein sehr „blumiges" Aroma.

Orange = wird unterschiedlich erklärt; die Chinesen tranken einen mit Orangenblüten parfümierten Tee; das holländische „oranje" bedeutet „königlich"; im Malaischen steht „orang" für „groß".

Pekoe = chinesisches Wort für „weißer Flaum"; gemeint sind die jungen, noch zarten Blätter.

Golden Flowery Orange Pekoe (GFOP)	Im Tee sind goldbraune Blätter enthalten; es werden junge, zarte Blattknospen verwendet.
Tippy Golden Flowery Orange Pekoe (TGFOP)	Nur Darjeeling-Tees werden verarbeitet.

Tippy = ist kein besonderes Qualitätsmerkmal; Tee mit einem großen Anteil an Blattspitzen junger, zarter Teeblätter, die weniger Zellsaft haben und sich beim Fermentieren nicht dunkel färben.

Broken Tea

Tee, dessen Blätter mehrmals gebrochen werden. Broken Teas haben einen kräftigeren Aufguss, da aufgrund der größeren Oberfläche mehr Geschmacks- und Aromastoffe im Teewasser gelöst werden können. Broken Teas werden durch ein zusätzliches **B** gekennzeichnet, wie etwa bei **FBOP** (Flowery **Broken** Orange Pekoe).

Fannings

Kleine Blattteilchen, die beim Sieben größerer Sortierungen abfallen. Sie färben den Aufguss sehr rasch und kräftig und werden daher beigemischt oder für Teebeutel verwendet.

Dust

Kleinstblättriger Tee, der hauptsächlich in die Teebeutelproduktion fließt.

Es wäre falsch, Dust in diesem Zusammenhang mit Staub zu übersetzen. Der tatsächliche Staub, der bei der Teeerzeugung entsteht, heißt „fluff" und kommt nicht in den Handel.

2.2 Schwarzteemischungen (Blends)

Bis auf einige Spitzentees sind fast alle im Handel befindlichen Sorten Mischungen. Tees werden gemischt, um einen gleich bleibenden Geschmack zu erzielen und saisonale Qualitäts- und Preisschwankungen (zB durch unterschiedliche Pflückzeiten) auszugleichen.

Darjeeling-Himalaja: Schwarzteemischung aus den besten Hochlandtees.
Englische Teemischung: Auswahl von Spitzentees aus Darjeeling, Assam und Ceylon.
Ostfriesenmischung: kräftige Schwarzteemischung, die sich aus Assam-, Java- und Sumatratees zusammensetzt.

2.3 Spezialtees

Oolongtee

Die Fermentation kann sich nicht voll entfalten, da sie unterbrochen wird. Halb fermentierter Tee ist etwas milder im Geschmack.

Grüner Tee

Die Blätter werden vor dem Rollen gedämpft und nicht fermentiert, dadurch behalten sie ihre grüne Farbe. In China werden die frisch gepflückten Teeblätter in kleinen, elektrisch beheizten Kesseln bei zirka 100 °C getrocknet. Die Kesseln werden vorher mit Teebaumöl ausgeschmiert, zirka ein halbes Kilogramm der Teeblätter werden mit einem Handschuh so lange gewendet, bis sie trocken sind. Die kleinblättrigen Thea sinensis werden bevorzugt für die Grünteeproduktion verwendet. Grüner Tee hat ein feines Aroma, schmeckt aber durch den hohen Gerbsäuregehalt etwas bitter. Die bekanntesten Grünteesorten sind Chun Mee (kleines, geschnittenes Blatt), Gunpowder (kugeliger grüner Tee) und Silver Dragon. Auch aromatisierte grüne Tees sind im Handel erhältlich. Pu-erh-Tee ist ein speziell fermentierter Tee mit erdigem Geschmack.

Die Phasen der Teeaufbereitung sind durcheinander geraten. Nummerieren Sie richtig und erklären Sie, was bei den einzelnen Arbeitsschritten passiert.

☐ Sortieren
☐ Rollen
☐ Fermentieren
☐ Welken
☐ Verpacken
☐ Trocknen

Weißer Tee

Weißer Tee ist eine südchinesische Spezialität und wurde ursprünglich nur in Fujian erzeugt. Die Blätter werden an der Luft getrocknet. Weißer Tee wird weder fermentiert noch gedämpft und ausschließlich aus weiß-silbrigen, feinbehaarten Blattknospen und den ersten beiden nachstehenden Blättchen gewonnen.

Junge Blattspitzen, die bei der Fermentation bzw. beim Trocknen weiß bleiben werden auch als weißer Tee bezeichnet.

Rauchtee

Für den chinesischen Rauchtee (Lapsang Souchong) werden große Blätter (Souchong) über harzreichen Hölzern geröstet. Dadurch erhält er sein markantes rauchiges Aroma.

Beispiele für aromatisierte Tees:
Earl Grey (Bergamotteöl), Pfirsich-,
Jasmin-, Mangoblütentee, Orange-
Blossom-Tee (Orangenaroma).

Gewürztees werden oft mit
Schwarztees zu Mischungen zusammengestellt.

💡 Früchte- und Kräutertees
sind sehr bekömmlich. Sie enthalten kein Coffein und haben einen
hohen Vitamingehalt. Früchte-
teesorten eignen sich besonders
zur Herstellung von Eistee und
Punsch.

**Im Trend ist der aus Südafrika
stammende Rooibos („roter
Busch"). Der Tee wirkt beruhigend
auf das Zentralnervensystem.**

Getrocknete Teeblätter

Aromatisierte Tees

Schwarze oder grüne Tees, denen ein zusätzliches Aroma durch Beigabe von natürlichen
oder naturidentischen Aromastoffen sowie getrockneten Schalen, Blüten oder Gewürzen
gegeben wird. Die Auswahl ist sehr groß, wird aber immer weniger nachgefragt.

2.4 Speziell behandelte Tees

Zu dieser Gruppe zählen entcoffeinierter Tee, Teeextrakte, Instantteeprodukte und der
Eistee. Eistee ist ein Erfrischungsgetränk und wird mit Extrakten aus Tee bzw. direkt mit
Tee hergestellt. Die im Handel angebotenen Eistees müssen mindestens 0,12 Prozent
Teeextrakt enthalten. Eistees können auch mit Fruchtsaft, zB Pfirsich- oder Zitronensaft,
vermischt sein. Bekannte Marken: Rauch-Eistee, Pfanner-Eistee, Lipton Ice Tea

2.5 Teeähnliche Erzeugnisse (Früchte-, Kräuter- und Gewürztees)

Das sind Aufgüsse von getrockneten, stark aromatischen Pflanzenteilen, wie Früchten,
Samen, Gewürzen, Blüten, Blättern, aber auch Wurzeln. Sie werden ähnlich wie echter
Tee zubereitet. Viele von ihnen haben eine beruhigende oder gar heilende Wirkung. Oft
werden Mischungen zusammengestellt.

Baldriantee	Aus dem Wurzelstock der Baldrianpflanze; wirkt beruhigend.
Fencheltee	Aus dem Samen des Fenchels; ist blähungshemmend, gegen Erkrankungen der Atmungsorgane.
Hagebuttentee	Aus den Früchten der wilden Heckenrose, zart duftend mit einem ausgeprägt fruchtigen, leicht süßlichen Geschmack; wirkt entzündungshemmend sowie verdauungsfördernd und harntreibend.
Hibiskustee (auch Malve genannt)	Kirschroter Tee aus den Kelchblättern der Hibiskusblüte mit einem ausgeprägten, leicht bitteren Geschmack; wirkt entzündungshemmend.
Kamillentee	Aus den Blüten der römischen Kamille, fein duftend mit einem leicht bitteren Geschmack; wirkt entzündungshemmend.
Lindenblütentee	Aus getrockneten Lindenblüten; wirkt schweißtreibend und krampflösend.
Matetee	Aus den Blättern des brasilianischen Matestrauches mit kräftigem, rauchigem Geschmack; hat eine stark anregende Wirkung.
Orangenblütentee	Aus den Blüten des Orangenbaumes; duftender Tee mit feinem Aroma.
Pfefferminztee	Aus den Blättern der Pfefferminze mit kräftigem Aroma und frischem Geschmack; wirkt schmerzstillend und krampflösend, speziell bei Magen- und Darmbeschwerden.

3 Einkauf und Lagerung

Achten Sie beim Einkauf (Teebeutel oder offen) auf die Qualität. Tee kann gut auf Vorrat
eingekauft werden, er muss jedoch luftdicht und trocken gelagert werden. Tee, der einmal
Feuchtigkeit aufgenommen hat, ist nicht mehr verwendbar. Schwarztees bzw. Früchte-
und Kräutertees müssen getrennt gelagert werden, da Schwarztee leicht Fremdgerüche
annimmt. Das eigene Aroma wird dann überlagert.

Bekannte Teehandelshäuser

Demmer, Tee Gschwendner, Haas und Haas, Heißenberger, Jäger, Kotany, Lipton's,
Lyon's, Meinl, Meßmer, Milford, Schönbichler, Teekanne (Sir Winston, Pompadour),
Twinings.

4 Zubereitung

Früchte-, Kräuter- und Gewürztee sowie Schwarztee und aromatisierter Schwarztee

- Für Früchte-, Kräuter- und Gewürztee benötigt man pro Tasse 3 bis 5 g Tee, für Schwarztee und aromatisierten Schwarztee 1 bis 2 g, für Eistee 4 g. Zwei Gramm entsprechen einem Teelöffel.
- Der Tee wird in eine vorgewärmte Ton-, Porzellan- oder Glaskanne gegeben und mit kochend heißem Wasser aufgegossen.
- Die Stärke des Tees bestimmt man einzig und allein durch die verwendete Menge, seine Wirkung durch die Dauer des Ziehenlassens. Lässt man Schwarztee kurz ziehen, wirkt er belebend, lässt man ihn länger ziehen, wirkt er beruhigend auf Magen und Darm.

Grüntee

- Für Grüntee sowie für aromatisierten Grüntee, Weißen Tee und Oolong Tee zirka 2 g Tee pro Tasse.
- Kochendes Wasser wird vor dem Aufguss auf zirka 75 °C abgekühlt. Dadurch bleiben wertvolle Vitamine erhalten.
- Tee mit Wasser aufgießen und ein bis zwei Minuten ziehen lassen.
- Mit grünem Tee können bis zu vier Aufgüsse gemacht werden. Teeexperten kennen die feinen geschmacklichen Unterschiede.
- Grüner Tee sollte pur und ungesüßt getrunken werden, um sein Aroma nicht zu beeinträchtigen.
- Man kann grünen Tee auch wie Schwarztee zubereiten oder man macht mit einem 100 °C heißen Wasser einen ersten Aufguss, der abgegossen wird.

5 Service

Service, Tassen und Gläser, Verwendung	
Service	<ul><li>Schwarztee wird mit frischer kalter Milch (keine Kondensmilch) oder Obers oder Rum und einer Auswahl an Zucker serviert.</li><li>In manchen Betrieben wird ein Kännchen heißes Wasser zum Nachgießen dazu serviert.</li><li>Besonders eindrucksvoll ist die Zubereitung direkt beim Tisch des Gastes auf einem Wagen oder am so genannten Teebuffet.</li><li>Teegefäße immer vorwärmen (Tee verliert bei jeder Abkühlung an Aroma).</li></ul>
Tassen und Gläser	Teetasse (1), Tumbler für Eistee (2)  Early Morning Tea 1 2
Verwendung	<ul><li>Early Morning Tea</li><li>Frühstücksgetränk.</li><li>Jausen- und Erfrischungsgetränk (zB Eistee).</li><li>Für Afternoon Tea.</li><li>Für Afternoon Tea.</li><li>Für medizinische Zwecke.</li></ul>

Hinweise zur Gästebetreuung

Auf Zitrone sollte man bei Schwarztee verzichten, da sie das Aroma völlig verändert (außer der Gast wünscht sie).

Legen Sie eine Teespezialitätenkarte auf. Neben der Angebotsinformation besteht die Möglichkeit, die Karte mit Anekdoten, Geschichten und „Philosophischem" über Tee für den Gast attraktiv zu gestalten.

Früchte-, Kräuter- und Gewürztees werden mit kochendem Wasser aufgegossen, Ziehdauer: 5–10 Minuten.

Ziehdauer bei Grüntee:
Chinesischer   2 – 3 Minuten
Japanischer   1 – 1,5 Minuten
Aromatisierter   1 – 1,5 Minuten

Ziehdauer bei weißem Tee:
5 – 7 Minuten

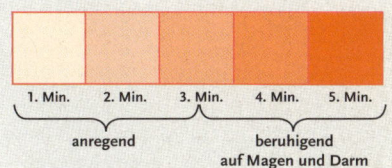

1. Min.   2. Min.   3. Min.   4. Min.   5. Min.
anregend   beruhigend auf Magen und Darm

Schwarztee sollte nicht länger als fünf Minuten ziehen, da er sonst bitter schmeckt.

Aromatisierten Schwarztee bis 2 ½ Minuten ziehen lassen.

Teekenner trinken Tee am liebsten aus einer dünnwandigen Porzellantasse

Early Morning Tea = Tradition in Großbritannien. Der Tee wird mit Biskuits noch vor dem eigentlichen Frühstück auf das Gästezimmer serviert.

Afternoon Tea = Tradition in Großbritannien zwischen 15.00 und 17.00 Uhr. Zum Tee werden Sandwiches, Kuchen und Kekse angeboten.

 **Servierkunde**

6 Gesundheit und Wirkung

www.demmer.at
www.teeverband.at
www.teeschnabel.at

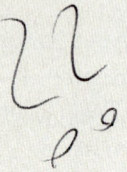

Tee enthält neben Coffein (Tein) auch Mineralstoffe, Vitamine, Polyphenole (Gerbstoffe) und ätherische Öle. Beim Tee wirkt das Coffein nicht über das Herz und den Kreislauf, sondern direkt auf das Gehirn und das zentrale Nervensystem. Tee enthält etwa so viel Coffein wie Kaffee, es ist aber an die Polyphenole gebunden.

Die Polyphenole sind für die verzögerte Wirkung des Coffeins verantwortlich – die belebende Wirkung setzt langsam ein, hält aber auch länger an und klingt ebenso langsam wieder ab.

Tee enthält auch Fluorid, das karieshemmend wirkt. Der Blutzuckerspiegel kann durch den Genuss von Tee gesenkt werden.

Trends

In Europa werden hauptsächlich kräftige, aromatische Tees (zB aus Indien, Sri Lanka) getrunken. Tee aus China wird meist als zu weich und zu rauchig empfunden. Der Konsum von grünem Tee, dem eine gesundheitsfördernde Wirkung nachgesagt wird, sowie von Eistee, ist in den letzten Jahren stark gestiegen. Ebenfalls im Trend sind die Teegetränke Kombucha (Kombuchapilz) sowie Nativa (mit Grüntee). Kräuter- und „Wohlfühl"-tees werden immer beliebter.

? Arbeitsaufgaben

1. Nennen Sie die wichtigsten Teeanbaugebiete.

2. Wo liegen die Unterschiede zwischen Hochland-, Tiefland- und Mittellandtee?

3. Wie wird schwarzer Tee aufbereitet? Nennen Sie die einzelnen Schritte.

4. Was wird unter Blatt-Tee, Broken Tea, Fannings und Dust verstanden?

5. Warum kommen Schwarztees meist als Mischungen auf den Markt?

6. Erklären Sie Oolong-Tee, grünen Tee, weißen Tee und Rauchtee.

7. Was versteht man unter aromatisiertem Tee?

8. Nennen Sie fünf Früchte- bzw. Kräutertees.

9. Erklären Sie die Zubereitung von schwarzem Tee und grünem Tee. Wie serviert man Tee korrekt?

10. Welche Trends sind auf dem Teemarkt zu beobachten?

ZUSAMMENFASSUNG

Tee ist ein Aufgussgetränk aus den aufbereiteten Blättern des Teestrauches, der neben dem Tein und dem Tannin ätherische Öle, Vitamine sowie Mangan und Fluor enthält. Die erste Ernte beginnt am etwa fünfjährigen Teestrauch, und zwar mit der Hand (Blattknospen und die zwei jüngsten Blätter). Wird auf Quantität gepflückt, werden auch ältere Blätter (bis zum fünften Blatt) geerntet.

Die wichtigsten Teeanbaugebiete sind in Indien (Darjeeling, Assam), auf Ceylon (Sri Lanka) sowie in China, Japan, Indonesien, Afrika und Georgien.

Man unterscheidet Hochland-, Mittelland- und Tieflandtee.

Teearten und ihre Aufbereitung

Fermentierter oder schwarzer Tee: Die geernteten Blätter werden in den Teefabriken der Anbauländer in folgenden Schritten aufbereitet: Welken – Rollen (orthodoxe Methode und CTC-Methode) – Fermentieren – Trocknen – Reinigen und Sortieren – Verpacken. Nach den Teesortierungen unterscheidet man Blatt-Tee (nur geringfügig gebrochene Blätter), Broken Tea (mehrmals gebrochene Blätter; kräftigerer Aufguss), Fannings (kleine Blattteilchen) und Dust (kleinstblättriger Tee; für Teebeutel).

Schwarzteemischungen (Blends): Fast alle im Handel befindlichen Sorten sind gemischt.

Oolongtee: Nur halb fermentiert; etwas milder.

Grüner Tee: Die Blätter werden vor dem Rollen gedämpft, nicht fermentiert.

Weißer Tee: Nicht gedämpft, nicht fermentiert.

Rauchtee: Über harzreichen Hölzern geröstet.

Aromatisierter Tee: Schwarzer oder grüner Tee mit Beigabe von Aromastoffen, Schalen, Blüten, Gewürzen.

Eistee: Erfrischungsgetränk aus Teeextrakt und evtl. Fruchtsaft.

Früchte- und Kräutertees: Teeähnliche Erzeugnisse aus getrockneten, stark aromatischen Früchten und Blüten; wie Tee zubereitet; beruhigende oder heilende Wirkung.

Einkauf und Lagerung

Qualität vor Preis kaufen. Tee kann gut auf Vorrat gekauft werden. Schwarztee bzw. Früchte- und Kräutertee getrennt lagern.

Zubereitung und Service

Tee in vorgewärmten Kannen mit kochend heißem Wasser aufgießen. Beim Grüntee sollte man das Aufgusswasser auf 75 °C abkühlen. Schwarztee mit frischer kalter Milch oder Rum servieren. Die Stärke des Tees bestimmt man durch die verwendete Menge, seine Wirkung durch die Dauer des Ziehenlassens. Lässt man ihn kurz ziehen, wirkt er belebend, lässt man ihn länger ziehen, wirkt er beruhigend auf Magen und Darm.

Bier

Neben den großen traditionellen Braustätten haben sich so genannte Gasthausbrauereien etabliert, die dem gestiegenen Erlebnisbedürfnis der Gäste Rechnung tragen. Im Restaurantbereich sitzend, blickt man auf die großen Kupferkessel und genießt die hausgebrauten Bierspezialitäten.

Landesfinale des Niederösterreichischen Schulzapfwettbewerbs

Bereits bei einem der ältesten Kulturvölker – den Sumerern – wurde Bier gebraut. Dies wurde bereits 6000 vor Christus urkundlich erwähnt. Auch die Babylonier und Ägypter waren bestens mit der Biererzeugung vertraut. So ist bekannt, dass sie bereits zwanzig verschiedene Biersorten brauten. Schon zu dieser Zeit war Bier keineswegs ein Luxusartikel, sondern ein allgemein übliches Volksnahrungsmittel. Im Mittelalter sorgten vor allem die Klöster für die Verbreitung des Bieres in Europa. 1841 entstand in Österreich in Klein-Schwechat bei Wien das Lagerbier nach Wiener Art, als dessen Erfinder Anton Dreher gilt.

◎ Unsere Ziele

Nach Bearbeitung dieses Kapitels werden Sie

- die Bierherstellung erklären können,
- die Bierarten unterscheiden und ihre Charakteristik beschreiben können,
- die Bierspezialitäten nennen können,
- bekannte Biere und Brauereien aus dem In- und Ausland nennen können,
- erläutern können, was beim Einkauf zu beachten ist und wie Bier fachgerecht gelagert wird,
- über den Bierausschank mit Pression und die Premixanlagen berichten können,
- beschreiben können, wie Bier richtig gezapft und serviert wird,
- Empfehlungen über die Korrespondenz von Bier und Speisen abgeben können.

Gerste

Hopfen (man unterscheidet aromareiche und bitterstoffreiche Arten)

Reinzuchthefe = winziger Pilz, der die Umwandlung vom Malzzucker in Alkohol und Kohlendioxid bewirkt.

1 Herstellung

Bier ist ein alkoholisches und kohlensäurehaltiges Getränk, das hauptsächlich aus folgenden Grundmaterialien besteht.

Braugerste	Das so genannte „deutsche Reinheitsgebot" aus dem Jahre 1516 besagte, dass Bier nur aus Gerste, Wasser und Hopfen gebraut werden durfte. Durch die EU wurde dieses Gebot aufgehoben. Die Zugabe von Weizen, Roggen, Reis, Mais, Dinkel und Hafer ist in kleinen Mengen erlaubt.
Brauwasser	Die Qualität des Wassers ist entscheidend für den Biergeschmack. Es stammt entweder aus speziellen Brunnen oder es wird vor dem Brauen aufbereitet, und zwar bis zu einem bestimmten Härtegrad.
Hopfen	Die weiblichen Blütendolden des Hopfens verleihen dem Bier den zartbitteren Geschmack, fördern die Schaumbildung und die Haltbarkeit des Bieres. Man spricht vom Würzstoff bzw. von der „Seele" des Bieres.
Reinzuchthefe	Sie bewirkt die Gärung. Man unterscheidet untergärige und obergärige Bierhefe. Mit untergäriger Hefe werden alle Lagerbiertypen, wie Pilsner, Münchner, Dortmunder, Märzen- und Bockbiere, hergestellt. Obergärige Hefen werden ua zur Herstellung von Weizen-, Alt- und Malzbier verwendet.

1.1 Mälzen

Bei diesem Vorgang wird Malz gewonnen.
- **Einweichen** der Gerste in Wasser.
- **Keimen** der Gerste im Keimkasten zu **Grünmalz**. Dabei beginnt die Stärke sich in vergärbaren Zucker umzuwandeln.
- **Darren** (Heißlufttrocknen) des Grünmalzes, es entsteht das Darrmalz. Je dunkler das Bier sein soll, desto höher sind die Darrtemperaturen. Nach Entfernen der Wurzelkeime ist das Malz braufertig. Eine Besonderheit ist das Darren über offenem Feuer. Dabei wird das Malz kräftig mit Rauch durchzogen. Es wird für die Erzeugung von Rauchbier verwendet.

1.2 Maischen und Läutern

- **Zerkleinern** des Malzes in Schrotmühlen.
- **Versetzen** des Malzschrots mit Brauwasser im Maischebottich.
- **Erhitzen** des Maischbreies auf zirka 70 °C. Die Stärke wird in vergärbaren Malzzucker umgewandelt.
- **Läutern** der Maische. Die Würze und nicht lösliche Malzbestandteile werden getrennt. Die gefilterte Flüssigkeit nennt man ungehopfte Würze.

1.3 Brauen

Die Hauptaufgabe ist es, dem Bier den Geschmack zu geben.
- **Kochen** der noch ungehopften Würze zusammen mit dem Hopfen in der Sudpfanne. Durch das Kochen lösen sich die Aromastoffe des Hopfens und die Würze wird keimfrei.
- **Entfernen der Hopfendolden** nach etwa zweistündigem Kochen.
- **Abkühlung** der gehopften Würze **(Stammwürze)** mit Kühlapparaten.
- **Weiterleiten** der Stammwürze in Gärzylinder.
  Beim Maischen und Brauen wird der Stammwürzegehalt (Extrakt- bzw. Zuckergehalt) fixiert, der auch entscheidend für die Alkoholstärke des Bieres ist.

Sudpfanne

1.4 Gären

Darunter wird die Umwandlung des Zuckers durch die Hefe in Alkohol und Kohlensäure verstanden. Man versetzt die abgekühlte Würze in den Gärtanks oder im Gärkeller (in Gärbottichen) mit Reinzuchthefe (ober- oder untergäriger Hefe). Es entsteht das **Jungbier**.

1.5 Lagern

Nach der Hauptgärung wird das Jungbier zur Nachgärung (stillen Gärung), Reifung und geschmacklichen Abrundung in Lagerkellern bei etwa 0 °C eingelagert. Dabei klärt sich das Bier und baut Kohlensäure ab.
Nach etwa zwei- bis dreimonatiger Lagerung ist das Bier ausgereift. Einfache Biere lagern nur sechs bis acht Wochen, Stark- und Spezialbiere bis zu vier Monate und länger. Das Bier wird abschließend filtriert.

1.6 Abfüllen

Nach sorgfältiger Filtrierung wird das Bier in Flaschen, Fässer, Container oder Dosen abgefüllt.

Während der Gärung entsteht eine dicke Schaumschicht

2 Bierarten

Biere können nach folgenden Kriterien unterschieden werden:

Nach der Getreideart	Nach der Farbe	Nach der Gärart	Nach dem Alkohol- und Stammwürzegehalt
Gerstenbier Weizenbier Roggen- und Dinkelbier	Helles Bier Dunkles Bier	Untergäriges Bier Obergäriges Bier	Alkoholfreies Bier Alkoholreduziertes Bier Leichtbier Schankbier Vollbier Stark- bzw. Bockbier

2.1 Gerstenbier

Österreichische Biere werden meist aus Gerstenmalz hergestellt und haben einen geringfügigen Reisanteil. Es gibt auch reine Gerstenmalzbiere.

2.2 Weizenbier (Weißbier)

Es wird aus mindestens 50 Prozent Weizenmalz hergestellt, der Rest ist Gerste. Aber auch Weizenbiere aus 100 Prozent Weizen sind auf dem Markt. Es gibt helles und dunkles Weizenbier. Entweder wird es kristallklar (filtriert) und hefetrüb als **Kristall-Weizenbier** bzw. naturtrüb (unfiltriert) als **Hefeweizenbier** angeboten. Es ist erfrischend, spritzig und kohlensäurereich. Der Alkoholgehalt beträgt rund 5,5 Vol.-%. Auch alkoholfreie Weizenbiere sind in der Gastronomie vertreten.

2.3 Roggen- und Dinkelbier

Es wird aus mindestens 50 Prozent Malz der betreffenden Art gebraut.

2.4 Helles Bier

Das Malz wird bei 70 bis 85 °C gedarrt. Es ist hellgelb bis gelb bzw. kräftig bernsteinfarben bis kupferfarben.

2.5 Dunkles Bier

Das Malz wird bei 90 bis 110 °C gedarrt. Die dunkle Farbe kann auch durch Zusatz von Farbmalz (Darren bei 150 bis 200 °C) erreicht werden. Man spricht von **Malzbier**.

 Zählen Sie die Schritte der Bierherstellung auf:

1.

2.

3.

4.

5.

6.

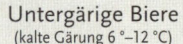

Untergärige Biere
(kalte Gärung 6 °–12 °C)

Hefe setzt sich am Ende
der Gärzeit am
Bottichboden ab.

Obergärige Biere
(warme Gärung 12 °–24 °C)

Hefe sammelt sich während
der Gärzeit an der
Oberfläche.

Fantasiebezeichnungen, zB
Export, **Fest** oder **Jubiläum**, sind
neben der entsprechenden Sachbezeichnung möglich. **Premium-
bier** wird von den Brauereien als
Zusatzbezeichnung für bevorzug-
tes Bier verwendet.

2.6 Untergäriges Bier

Es wird mit einer untergärigen Hefe bei 6 bis 12 °C vergoren. Die Gärdauer ist länger als bei obergärigem Bier (zirka 5 bis 10 Tage). Dabei setzt sich die Hefe am Boden des Gärbottichs ab. Untergärige Biere sind länger haltbar als obergärige.

2.7 Obergäriges Bier

Die obergärige Hefe bewirkt bei 12 bis 24 °C eine schnellere Hauptgärung (zirka 3 bis 5 Tage). Sie sammelt sich durch die starke Kohlensäureentwicklung an der Oberfläche des Gärgutes an. Obergärige Biere haben eine geringere Haltbarkeit.

Der Alkoholgehalt ergibt sich aus dem Stammwürzegehalt. Darunter versteht man den Extrakt- bzw. den Zuckergehalt der Würze vor der Gärung (1 Grad Stammwürzegehalt = 1 Gramm Extrakt in 100 Gramm unvergorener Würze). Der Alkoholgehalt kann aus den Extraktgraden mit Hilfe der folgenden Formel errechnet werden.

Extraktgrade : 2,5 = ca. Alkoholgehalt
zB: 12 : 2,5 = ca. 5 Vol.-% Alkohol

2.8 Alkoholfreies Bier

Es ist ein sehr helles Bier mit einem Alkoholgehalt von höchstens 0,5 Vol.-%.

2.9 Alkoholreduziertes Bier

Ein sehr helles, extrem leichtes und mildes Bier mit wenig Charakter. Der Stammwürze-gehalt liegt unter 10°. Der Alkoholgehalt beträgt 3 Vol.-%.

2.10 Leichtbier

Ein sehr helles Bier mit wenig Kalorien und einem Stammwürzegehalt unter 9°. Der Alkoholgehalt liegt bei höchstens 3,7 Vol.-%.

2.11 Schankbier

Ein hellgelbes, leichtes, mild hopfenbitter schmeckendes Bier mit einem Stammwürze-gehalt von 9 bis 11°. Der Alkoholgehalt liegt unter 4,5 Vol.-%.

2.12 Vollbier

Es ist intensiv gelb, harmonisch, ausgewogen malzig und mild hopfenbitter. Der Stamm-würzegehalt liegt bei mindestens 11°, der Alkoholgehalt bei 5 bis 5,9 Vol.-%.

2.13 Stark- bzw. Bockbier

Ist ein bernsteinfarbenes, starkes, vollmundiges, würziges und alkoholreiches Bier. Im Allgemeinen zu Weihnachten, Ostern und zum 1. Mai (Maibock) gebraut. Der Stamm-würzegehalt liegt bei mindestens 16°, der Alkoholgehalt bei rund 7 Vol.-%.

Typenbezeichnungen

Wiener Lager
Hellgelbes Vollbier, ausgewogen malzig, mild hopfenbitter. Mindestens 11° Stamm-würze, zirka 5 Vol.-% Alkohol.

Pilsbier, Pils(e)ner
Hellgelbes Vollbier, stärker gehopft. 11–12° Stammwürze, 4–5 Vol.-% Alkhol.

Spezialbier
Hellgelbes Vollbier, vollmundig, fein gehopft. Mindestens 12,5°Stammwürze, über 5 Vol.-% Alkohol.

3 Bierspezialitäten

3.1 Altbier

Obergäriges, kupferfarbenes, herbes Bier aus Deutschland. Es wird hauptsächlich in der Gegend um Düsseldorf erzeugt.

3.2 Berliner Weisse

Das klassische Berliner Weizenbier mit Milchsäuregärung. Es ist obergärig und leicht hefetrüb, alkoholarm (zirka 2,8 Vol.-%) und wird mit einem Schuss Himbeer- oder Waldmeistersirup serviert.

3.3 Doppelbock

Extra starkes Bier, das meist für einen begrenzten Zeitraum, oft als Festbier, erzeugt wird. Es hat mindestens 18° Stammwürzegehalt.

3.4 Kölsch

Obergäriges, goldfarbenes Bier mit hopfenbitterem, aromatischem Geschmack; aus dem Kölner Raum.

3.5 Rauchbier

Dunkles, untergäriges Bier mit Rauchduft und -geschmack. Das verwendete Malz wird im Rauch von Holzspänen gedarrt.

3.6 Zwicklbier

Naturtrübes (unfiltriertes), untergäriges Bier. Der Name stammt vom Zwickelhahn, an welchem der Braumeister eine Probe entnahm, um die Qualität des Bieres zu prüfen.

Viele Brauereien taufen ihre Doppelbockbiere auf Namen, die auf -ator enden, zB Salvator, Paulator, Kulminator

Die bayerische Brauerei Kulmbacher erzeugt einen besonders starken Doppelbock mit 11 Vol.-%

4 Bekannte Biermarken

4.1 Österreichische Biere und Brauereien

Standort	Brauerei	Produkt
Wien	Ottakringer Brauerei	Goldfassl, Null Komma Josef
Oberösterreich	Braucommune Freistadt	Freistädter
	Brauerei Zipf (in die Brau Union Österreich AG eingegliedert)	Zipfer
	Schloss Eggenberg	Eggenberg, Hopfenkönig
	Brauerei Grieskirchen	Grieskirchner
	Brauerei Ried	Rieder
	Kapsreiter Brau AG	Kapsreiter
	Stiftsbrauerei Schlägl	Schlägl, Universitätsbräu, Gold Roggen
Niederösterreich	Brauerei Schwechat (Brau Union Österreich AG)	Schwechater, Schlossgold
	Brauerei Zwettl	Zwettler, eine Spezialität ist das Zwettler Zwicklbier
	Brauerei Wieselburg (Brau Union Österreich AG)	Wieselburger, Kaiser
	Hubertus Brauerei	Hubertusbräu, Herren Pils
	Privatbrauerei Fritz Egger	Egger
	Privatbrauerei Karl Theodor Trojan	Schremser

www.stiegl.at
www.bier.at
www.kaiserbier.at
www.villacher.com
www.bierserver.at

In Österreich gibt es eine Reihe von Gasthausbrauereien, zB das Haydn-Bräu in Eisenstadt, das Fischer-Bräu und das Salm-Bräu in Wien, das Brauhäusl bei Graz, die Theresienbrauerei in Innsbruck oder das Stadtbräu Josef in Linz.

👉 **Wussten Sie, dass ...**

das letzte Fass des englischen **Porter** (braunes, leicht süßliches Bier) in England im Jahre 1973 erzeugt wurde? Heute wird dieser Biertyp in einigen Überseeländern erzeugt.

Ale = hell, geringer CO_2-Gehalt.

Stout = sehr dunkel und stark (durch Zusatz von geröstetem Malz).

Budweiser = Das amerikanische Bud ist nicht zu verwechseln mit dem Budweiser aus Tschechien.

Lambic = Weizenbier, Gärung erfolgt mit Wildhefe.

Gueuze = Mischung aus jungen und alten Lambics.

Faro = Lambic, mit Kandiszucker gesüßt.

Standort	Brauerei	Produkt
Salzburg	Hofbräu Kaltenhausen (Brau Union Österreich AG)	Kaiser, Edelweiß-Weißbier
	Stiegl-Brauerei	Stiegl
	Privatbrauerei Josef Sigl	Trumer, Sigls Beer-Bop-Collection
Steiermark	Brauerei Puntigam (Brau Union Österreich AG)	Puntigamer, Reininghaus
	Brauerei Göss (Brau Union Österreich AG)	Gösser, Stiftsbräu
Kärnten	Vereinigte Kärntner Brauereien AG	Villacher, Schleppe
	Brauerei Hirt	Hirter
Tirol	Zillertaler Brauerei	Zillertal-Bier
	Bürgerbräu (Brau Union Österreich AG)	Kaiser, Adambräu
Vorarlberg	Mohrenbrauerei	Mohrenbräu
	Brauerei Fohrenburg	Fohrenburger

4.2 Ausländische Biere und Brauereien

Standort	Brauerei
Deutschland	Beck's Bier, Dortmunder Actien-Bräu, Henninger, Erdinger, Hofbräu (HB), Paulaner, Hacker-Pschorr, Spaten, Löwenbräu, Kulmbacher, Holsten, Warsteiner, Binding, Bitburger
Schweiz	Feldschlösschen-Hürlimann (mit den Marken Schloßgold, Birell, Cardinal, Hürlimann, Feldschlösschen, Warteck)
Tschechien	Budvar (Budweiser Bier), Pizeňsky Prazdroj (Pilsner Urquell)
Italien	Dreher, Forst, Moretti, Wührer, Wunster
Holland	Amstel, Grolsch, Heineken, Oranjeboom
Frankreich	Kronenbourg
England	In England werden die obergärigen Biere Ale und Stout erzeugt. Bekannt sind va die Brauereien Guinness, Bass, Allied Lyons, Mansfield, Whitbread und Worthington.
Irland	Die bekannteste Brauerei ist Guinness. Das Guinness Stout ist tiefdunkel, fast schwarz.
Dänemark	Carlsberg A/S (mit den Marken Carlsberg und Tuborg)
Türkei	Efes Pils
USA	Anheuser-Busch (mit den Marken Budweiser, Michelob), Miller (Miller lite), Coors, Schlitz
Belgien	In Belgien werden die Bierspezialitäten Lambic, Krieken-Lambic (mit Kirschen), Framboise-Lambic (mit Himbeeren), Gueuze und Faro erzeugt. Bekannte Brauereien sind Interbrew (mit der bekannten Marke Stella Artois), Timmermans und Rodenbach; darüber hinaus ist Belgien für seine **Klosterbrauereien** bekannt, die die so genannten Trappistenbiere herstellen.
Japan	Kirin, Suntory
Mexiko	Corona, Sol

5 Einkauf und Lagerung

Bier wird in folgenden Gebinden angeboten: Flaschen (0,33 und 0,5 Liter Inhalt; bei speziellen Sorten auch kleinere), Fässer (meist Aluminiufässer; die sogenannten KEGs oder Container haben einen Inhalt von 12, 30 und 50 Liter) und Dosen. Biertanks werden nur in Betrieben mit entsprechendem Bierabsatz eingesetzt.

Der Einkauf muss sich nach dem Geschäftsgang richten, dafür sollte für Fassbier eine Ruhezeit von mindestens zwei Tagen vor dem Anzapfen einkalkuliert werden.
Ein eigener Bierlagerraum ist für Fassbier, aber auch für Flaschenbier (lichtgeschützt) empfehlenswert. Die Lagertemperatur sollte konstant zwischen 6 und 8 °C betragen und nicht unter 5 °C fallen, da sonst das Bier trüb wird (Eiweißausflockung, die bei richtiger Temperatur wieder verschwindet). Bier sollte binnen drei Monaten getrunken werden. Pasteurisiertes Bier sollte nach einem halben Jahr aufgebraucht werden. Bierflaschen enthalten auf den Etiketten das Ablaufdatum. Fassbier sollte innerhalb von 5 Tagen nach dem Anzapfen ausgeschenkt sein.

Kurze Bierleitungen und das regelmäßige Reinigen sind verantwortlich für ein gut gezapftes Bier.

6 Ausschank von Bier

Beim **Bierausschank mit Pression** wird mit Kohlendioxid das Bier zur Zapfsäule gefördert. Die Bierleitung dorthin sollte möglichst kurz sein, das schont das Bier und erleichtert das Zapfen.

Beim **Bierausschank mit Premixanlagen** befindet sich das Bier in Containern (KEGs), die mit Gegendruck abgefüllt wurden, dh, der Container hat so viel Druck, dass das Bier herausgepresst wird, wenn man den Zapfhahn betätigt.

Das richtige Einschenken

- Das Bierglas gründlich mit der Gläserdusche spülen.
- Das Bier auf drei Mal zapfen: Das schräg gehaltene Glas zügig soweit befüllen, bis der Schaum etwa zur Hälfte im Glas steht. Anschließend nachzapfen. Beim dritten Mal die Schaumkrone aufsetzen. Rasch servieren.
- Die Zapfdauer nicht übertreiben, ideal sind 3–4 Minuten. Zapft man zu lange, landet ein Großteil der Kohlensäure im Schaum und das Bier wird schal.
- Das erste Glas des Tages, das sogenannte Leitungsbier, darf dem Gast nicht zugemutet werden.

Wenn das Bier zu stark schäumt, ist das Bier zu warm, der Druck zu hoch, das Glas zu warm oder das Bier wurde nicht ruhig gelagert bzw. zu rasch gezapft.

Wenn das Bier zu wenig Schaum hat, ist das Bier zu kalt, der Druck zu schwach, die Leitung unrein oder das Glas nicht rein.

Für den offenen Bierausschank gibt es folgende Maße:					
Pfiff	= 0,1 l	Seidel	= 0,3 l	Krügel (Halbe)	= 0,5 l
Stange	= 0,2 l	„Eurokrügel"	= 0,4 l	Maß	= 1,0 l

7 Service

Service, Gläser, Verwendung	
Service	■ Ideale Trinktemperatur ca. 8 °C. ■ Alkoholfreies Bier schmeckt am besten gut gekühlt. ■ Zitronenscheibe bei Weizenbier nur auf Wunsch des Gastes (schadet dem Schaum und verfälscht den Geschmack). ■ Service von Hefeweizenbier in Flaschen: die Hefe soll mit ins Glas kommen. Halten Sie einen letzten Schluck zurück, schwenken Sie die Flasche, um die Hefe aufzuwirbeln, und gießen Sie das Ganze in das Glas (Flaschenhals nicht in den Schaum halten!).

Ein Bier ohne Schaum ist in Mitteleuropa undenkbar

Gläser	Gläser Damit sich Bukett und Aroma richtig entwickeln können, verlangen die verschiedenen Biertypen nach unterschiedlichen Gläsern.

- Leichtbier: dünnwandige Pokale
- Pils: dünnwandige Pokale, die nach unten eng zulaufen, um die Schaumhaltbarkeit zu unterstützen
- Bock- und Doppelbockbier: Bierschwenker; ist das Bockbier stark gehopft, eignet sich auch ein Bierpokal
- Weizenbier: Weizenbierglas

Stange (1), Bierbecher oder -stutzen (2), Henkelbierglas (3), Maß (4), Bierpokal (5), Biertulpe (6), Bierschwenker (7), Weizenbierglas (8), Bierschale für Berliner Weisse (9)

Für alle Biere gilt, dass Gläser verwendet werden sollen, die nach oben hin nicht allzu breit werden. Sonst zerfließt der Schaum und ein wesentlicher Teil des Biergenusses geht verloren.

 **Servierkunde**

Verwendung	- Als Aperitif: Pils, Weizenbier. - Als Getränk zum Essen.
Korrespondenz von Bier und Speisen	**Vorspeisen:** Pils, Leichtbier **Stark gewürzte Speisen (zB mit Curry):** Schankbier, Märzenbier **Fisch und Schalentiere:** Weizenbier hell, Pils, Stout, Rauchbier zu Räucherfisch **Geflügel, Kalb, Kaninchen:** Pils, Spezial- und Weizenbier **Gebratenes, Gegrilltes:** Spezialbier, Bockbier (bei Rind, Wild) **Deftige Gerichte:** Spezialbier, Märzenbier **Käse:** Bockbier, Märzenbier, Hefeweizen **Dessert:** Doppelbock, Bockbier, dunkles Bier - Zum Mischen: zB Radler

Radler = Bier mit Limonade.

Hinweise zur Gästebetreuung

Das Image von Bier hat in den letzten Jahren einen beachtlichen Anstieg erfahren. Immer mehr Gäste bevorzugen zu einem guten Essen ein Bier. Einzelne Biersorten korrespondieren auch sehr gut mit verschiedenen Speisen. Eine fachlich korrekte Bierberatung kann somit bei Bierfreunden großen Anklang finden.
Bier sollte immer vor Wein getrunken werden.

8 Gesundheit und Wirkung

Bier enthält neben bestem Wasser auch wichtige Kohlenhydrate, Mineralstoffe und Vitamine, vor allem die der B-Gruppe. Bier regt die Nierentätigkeit an und wirkt stimmungshebend, selbstverständlich nur bei vernünftigem Genuss.
Die Aussage, Bier mache dick, ist nicht korrekt. Bier wirkt jedoch appetitanregend, weshalb nach einem Biergenuss häufig mehr gegessen wird. Dies führt zwangsläufig in der Folge zu einer Gewichtszunahme.

Trends

Bedingt durch die Herabsetzung der Promillegrenze, ist auch der Bierkonsum rückläufig. Der Trend zu Bierspezialitäten aus der breiten Bierpalette ist jedoch unaufhaltsam.

Die Verbraucher halten Ausschau nach dem besonderen Erlebnis. Die Brauereien haben diese Entwicklung rechtzeitig erkannt und bringen laufend neue Produkte auf den Markt. Dunkle Biere erleben seit einiger Zeit einen steigenden Zuspruch. Auch sogenannte Schnittbiere sowie dunkle Weizenbiere kommen gut an. Überhaupt hat Weizenbier in der Gastronomie einen Marktanteil von 35 Prozent.

Viele Bierspezialitäten werden eigens für die Gastronomie entworfen. Manche Biere sind Nischenprodukte, die nur in ausgewählten Lokalen angeboten werden. Auch die Produktnamen sowie das Flaschen- und Gläserdesign sind, je nach Abnehmer, elegant oder witzig-originell.

Bier-Mischgetränke dürfen heute als das am stärksten wachsende Segment im Biersektor angesehen werden. Beliebt sind vor allem der **Radler** in allen Variationen sowie **Mischungen mit Spirituosen**.

Schnitt = Mischung zwischen hellem und dunklem Bier.

ZUSAMMENFASSUNG

Bier ist ein alkoholisches und kohlensäurehaltiges Getränk, das hauptsächlich aus Gerstenmalz, Hopfen und Wasser durch Vergärung mit Hefe erzeugt wird.
Die Herstellungsschritte sind: Mälzen (Malzgewinnung durch Einweichen der Gerste, anschließendes Keimen und Darren) – Maischen (Herstellung eines Maischbreies, der erhitzt wird) und Läutern (Trennung der flüssigen von den festen Bestandteilen) – Brauen (Kochen in Sudpfannen, anschließende Abkühlung) – Gären (durch Reinzuchthefen; Zucker wird in Alkohol und Kohlensäure umgewandelt) – Lagern – Abfüllen.

Bierarten und Bierspezialitäten
Nach der Getreideart (Gerstenbier, Weizenbier, Roggen- und Dinkelbier), **nach der Farbe** (helles Bier, dunkles Bier), **nach der Gärart** (untergäriges Bier, obergäriges Bier), **nach dem Alkohol- und Stammwürzegehalt** (alkoholfreies Bier, alkoholreduziertes Bier, Leichtbier, Schankbier, Vollbier, Stark- bzw. Bockbier). Darüber hinaus gibt es die Typenbezeichnungen Wiener Lager, Pilsbier bzw. Pils(e)ner und Spezialbier. Bierspezialitäten sind Altbier, Berliner Weisse, Doppelbock, Kölsch, Rauchbier, Zwicklbier.

Bekannte Biere und Biermarken
Österreich, Deutschland: ausgesprochene Bierländer mit sehr vielen Brauereibetrieben.
England: Ale (hell), Stout (sehr dunkel und stark).
Belgien: Lambicbier (Weizenbier, bei dem die Gärung mit Wildhefe erfolgt), Gueuze (Mischung aus jungen und alten Lambics) und Faro (mit Kandiszucker gesüßtes Lambic). Darüber hinaus ist Belgien für die Klosterbrauereien bekannt, in denen die Trappistenbiere erzeugt werden.

Einkauf und Lagerung
Bier wird in Flaschen, Dosen und Fässern verkauft. Die Lagertemperatur sollte konstant zwischen 6 und 8 °C betragen und nicht unter 5 °C fallen, da sonst das Bier trüb wird (Eiweißausflockung, die bei richtiger Temperatur wieder verschwindet).

Ausschank und Service
Beim Bierausschank mit Druck (Pression) wird das Bier mit Kohlendioxid zur Zapfsäule gefördert. Bei einer Premixanlage wird das Bier durch Druck herausgepresst, wenn man die Zapfsäule betätigt. Wichtig ist das tägliche Reinigen der Zapfanlage.

Das richtige Einschenken: Einwandfrei sauberes Bierglas kalt ausspülen; das schräg gehaltene Glas soweit befüllen, bis der Schaum etwa zur Hälfte im Glas steht. Anschließend nachzapfen. Beim dritten Mal die Schaumkrone aufsetzen.
Service: Ideale Trinktemperatur ca. 8 °C. Es sollen Gläser verwendet werden, die nach oben hin nicht allzu breit werden. Sonst zerfließt der Schaum und ein wesentlicher Teil des Biergenusses geht verloren.

(?) Arbeitsaufgaben

1. Aus welchen Grundmaterialien wird Bier hergestellt?

2. Beschreiben Sie die einzelnen Schritte der Bierherstellung.

3. Nennen Sie mindestens fünf Bierarten und beschreiben Sie ihre Charakteristik.

4. Was versteht man unter alkoholfreiem Bier?

5. Zählen Sie fünf Bierspezialitäten auf.

6. Nennen Sie zehn österreichische Brauereien und ihre Marken.

7. Nennen Sie Brauereien in folgenden Ländern: England, Irland, Belgien, Dänemark, USA, Tschechien, Holland. Welche Biere und Marken bringen diese Brauereien auf den Markt?

8. Worauf ist beim Einkauf und bei der Lagerung von Bier zu achten?

9. Erläutern Sie die beiden Formen des Bierausschanks.

10. Wie wird ein Bier richtig gezapft? Welche Besonderheiten sind im Service zu beachten?

11. Sie zapfen Bier, der Schaum fällt jedoch kläglich aus. Was könnten die Ursachen dafür sein?

12. Welche Biere empfehlen Sie zu folgenden Speisen: Fisch, Kalb, Geflügel, deftigen Speisen, Käse.

Wein

Neben den Weinen aus den klassischen europäischen Anbauländern (Italien, Frankreich, Spanien) begegnen wir heute einer Vielzahl von ausgezeichneten Weinen aus Übersee.

Als Heimat der Weinrebe vermutet man den Landstrich von Damaskus über Mesopotamien bis zur Schwarzmeerküste.

Die ersten brauchbaren Quellen über den Weinbau und die Weinerzeugung wurden uns von den Griechen um zirka 1.000 vor Christus geliefert. Über das Römische Reich, wo die Weinrebe auf Bäumen gezogen wurde – was übrigens heute noch in Teilen Süditaliens und Spaniens anzutreffen ist – kam die Weinrebe nach Gallien (Frankreich) und von dort in die übrigen europäischen Länder.

 Unsere Ziele

Nach Bearbeitung dieses Kapitels werden Sie

- über den Weinanbau und seine Voraussetzungen sowie über die Weinlese Bescheid geben können,

- die Erzeugung von Weiß-, Rosé- und Rotwein erklären können,

- die Erzeugung von Obstweinen sowie einige Produkte nennen können,

- die wichtigsten Kriterien für den Einkauf und die Lagerung von Wein erläutern können,

- die idealen Trinktemperaturen der unterschiedlichen Weine und die dafür geeigneten Weinglasformen nennen können,

- die klassischen Grundregeln für die Korrespondenz von Wein und Speisen bei der Gästeberatung einsetzen können,

- die Weinfachausdrücke sowie die Weinfehler und die Weinkrankheiten erklären können,

- Bescheid geben können, nach welchen Kriterien die Weinbeurteilung erfolgt.

Nicht nur Wein wird aus der Weintraube gewonnen, sondern eine ganze Menge weiterer Produkte, wie die nachfolgende Übersicht zeigt.

Traubensäfte	Stillweine	Schaumweine	Versetzte Weine	Weinedestillate
Traubensüß-most Traubennektar Traubensaft-limonade	Sturm Jungwein (Staubiger, Heuriger) Weißwein Roséwein Rotwein	Champagner Sekt und Qualitäts-schaumwein Schaumwein aus erster Gärung Vin mousseux Spumante Cava Krimsekt Sparkling wine Perlwein – Frizzante	Sherry Portwein Madeira Samos Mavrodaphne Marsala Malaga Tokajer Wermut	Cognac Armagnac Eau de Vie de Vin Acquavite d'Uva Weinbrand Brandy Pisco Tresterbrand Weinhefebrand

Im Anschluss beschreiben wir die Weiß-, Rosé- und Rotweine. Alle anderen Produkte sind in folgenden Kapiteln beschrieben: Schaumweine siehe Seite 128 ff., versetzte Weine siehe Seite 136 ff. und Weindestillate siehe Seite 147 ff.

1 Weinbau

Heute werden Weinbau und Weinerzeugung weltweit in der gemäßigten Zone betrieben, und zwar zwischen dem 30. und dem 53. Breitengrad auf der nördlichen Halbkugel und dem 30. und dem 40. Breitengrad auf der südlichen Halbkugel.

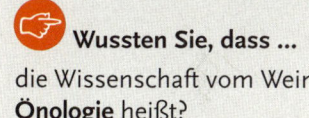

Wussten Sie, dass ...
die Wissenschaft vom Wein **Önologie** heißt?

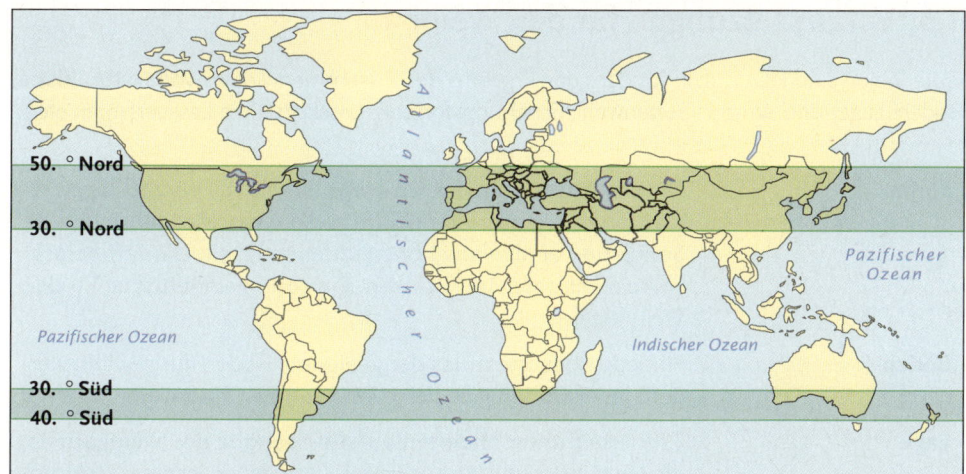

1.1 Weinrebe

Wein ist ein alkoholisches Getränk, das aus dem Saft von frischen Weintrauben hergestellt wird. Die Trauben sind die Früchte der Weinrebe (auch Weinstock, Rebstock oder Traubenstock). Sie bestehen aus dem Kamm oder Stiel und den Weinbeeren. Die Kämme und Stiele enthalten das so genannte **Tannin** (Gerbsäure). Die Beere setzt sich aus der Schale (gerb- und farbstoffhaltig), dem Fruchtfleisch und den Kernen (fett- und gerbstoffhaltig) zusammen.

Die Weinrebe kann auf verschiedene Arten kultiviert (formiert) werden. Man spricht von den **Erziehungsformen** des Weinstockes.

Pfahlerziehung oder Stockkultur
Ist eine alte Erziehungsform und wird auf steilen, unwegsamen Lagen angewandt. Das Fruchtholz wird in Bodennähe gehalten.

Pfahlerziehung

Hochkultur

Pergolasystem

Lyrasystem
Die Lyra ist ein altgriechisches
Saiteninstrument

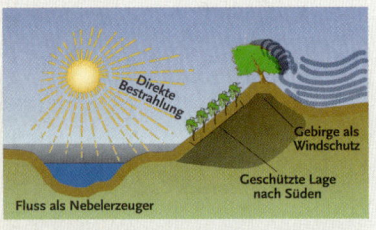

Drahtrahmenerziehung

Die Reben werden auf Pfählen und gespannten Drähten formiert. Der Weingarten ist in Zeilen angeordnet, dazwischen liegen breite Gassen, die eine mechanische Bearbeitung ermöglichen. Bei der **Hochkultur** (von Dr. h. c. Lenz Moser entwickelt) bewirken die Stammhöhe von 1,20 bis 1,40 Metern sowie der große Reihenabstand eine bessere Belichtung und Belüftung und ermöglichen eine noch bessere maschinelle Bewirtschaftung.

Pergolasystem

Es ist vorwiegend in Südtirol verbreitet. Das Pergolasystem bildet dachartige Formationen. Großteils sind es Holzkonstruktionen, an denen die Weinreben formiert werden.

Lyrasystem

Dabei werden die Triebe in zwei nach oben aufgebundene Gruppen aufgeteilt. Durch den günstigeren Sonneneinstrahlungswinkel erhöhen sich die Erträge und die Traubenqualität. Hauptsächlich in den Weinbauländern der Neuen Welt, in Australien, Neuseeland, Chile und Argentinien, verwendet. Unabhängig von der Erziehungsart müssen etwa drei bis vier Jahre vergehen, bis ein Rebstock die ersten Trauben ansetzt, nach etwa fünf Jahren trägt er voll, nach 25 Jahren beginnen Wachstum und Erträge nachzulassen.

1.2 Rebsorten

Im Laufe der Entstehungsgeschichte des Weinbaues hat sich eine Vielzahl von Rebsorten entwickelt. Man unterscheidet **früh** reifende (Lese zirka Mitte September), **mittel** reifende (Lese bis Mitte Oktober) und **spät** reifende Trauben (Lese ab Mitte Oktober). Neben internationalen Rebsorten gibt es bei uns spezifisch österreichische Rebsorten wie Grünen Veltliner, Neuburger, Zierfandler, Rotgipfler, Zweigelt und Blauen Wildbacher.

1.3 Voraussetzungen für den Weinbau

Gute Weine sind kein Zufall, sondern das Ergebnis des Zusammenwirkens von Natur (Klima, Boden, Lage) und Winzer (Sortenwahl, Erziehungsformen, Lesezeitpunkt, Leseverfahren etc.).

Klima	Die Wachstumszeit der Weinrebe ist mit 180 bis 240 Tagen relativ lang. In dieser Zeit benötigt die Weinrebe viel Licht, viel Sonne und eine relativ hohe Luftfeuchtigkeit. Die Temperatur sollte nicht unter 10 °C sinken. Ein sonniger Herbst ist für den Wein ideal.
Boden	Für jede Rebsorte muss der geeignete Boden ausgewählt werden. Jeder Boden gibt dem Wein seinen Charakter.
Lage	Es kommt unter anderem auf die Seehöhe des Weingartens, die Neigungsrichtung zur Sonne (am besten ist eine vor Nordwind geschützte Lage mit direkter Sonnenbestrahlung), den Neigungswinkel des Weinberges, den Reihenabstand zwischen den Weinstöcken, die Nähe zu Flüssen oder Seen als Feuchtigkeitsspender und Nebelerzeuger (Schutz vor Frosteinfall) und das Vorhandensein eines Waldes an.

2 Weinlese

Der Zeitpunkt der Weinlese (Ernte) richtet sich nach dem Reifegrad der Trauben und den Wetterverhältnissen zur Lesezeit. Er liegt je nach Region und Sorte zwischen Mitte August und Mitte November. Es kann auch einen offiziell festgelegten Lesetermin geben. Vollreife Trauben erkennt man an den verholzten Traubenstielen. Außerdem kontrolliert der Winzer mit Hilfe eines Handrefraktometers den Zuckergehalt der Trauben. Mit zunehmender Reife nimmt der Säuregehalt der Trauben ab, der Zuckergehalt zu.

Die Traubenernte wird großteils händisch durchgeführt. Selten kommen bei uns Ernte-maschinen zum Einsatz. Die Beeren dürfen bei der Lese nicht beschädigt werden. Eine rasche Weiterverarbeitung hilft, eine Oxidation zu unterbinden.

Vorlese	Traubenkrankheiten und Witterungseinflüsse (zB Frühfröste) können eine vorzeitige Lese erzwingen und die Qualität dadurch erheblich vermindern.
Hauptlese	Spätestens mit dem Eintreten der Bukett- bzw. der Vollreife setzt die Hauptlese ein.
Spätlese	Die Trauben werden bei besonders günstigen Wetterbedingungen (milder, sonniger Herbst) über die normale Lesezeit hinaus am Stock gelassen. Die daraus hergestellten Weine werden als Prädikatsweine (Spätlese, Auslese, Eiswein, Beerenauslese, Ausbruch, Trockenbeerenauslese) bezeichnet.

3 Weinerzeugung

3.1 Weißweinerzeugung

Rebeln

Die Trauben werden in einem Rebler von den Stielen getrennt, weil sie gerbstoffreich sind und dem Wein einen leicht bitteren Geschmack geben können.
Zur Erzeugung der frischen, fruchtigen, reduktiv ausgebauten Weißweine wird heute jedoch häufig die Ganztraubenpressung vorgenommen. Dabei werden die Trauben nicht gerebelt, die Maische wird nicht stehen gelassen.

Maischen

Die Beeren werden durch Walzen zerquetscht. Die Maische wird entweder sofort in Pressen oder zum Auslaugen der Aroma- und Extraktstoffe in Abseihbehälter gepumpt. Der ohne Druck aus diesen Behältern abfließende Saft (Most) wird als **Seihmost** bezeichnet.

Schwefeln

Um die Maische vor Lufteinwirkung (Braunfärbung) und schädlichen Mikroorganismen zu schützen, kann evtl. Schwefeldioxid beigegeben werden.

Pressen und Keltern

Von den Abseihbehältern kommt die vorentsaftete Maische in die Presse und der Saft (Most) wird von den festen Bestandteilen **(Trestern)** getrennt. Man unterscheidet zwei Mostarten:
- **Pressmost:** Wird beim ersten Pressvorgang gewonnen.
- **Scheitermost:** Wird durch nochmaliges Pressen des Presskuchens (Scheitern) gewonnen.

Vorklären des Mostes

Der Most enthält noch verschiedene Unreinheiten, so genannte Trubteilchen, die man in gut ausgestatteten Betrieben mit Separatoren oder Zentrifugen entfernt. Derselbe Vorgang kann auch durch Absetzenlassen des trüben Mostes erzielt werden. In der Fachsprache nennt man diesen Vorgang auch entschleimen.

Mostaufbessern und Mostentsäuern

Enthält der Most zu wenig Zucker, kann reiner Kristallzucker beigefügt werden. Die Menge ist gesetzlich geregelt. Der Fachmann nennt dies **Aufbessern** oder Verbessern. Man bestimmt zuerst den natürlichen Zuckergehalt des Mostes in **Klosterneuburger Graden** und berechnet dann die erforderliche Zuckermenge.
Bei zu hohem Säuregehalt wird der Most mit reinem kohlensaurem Kalk **entsäuert**. Eine weitere Möglichkeit zur Säureverringerung ist der biologische Säureabbau. Er ist bei Weißweinen nicht so verbreitet, siehe Rotweinerzeugung.

Wie funktioniert ein Handrefraktometer?

An einigen Tropfen Traubensaft wird bestimmt, wie viel Gramm Zucker in 100 Gramm Most enthalten sind.

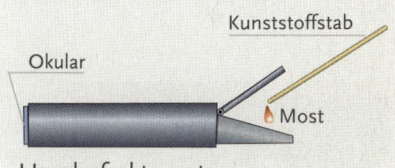

Handrefraktometer

Separatoren = Geräte zur Trennung verschiedener Bestandteile von Stoffgemischen, in diesem Fall von Most und Trubteilchen.

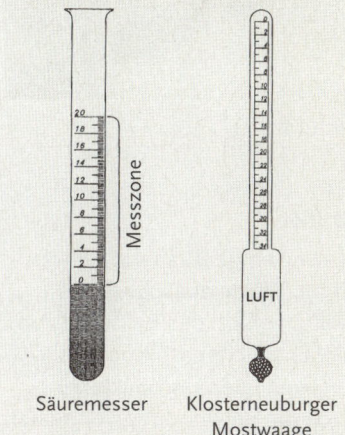

Säuremesser   Klosterneuburger Mostwaage

KMW = Klosterneuburger Mostwaage
1° KMW = 1 kg (1 %) Zucker in 100 kg Most. Um eine Erhöhung des Mostgewichtes um 1° KMW zu erreichen, sind 1,3 kg Zucker nötig. Maximal dürfen 100 kg Most mit 3,75 kg Zucker angereichert werden.

Gären

Der Most wird in Fässer, Zisternen oder Tanks gefüllt und die Gärung eingeleitet. Durch Hefepilze wird Zucker in Alkohol und Kohlensäure umgewandelt. Die **Hauptgärung (stürmische Gärung)** erkennt man daran, dass Kohlendioxid unter starkem Schäumen und Brausen entweicht. Der Most bekommt eine lehmfarbige, milchige Trübung. Das entstandene moussierende süßliche Getränk heißt **Sturm.**

Nach Abschluss der stürmischen Gärung beginnt die ruhigere Phase, sie dauert zirka fünf Wochen. Diese **stille Gärung** endet, wenn der Zuckervorrat im Most zu Ende geht (trockener Wein) oder die Hefezellen durch die wachsende Konzentration des Alkohols absterben (bei 13 bis 14 Vol.-% Alkohol). Der noch unvergorene Zucker bleibt als Restzucker im Wein (zB Prädikatsweine).

Abziehen vom Geläger

Nach der Gärung ist der Most zum **Jungwein** geworden. Die abgestorbene Hefe und die Trubstoffe setzen sich als Bodensatz (Geläger) ab. Der fast klare Jungwein wird vom Gärbehälter in einen Lagerbehälter gepumpt. Meist wird dabei der Wein auch filtriert. Eine Entsäuerung kann auch beim Jungwein vorgenommen werden. Um die Oxidation zu vermeiden, werden die Fässer immer wieder mit Jungwein möglichst gleicher Herkunft, Rebsorte, Qualitätsstufe und gleichen Jahrgangs aufgefüllt. Weiters wird der Jungwein geschwefelt. Eine Schwefelung des Weines erfolgt weltweit, da der Wein sonst nicht haltbar wäre und sein charakteristisches Bukett nicht entfalten könnte.

Lagern und Reifen des Jungweines

Nach der Klärung des Jungweines erfolgt die Reifung in Holzfässern, Kunststofftanks oder gasdichten Behältern wie Stahltanks oder Betonzisternen. Diese Ruheperiode dauert je nach Sorte, Reifegrad, Herkunft und Jahrgang verschieden lang. Dabei wird das Bukett des Weines ausgebaut, die Inhaltsstoffe und Geschmackskomponenten verbinden sich harmonisch. Die Säure des Weines wird abgebaut.

Stabilisieren

Durch Zusatz bestimmter Stoffe werden die letzten Trubstoffe entfernt. Dadurch wird erreicht, dass sich der Wein nicht mehr nachteilig in Aussehen, Geruch und Geschmack verändert. Durch die Stabilisierung können auch verschiedene Weinfehler und Weinkrankheiten behoben werden.

Verschneiden

Verschneiden ist das Vermischen von zwei oder mehreren Weinen (Cuvée), um dem Endprodukt eine bestimmte Geschmacksrichtung zu geben. Das Endprodukt ist von höherer Qualität als die Summe der einzelnen Komponenten. In Italien und Frankreich ist vom Gesetz her auch ein Mostverschnitt erlaubt.

Abfüllen

Der Wein wird in Flaschen und andere Gebinde (Fässer, Bag in Box, ..) gefüllt, wenn er das optimale Ausbaustadium erreicht hat. Dieser Zeitpunkt ist von der Sorte und der Herkunft abhängig. Die Flasche wird je nach Wein mit Naturkork, Presskork, Kronenkork, Kunststoffstopfen oder Schraub- bzw. Glasverschluss verschlossen. Nach der Flaschenfüllung soll der Wein ebenfalls lagern.

3.2 Roséweinerzeugung

Die gerebelte Maische aus blauen Trauben wird zum Auslaugen der Farbstoffe, die sich in den Beerenschalen befinden, einige Stunden stehen gelassen und anschließend abgepresst. Die weitere Behandlung des Weines erfolgt wie bei Weißwein.

3.3 Rotweinerzeugung

Die Farbgewinnung steht bei der Rotweinerzeugung im Mittelpunkt. Nachfolgende Verfahren dienen der Qualitätsverbesserung der Rotweine.

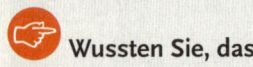
moussierend = perlend

👉 **Wussten Sie, dass ...**

man in Deutschland Sturm als Federweißen oder Sauser bezeichnet?

Kieselgurfilter

Stahltanks

Filtration

Bis auf wenige Ausnahmen werden die Weine ausschließlich steril abgefüllt, das heißt frei von weinschädlichen Mikroorganismen wie Hefen und Bakterien. Durch die Verwendung von feinen Filterschichten (Entkeimungsschichten) oder Membranfiltern werden Trubstoffe und Bakterien zurückgehalten.

Maischegärung

Die verbreitetste Methode der Rotweinbereitung ist die Maischegärung. Blaue Trauben werden gerebelt (von den Stielen befreit) und gemaischt. Die Maische wird in Gärbehälter gepumpt und die Fermentation eingeleitet. Wenn eine Aufbesserung vorzunehmen ist, hat sie zu diesem Zeitpunkt zu erfolgen. Eine schnellere Farbausbeute kann durch Rühren oder Umpumpen erzielt werden. In modern ausgestatteten Kellereien wird die Maische temperaturgesteuert vergoren. Die Dauer der Gärung ist von der Traubensorte und der Erntequalität abhängig.

Maischeerwärmung (thermisches Verfahren)

Die gerebelte Maische wird auf 55–65 °C erwärmt und einige Stunden stehen gelassen, dadurch wird eine rasche Farbausbeute erzielt.

Konzentration

Dabei lässt man in einer ganz frühen Phase der Gärung einen Teil des Saftes der Rotweinmaische ablaufen. Dadurch wird die verbleibende Maische konzentriert und der abgeleitete Saft wird zu Roséwein bereitet.

Umkehrosmose

Eine Filterung des Mostes wird vorgenommen, um zB Wasser zu entfernen und den Most vor der Gärung zu konzentrieren. Maximal 20 % Wasser dürfen dem Most entzogen werden. Der Alkoholgehalt des Weines darf dadurch höchstens um 2 Vol.-% erhöht werden.

Verdampfungsverfahren

Bei der Mostkonzentration durch Kälte werden die Trauben 12–24 Stunden bei mindestens minus 3 °Celsius gefroren und dann abgepresst. Diese künstliche Eisweinbereitung ergibt stärkere Aromen.

Sobald die Gärung beendet ist, wird der junge Rotwein vom Gärbehälter in Fässer gepumpt und die ausgelaugte Maische unter sanftem Druck gepresst. Wird kein biologischer Säureabbau durchgeführt, kann die Jungweinbehandlung in ähnlicher Form wie bei Weißwein durchgeführt werden.

Biologischer Säureabbau: Unmittelbar nach der Gärung, entweder nach dem ersten Abstich oder noch im Gärbehälter mit dem Bodensatz (Geläger), ist der Zeitpunkt, die **malolaktische Gärung** durchzuführen. Dabei handelt es sich um Bakterien, die sich von der Apfelsäure im Wein ernähren und in Milchsäure umwandeln. Es wird Kohlensäure freigesetzt und die Säure verringert.

Mehrfaches Umziehen – zweiter und dritter Abstich

Zur Schonung bester Rotweinqualitäten wird anstelle der strapaziösen Prozedur der Filtration von Fass zu Fass, wenn möglich, ohne Pumpe umgezogen. Durch den Verzicht auf die Filtration bleibt die Geschmacksfülle erhalten, mehrmaliges Klären und Belüften des Weines alle drei bis vier Monate wirkt sich günstig auf den Ausbau aus.

Ausbau, Reifung des Weines

Der Ausbau bzw. die Reifung der Weine kann auf zwei unterschiedliche Arten erfolgen. Unter **Barrique** versteht man ein kleines Holzfass mit einem Fassungsvermögen von 225–270 Litern. Das Eichenholz der Fässer (zB Limosin) enthält viele Aromakomponenten, die dem Wein einen ganz bestimmten Geschmackston verleihen. Durch die Verwendung von Eichenfässern mit einem so genannten **Toasting** (geschieht durch das Ausbrennen der Fässer) können Weine mit besonderen Geschmacksrichtungen (zB Vanille, Karamell, Bitterschokolade) erzeugt werden.

Die weitere Behandlung des Rotweines ähnelt, von kleinen Unterschieden abgesehen, der des Weißweines.

Rebelmaschine

Barrique-Keller

 Wussten Sie, dass ...

zur Erzeugung von Weinen mit Barrique-Charakter Holzspäne, Holzchips bzw. Holzextrakt verwendet werden? Dazu ist anzumerken, dass die Beigabe von zB. Holzchips während der Gärung des Weines bzw. einem Wein, der im Stahltank lagert, diesem zwar ein Eichenaroma verleiht, die Qualität aber nicht verbessert.

Seit 1. Oktober 2006 sind Holzprodukte durch eine Verordnung der EU-Kommission offiziell erlaubt. Angaben über die Verwendung sind am Etikett anzuführen.

Wussten Sie, dass ...

Weintrauben nicht zum Beeren-obst zählen?

3.4 Obstweinerzeugung

Obstwein ist nach dem Österreichischen Weingesetz ein Getränk, das durch begonnene oder vollendete alkoholische Gärung des Saftes oder der Maische von folgenden Obst-sorten hergestellt wird:

- **Kernobst:** zB Apfelwein und/oder Birnenwein (in Österreich als Most bezeichnet)
- **Steinobst:** zB Marillenwein
- **Beeren:** zB Ribisel-, Erdbeer-, Himbeerwein

Daneben gibt es auch **Obstschaumweine,** wie Marillen-, Ribisel-, Erdbeer-, Weichsel-, Pfirsich- und Birnenschaumwein, und **Obstdessertweine.**

Die Übersichtstabelle fasst nochmals die Schritte der Weinerzeugung für Weiß-, Rosé- und Rotwein zusammen

Weißwein	Roséwein	Rotwein
Weiße, rote und blaue Trauben	**Blaue Trauben**	**Blaue Trauben**
Traubenverarbeitung	**Traubenverarbeitung**	**Traubenverarbeitung**
Rebeln Maischen	Rebeln Maischen	Rebeln Maischen
evtl. Auslaugen der Maische und Schwefeln	kurzes Angären (Auslaugen der Farbstoffe) evtl. Schwefeln	evtl. Aufbessern evtl. Schwefeln
Traubenmostgewinnung	**Traubenmostgewinnung**	**Farbgewinnung**
Pressen/Keltern oder Ganztraubenpressung	Pressen/Keltern	Maische-gärung Maische-erwärmung Konzen-tration Umkehr-osmose
Seihmost Pressmost Scheitermost	Seihmost Pressmost Scheitermost	
Mostbehandlung	**Mostbehandlung**	**Pressen/Keltern**
Vorklären des Mostes evtl. Aufbessern, Entsäuern,...	Vorklären des Mostes evtl. Aufbessern, Entsäuern, ...	Abpressen der ausgelaugten, vergorenen Maische Restliche Vergärung des Zuckers
Vergärung des Mostes	**Vergärung des Mostes**	**Jungweinbehandlung**
Vergärung des Zuckers in Alkohol und Kohlendioxyd	Vergärung des Zuckers in Alkohol und Kohlendioxyd	Schwefeln evtl. Entsäuerung bzw. Malolaktischer Säureabbau Abziehen vom Geläger (Abstich)
Stürmische Gärung (Sturm, Federweißer) → Stille Gärung Jungwein	Stürmische Gärung (Sturm, Federweißer) → Stille Gärung Jungwein	Jungwein
Jungweinbehandlung	**Jungweinbehandlung**	**Weinstabilisierung**
Abziehen vom Geläger (Erster Abstich) evtl. Jungweinfiltration (Kieselgur-/Schichtenfilter) Schwefeln evtl. Entsäuerung bzw. Malolaktischer Säureabbau	Abziehen vom Geläger (Erster Abstich) evtl. Jungweinfiltration (Kieselgur-/Schichtenfilter) Schwefeln evtl. Entsäuerung bzw. Malolaktischer Säureabbau	Schönung des Weines Klären und Belüften des Weines Schwefeln
Ausbau/Reifung	**Ausbau/Reifung**	**Ausbau/Reifung**
Weinstabilisierung Schönung evtl. Verschneiden (Cuvéebereitung)	Weinstabilisierung Schönung evtl. Verschneiden (Cuvéebereitung)	Reifung im Fass bzw. im Edelstahltank Verschneiden (Cuvéebereitung)
Abfüllen, Filtration	**Abfüllen, Filtration**	**Abfüllen**
Schichten-/Membranfilter (Sterilfüllung in Flaschen und andere Gebinde)	Schichten-/Membranfilter (Sterilfüllung in Flaschen und andere Gebinde)	mit Filtration (Sterilfüllung) ohne Filtration
Nachreifung in Flaschen	**Nachreifung in Flaschen**	**Nachreifung in Flaschen**

4 Einkauf und Lagerung

Die Kriterien für den Weineinkauf sind abhängig von der Betriebsart und Betriebsgröße, vom Verkauf, vom Gästekreis und vom Einkaufspreis. Weiters sollen folgende Punkte berücksichtigt werden:

- Das Warenangebot sollte zum Speisenangebot passen.
- Das Sortiment sollte die einzelnen Qualitätsstufen umfassen.
- Gebindeformen: 0,25 l, 0,375 l, 0,5 l, 0,75 l, 1 l, 1,5 l, 2 l, diverse Großflaschenformen, verschiedene Fassgrößen für Schankanlagen.

Wein lagert man zur Vorratshaltung. Ein weiterer Punkt sind die Kosten. Junge Rotweine sind günstiger im Einkauf.

Faktoren der Haltbarkeit eines Weines

- Alkohol-, Extrakt- und Restzuckergehalt.
- Säuregehalt: Weine mit einem höheren bzw. einem nicht zu schnell abgebauten Säuregehalt weisen eine längere Haltbarkeit auf.
- Reifungsperiode der Rebsorten: Spät reifende Trauben weisen im Durchschnitt eine längere Reifungsdauer auf. Frische, spritzige, säurereiche Weine sollten in den ersten zwei Jahren konsumiert werden, da sie nach längerer Lagerung diese Eigenschaften verlieren und einen unerwünschten Altersgeschmack bekommen.
- Zeitpunkt der Weinlese: Weine der Vor- und Hauptlese haben im Durchschnitt eine kürzere Haltbarkeit (Tafelweine). Die Lagerfähigkeit bei Qualitäts- und Prädikatsweinen ist umso höher, je höher das Mostgewicht ist.

Weine benötigen nach dem Transport zwei bis drei Wochen zur Beruhigung. Sie werden **immer liegend mit der Etikette nach oben** aufbewahrt, denn der Korken trocknet aus und verliert seine Elastizität, wenn er nicht ständig mit Wein benetzt wird. Bei allen anderen Verschlüssen als Naturkorken, verliert diese Praxis ihre Wirkung. Der Lagerraum soll völlig **dunkel, erschütterungs- und geruchsfrei** sein und eine Frischluftzufuhr haben. Ideal ist eine gleich bleibende Temperatur **zwischen 8 und 12 °C**. Die Luftfeuchtigkeit sollte um 70 Prozent liegen, der Lagerraum darf jedoch keine nassen Wände aufweisen.

Lebenslauf des Weines

(Qualität / Zeit)

auf der Höhe
reif
ausdrucksvoll
abgerundet
ausgebaut
abgelagert
gealtert
entwickelt
alt
frisch
edelfirn
jung
firn
verschlossen
stumpf
schal
unentwickelt
müde
unfertig
matt
schwach
gärig
abgebaut
mostig
Totpunkt

5 Service und Ausschank

Klassische Grundregeln für die Korrespondenz von Wein und Speisen

Welcher Wein mit welcher Speise wirklich gut harmoniert, ist ein heikles Thema. Da jedoch jeder Wein besondere Eigenschaften hat, die den Geschmack gewisser Speisen ergänzen, haben sich einige grundsätzliche Regeln entwickelt, die die Weinauswahl erleichtern sollen:

- Zu leichten Speisen leichte Weine, zu schweren Speisen schwere Weine.
- Weißweine vor Rosé- und Rotweinen, Rotweine vor Süß- und Dessertweinen.
- Bei mehrgängigen Menüs bestimmt entweder die Speisenfolge die Weinauswahl oder es kommt zu folgender Reihung: leichte vor schweren, junge vor alten, trockene vor süßen, einfache vor qualitativ höherwer- tigen, körperarme vor körperreichen, säurearme vor säurereichen Weinen.
- Weißwein zu hellem Fleisch.
- Ein mit Wein zubereitetes Gericht verlangt nach dem gleichen Wein.
- Wein verstärkt den Geschmack von scharf gewürzten Speisen. Scharfe Gerichte harmonieren besser mit Bier.
- Weißwein zu Fisch und Meeresfrüchten.
- Rotwein zu dunklem Fleisch.

Hinweise zur Gästebetreuung

Über all diesen Regeln darf eines nicht vergessen werden: Der Gast ist König und erlaubt ist, was dem Gast schmeckt. Auch werden die klassischen Grundregeln auf Grund von neuen Erkenntnissen manchmal gebrochen.

Weisen Sie den Gast auf Weinraritäten und Weinspezialitäten hin.

Abweichungen zu den allgemeinen Regeln:
Zu hellem Fleisch mit einer kräftigen Sauce passt meist ein leichter Rosé- oder Rotwein.
In südlichen Ländern werden neben Weißweinen auch leichte, frische Rotweine zu Fisch und Meeresfrüchten serviert.
Zu gekochtem Rindfleisch harmoniert ein trockener Weißwein (zB Tafelspitz und Grüner Veltliner).

Der persönliche Geschmack und der Wunsch eines Gastes haben immer Vorrang vor jeglichen Grundsätzen.

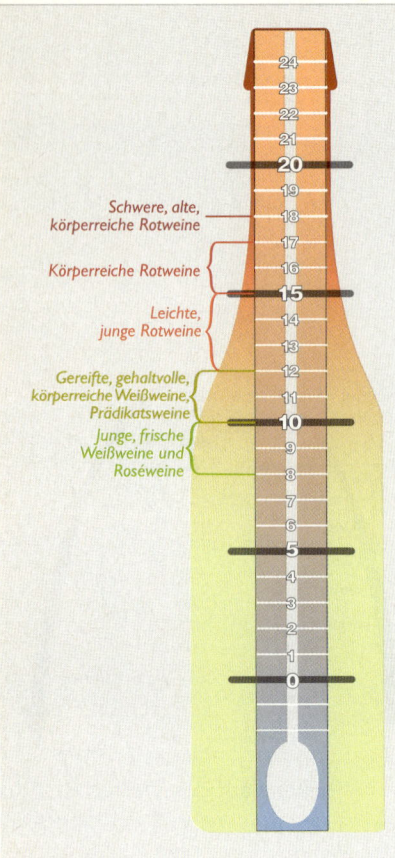

Schwere, alte, körperreiche Rotweine

Körperreiche Rotweine

Leichte, junge Rotweine

Gereifte, gehaltvolle, körperreiche Weißweine, Prädikatsweine

Junge, frische Weißweine und Roséweine

Servierkunde

Service, Gläser, Verwendung	
Service	**Ideale Trinktemperaturen**
	▪ Junge, frische Weiß- und Roséweine: 8–10 °C
	▪ Gereifte Weißweine und Prädikatsweine: 10–12 °C
	▪ Leichte, junge Rotweine: 12–15 °C
	▪ Körperreiche Rotweine: 15–17 °C
	▪ Schwere, alte, körperreiche Rotweine: 18 °C
	Ausschankmaße für Wein
	▪ Im Glas: 0,1 l, 0,125 l, 0,25 l
	▪ In der Karaffe: 0,125 l, 0,25 l, 0,5 l, 1 l
Gläser	Für einen optimalen Trinkgenuss ist auch die Glasform von großer Bedeutung. Bordeauxweinglas (1), Burgunderweinglas (2), Glas für ältere Weißweine (3), Glas für junge Weißweine (4), Roséweinglas (5), Glas für Prädikatsweine (6)
	1 2 3 4 5 6
Verwendung	▪ Als Aperitif (trockene leichte Weine sowie Prädikatsweine im trockenen bis halbtrockenen Bereich).
	▪ Als klassischer Speisenbegleiter.
	▪ Zum Mischen mit Soda (Gspritzter).
	▪ Für Bowlen, Punsch etc.

6   Weinfachausdrücke

Abgang: Eindruck, den der Wein beim und nach dem Schlucken hinterlässt (Nachgeschmack). Ein langer Abgang ist immer ein gutes Qualitätsmerkmal. Auch Nachhall genannt.

Adstringierend: zusammenziehend (bei Rotwein).

Aroma: Duft des Weines.

Assemblage: Vorgang des Verschneidens verschiedener Weine oder Vermischen verschiedener Traubensorten.

Ausbau: Reifung des Weines.

Avinieren: Ausschwenken des Glases mit Wein; vor dem Verkosten.

Barrique: Traditionelles französisches Fassmaß von 225–270 Litern. Das Wort Barrique ist für den Ausbau von Wein in ungebrauchten Eichenfässern (Barriqueausbau) gebräuchlich; auch als kleines Holzfass bezeichnet.

Belüften: Umfüllen; zur besseren Entwicklung des Weines.

Blank: klar.

Blumig: an Blüten erinnernd.

Bukett: es setzt sich aus verschiedenen Aromakomponenten zusammen. Man unterscheidet Sorten-, Gär-, Lager- und Edelfäulebukett.

Cru: französische Bezeichnung für Wein, der aus einer genau abgegrenzten Lage stammt.

Cuvée (die): Fertiger Verschnitt.

Dekantieren: Vorsichtiges Umgießen des Weines aus der Flasche in eine Dekantierkaraffe.

Depot: Bei Rotweinen und Portweinen setzen sich mit der Alterung verschiedene Farbstoffe am Flaschenboden ab.

Dichte: Konzentration von Duft, Aroma und Extraktstoffen.

Duftig: Wein mit eleganter, leichter Blume.

Edelfäule: Der Befall reifer Beeren durch den Edelfäulepilz Botrytis cinerea.

Elegant: Vollkommen harmonische, meist leichtere, spritzige und nicht zu milde Weine.

Botrytis cinerea

Extrakt: Mineralsalze, Glyzerin, Zucker und Säuren, die im Wein gelöst sind. Je mehr Extrakt, desto voller der Wein.

Glyzerin = Alkohol

Frappieren: Kühlen von Weinen, die nicht die gewünschte Serviertemperatur haben.

Fruchtig: Wein, der im Geschmack und Geruch an die Traube oder eine Obstart erinnert.

Füllig: extrakt- und alkoholreich.

Gehaltvoll: Wein mit Extrakt.

Gemischter Satz: Trauben verschiedener Rebsorten aus einem Weingarten werden gemeinsam geerntet und gepresst.

Grün: Unreifer Wein.

Harmonisch: Die Bestandteile des Weines stehen zueinander im richtigen Verhältnis.

Jungfernwein: Erster Ertrag einer Neupflanzung.

Komplexität: subtiles Zusammenspiel von Duft und Geschmack.

subtil = zart, fein

Körperarm: dünn, leicht.

Körperreich: extraktreich, voll.

Mild: Säurearmer Wein.

Mousseux: Das auf der Zunge spürbare CO_2.

Moussierend: stark kohlensäurehaltig.

Oxydativ: Flacher, verbrauchter Geruch und Geschmack durch zu große Lufteinwirkung.

Perlage: Sichtbares CO_2 beim Schaumwein.

Pfeffrig: Geruch und Geschmack, der oft bei hochwertigem Grünem Veltliner auftritt.

Reduktiv: Weine, die kaum mit Luft in Berührung kommen und daher ohne Nebengeschmack (reintönig) sind.

Reif: Höhepunkt in der Entwicklung des Weines.

Reintönig: Wein ohne Nebengeschmack.

Resch: Säurereicher Wein ohne Zuckerrest.

Rund: Voller, abgerundeter Geschmack.

Samtig: Tannin- und säurearmer Rotwein.

Schwer: Alkoholreicher Wein mit viel Extrakt.

Sortenbukett: Im Wein ist die Traubensorte typisch zu erkennen.

Spritzig: wie moussierend.

Staubig: Wein mit leichter Trübung.

Struktur: Weine mit einer Ausgewogenheit von Körper und Finesse.

Süffig: harmonischer, leichter Wein, der zum Trinken anregt.

Tannin: während der Gärung aus Beerenhäuten und Kernen extrahierter Gerbstoff, der in der Flasche langsam abbaut; wichtig bei Rotwein.

extrahieren = einen Auszug machen.

Toasting: Barriquefässer werden vor der Verwendung ausgebrannt und geben dem Wein damit Aroma.

Trocken: Durchgegorener Wein; geringer Restzuckergehalt.

Verschlossen: Sehr junger Wein, der im Geruch und Geschmack nur andeutungsweise seine Entwicklungsmöglichkeiten zeigt.

Verschnitt (Verschneiden): Kellertechnischer Ausdruck für geschicktes Vermischen von Wein, Most oder Trauben, um die Qualität zu verbessern oder um eine bestimmte, möglichst gleich bleibende Geschmacksrichtung zu erhalten.

Vinifizierung: Verarbeitung der Trauben.

Würzig: intensiv fruchtig, aromatisch.

Zart: nicht sehr kräftiger, aber feiner, eleganter Wein.

7   Weinfehler und Weinkrankheiten

Weinfehler sind unerwünschte Veränderungen des Geruchs, des Geschmacks und des Aussehens des Weines. Die so veränderten Weine sind zwar nicht gesundheitsschädlich, können aber im Restaurant nicht mehr ausgeschenkt werden.

Böckser: Durch Zersetzen des Schwefels und der Hefe verursacht. Der Wein riecht und schmeckt nach faulen Eiern (Schwefelwasserstoff).

Eiweißtrübung: Entsteht durch Eiweißausfall. Der Wein ist schleimartig getrübt.

Fassgeschmack: Durch ein schlecht gepflegtes Fass verursacht. Schmeckt nach modrigem Holz.

Korkgeschmack: Widerlicher Geschmack, dessen Herkunft umstritten ist. Daneben gibt es den Schimmelgeschmack, der von verschimmelten Korken stammt.

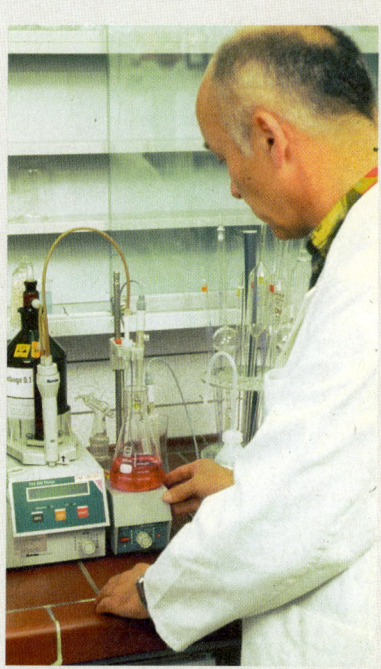

Kontrolle von Weinproben im Labor

Weinkristalle: Kristalline Ablagerungen am Korken und am Flaschenboden, die fälschlicherweise als **Weinstein** bezeichnet werden. Es ist ein rein optischer Fehler, der die Weinqualität nicht beeinträchtigt.

Weinkrankheiten werden durch Pilze oder Bakterien verursacht. Weine mit Weinkrankheiten sind nicht mehr verkehrsfähig.

Essigstich: Durch Essigbakterien verursacht, die sich im Herbst auf den Beeren entwickeln und beim Keltern in den Most gelangen. Bei Luftzutritt wandeln sie den Alkohol des Weines in Essigsäure um.
Zähwerden: Durch Lindbakterien (Kokken) und Schleimbakterien verursacht, die aus Zuckerresten Schleim erzeugen. Der Wein wird trüb und ölig bis schleimig.

8 Weinbeurteilung

Um Wein verkaufen und den Gast richtig beraten zu können, ist es notwendig, Weine selbst beurteilen zu können. Bei der Weinbeurteilung durch Degustation bedarf es verschiedener Voraussetzungen:

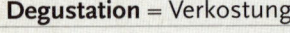

Degustation = Verkostung

- **Wasser bzw. Weißbrot** zum Neutralisieren des Geschmacks.
- **Raum:** Gute Lichtverhältnisse; der Raum darf keine grünen oder roten Wände haben, soll rauchfrei und gut gelüftet sein.
- **Tische:** Sollten weiß gedeckt sein.
- **Weinkoster:** Vor und beim Kosten nicht rauchen, keine scharf gewürzten, salzigen oder sehr süßen Speisen einnehmen. Keine Deodorants oder Parfums verwenden. Absolute Konzentration und keine Kommentare.
- **Weinglas:** Ideal ist ein dünnwandiges, farbloses, unverziertes, glattes und tulpenförmiges Stielglas.
- **Richtige Trinktemperatur**
- **Richtige Reihenfolge der Verkostung:** Als Grundregel gilt: Kein Wein darf den nächsten geschmacklich behindern. Daher verkostet man Weißweine vor Rotweinen, Roséweine vor Rotweinen, leichte vor schweren, zarte vor intensiven, trockene vor süßen, junge vor alten Weinen.

Man prüft auch heute noch wie bei der alten römischen Weinprüfung nach der Formel **COS** (color, odor, sapor), dh Farbe, Geruch und Geschmack. In der Weinsprache spricht man von einem Bogen, dh es können die Charaktereigenschaften des Weines, die man im Geruch erkannte, auch auf dem Gaumen wiedergefunden werden.

8.1 Aussehen

Man betrachtet das Glas (höchstens zu einem Drittel gefüllt) zuerst direkt von oben und beurteilt die **Klarheit** und die **Kohlensäure** (Bläschen am Rand bzw. auf der Weinoberfläche). Dann hält man das geneigte Glas gegen das Licht oder gegen einen weißen Hintergrund (Tischtuch, Serviette etc.) und beurteilt den **Farbton** und die **Farbtiefe.** Schließlich schwenkt man leicht das Glas und wirft einen Blick auf den Glasrand. Anhand der Bögen (Schlieren) kann die Konsistenz (Viskosität) beurteilt werden.

Bei den folgenden Tabellen werden verschiedene Ausprägungen von Wein aufgezählt. Die roten Alternativen sind erwünscht, die anderen hingegen unerwünscht.

Klarheit	strahlend, spiegelblank, kristallklar, transparent, matt, trüb
Kohlensäure	*kann bei jungen Weißweinen auftreten* *bei Rotweinen ein Fehler (Nachgärung)*
Farbton bzw. Farbtiefe	**Weißwein:** blass, grüngelb, hellgelb, gelb, strohgelb, goldgelb, bernstein, braun
	Rotwein: blassrot, hellrot, ziegelrot, rubinrot, feurig rot, violettrot, dunkelrot, braunrot, schwarzrot
	Roséwein: blassrosa, hellrosa, orange, zwiebelschalen-farbig, braunrot
Viskosität	wässrig, dünn, ölig, dick, zähflüssig

Beispiel

Dieser Wein ist spiegelblank, transparent und hat einen grüngelben Farbton. Die Bläschen zeigen etwas Kohlensäure an. Die ausgeprägten Schlieren am Glasrand weisen auf einen gehaltvollen Wein hin.

8.2 Geruch

Der Wein wird vorerst in ruhendem Zustand geprüft. Anschließend schwenkt man das Glas mehrmals, um die flüchtigen Duftstoffe freizusetzen. Nun kann man feststellen, ob der Wein sortentypisch und reintönig riecht bzw. wie intensiv und harmonisch der Geruch ist. Den Weinaromen wird heute große Aufmerksamkeit geschenkt.

Sortentypisch	blumig, fruchtig, würzig, süßlich, nussig, holzig, erdig, mineralisch, chemisch Sortenbukett, Lagerbukett, Altersbukett, Gärbukett
Reintönigkeit	reintönig, sauber, unrein, fremd, dumpf, muffig
Intensität	bukettarm, verschlossen, zart, dezent, ausgeprägt, intensiv

Sortentypische Buketts	Rebsorten
Apfelton	Welschriesling, Rotgipfler
Pfirsich und Marille	Rheinriesling
Weißer Pfeffer	Grüner Veltliner
Weichselton	Zweigelt
Cassiston (schwarze Ribiseln)	Cabernet Sauvignon

Beispiel

Dieser Wein ist im Geruch reintönig und sehr ausgeprägt. Ich rieche sehr fruchtig-würzige Aromen nach Grapefruit und Pfeffer.

8.3 Geschmack

Nach der Geruchsbeurteilung nimmt man einen kräftigen Schluck und beißt den Wein wie eine feste Speise. Man darf sogar schlürfen. Dabei wird Luft eingesogen, die flüchtigen Bestandteile können sich somit entfalten. Diesen Vorgang wiederholt man so oft, bis man sich ein Urteil über den Wein gebildet hat.

Süße	*trocken, halbtrocken, lieblich, süß, edelsüß*
Säure	mild, frisch, rassig, säurereich, stahlig, aggressiv, schal, hart
Tannin (bei Rotweinen)	mild, samtig, weich, zartherb, herb, gut eingebunden, rau, bitter, aufdringlich

👉 **Wussten Sie, dass ...**

Schlieren am Glasrand auf einen höheren Extraktgehalt hinweisen?

Besorgen Sie bei der ÖMW (Österreichische Weinmarketing-service GmbH) in Wien das Aromarad.

www.weinausoesterreich.at

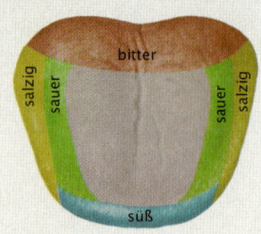

Unsere Zunge kann vier Geschmackskomponenten unterscheiden.

Neuerste Erkenntnisse sprechen in diesem Zusammenhang von einer Halbwahrheit und belegen, dass alle Komponenten auf der gesamten Zunge wahrgenommen werden.

www.wein-plus.de
www.weinimwww.de

Bioweine eignen sich für Veganer, da viele Erzeuger auf eine Weinschönung verzichten bzw. keine Präparate aus tierischem Eiweiß (Albumin, Hausenblase) verwenden.

Alter	unreif (grün), jung, ausgebaut, reif, edelreif, alt, abgebaut, überlagert
Abgang	sehr kurz, kurz, mittel, lang anhaltend
Geschmacksrichtung	fruchtig, blumig, würzig, pflanzlich, nussig, holzig, erdig, chemisch
Alkohol	mager, leicht, mittel, kräftig, schwer, brandig
Körper	dünn, schlank, gehaltvoll, rund, füllig, wuchtig, voll, plump
Harmonie	unharmonisch, gefällig, harmonisch, süffig, elegant, edel, hochfein (vornehm)

Beispiel

Dieser Wein ist trocken ausgebaut und angenehm säurereich. Es handelt sich um einen fülligen Wein, der nussig schmeckt und einen lang anhaltenden Abgang hat. Struktur, Körper und Aroma harmonieren elegant.

9 Gesundheit und Wirkung

Mäßiger Weingenuss führt zu einer Anregung des Blutkreislaufes (bessere Gehirndurchblutung). In Ländern, in denen viel Rotwein getrunken wird (zB Frankreich, Italien), sind Herz-Kreislauf-Erkrankungen seltener als in anderen Ländern. Untersuchungen ergaben, dass das Tannin im Rotwein dafür verantwortlich ist. Weiters kommt es zu einer Förderung der Verdauung. Die Weinsäure (besonders bei Weißwein) kann bei magenempfindlichen Menschen Probleme verursachen.

Trends

Der Trend zu qualitativ hochwertigem Wein ist ungebrochen. Exquisite Weine zu einem guten Essen gehören zur Lebensqualität vieler Menschen. Der glasweise Ausschank von hochwertigen Weinen findet großen Anklang. Die Information, dass ein Betrieb hochwertigen Wein auch glasweise anbietet, macht bei Weinliebhabern schnell die Runde. Dieser Gästetyp, der gerne verschiedenste Weine verkostet, ist häufig auch kulinarischen Genüssen sehr zugetan, was wiederum dem Betrieb und seinem Umsatz zugute kommt.

Immer mehr Weinliebhaber entdecken die Bioweine:
In **ökologisch bewirtschafteten Weingärten** wachsen die Reben in einem intakten Ökosystem, bestehend aus einem lebendigen Boden, mit gezielter Begrünung und einer großen Anzahl von Nützlingen. Entscheidend ist auch der Einsatz von vielfältigen natürlichen Maßnahmen zur Stärkung von Rebe, Blatt und Frucht. Im **biodynamischen Weinbau** werden für die Herstellung und Anwendung der Präparate für Boden und Pflanze der richtige Zeitpunkt nach dem solaren und lunearen Kalender mit einbezogen.

Bekannte Produzenten in Österreich
Biodynamische Bewirtschaftung:
Weingut Nikolaihof, Mautern, Wachau
Weingut Wimmer Czerny, Fels am Wagram, Donauland
Weingut Söllner, Gösing, Weinviertel
Weingut Muster, Schlossberg, Südsteiermark
Weingut Schönberger, Mörbisch, Neusiedler See-Hügelland
Weingut Meinklang, Pamhagen, Neusiedler See
Weingut Sepp Moser, Rohrendorf/Kremstal, Apetlon/Neusiedler See

Organisch-biologische Bewirtschaftung:
Weingut Diwald, Groß Riedental, Weinviertel
Weingut Mehofer, Neudegg, Weinviertel
Arkadenhof Hausdorf, Neudegg, Weinviertel
Weingut Zillinger, Velm Götzendorf, Weinviertel
Weingut Hofer, Auerstal, Weinviertel
Weingut Geyerhof, Oberfucha, Kremstal

? Fragen und Arbeitsaufgaben

1. Nennen Sie die vier Erziehungsformen des Weinstockes. Beschreiben Sie zwei näher.

2. Zählen sie die spezifisch österreichischen Rebsorten auf.

3. Welche Faktoren gelten als Voraussetzungen für den Weinbau?

4. Welche Weinlesearten gibt es und zu welchem Zeitpunkt setzen sie ein?

5. Zählen Sie die Hauptpunkte der Weinerzeugung auf. Beschreiben Sie einige Schritte näher.

6. Der frisch gepresste Saft von weißen und blauen Trauben hat die gleiche Farbe (hell, trüb). Wie kommen Rotweine zu ihrer roten Farbe?

7. Worauf ist beim Einkauf und bei der Lagerung von Wein zu achten?

8. Mit welcher Trinktemperatur sollen folgende Weine serviert werden?

   ■ Junge, frische Weiß- und Roséweine   ■ Leichte, junge Rotweine
   ■ Gereifte Weißweine   ■ Körperreiche Rotweine
   ■ Prädikatsweine   ■ Schwere, alte, körperreiche Rotweine

9. Nennen Sie vier Grundregeln für die Korrespondenz von Wein und Speisen.

10. Ein Gast behauptet, dass sich auf dem Weinflaschenboden Kristallzucker befindet. Was könnte er damit meinen?

11. Ein Gast beschwert sich, dass sein Wein modrig schmeckt. Wie gehen Sie vor? Spielen Sie diese Situation mit Ihrem Banknachbarn durch.

12. Nach welchen Kriterien beurteilt man Wein?

ZUSAMMENFASSUNG

Wein ist ein alkoholisches Getränk, das aus dem Saft von Weintrauben hergestellt wird. Die Trauben sind die Früchte der Weinrebe. Sie kann auf verschiedene Arten kultiviert werden. Man spricht von den Erziehungsformen des Weinstockes und unterscheidet die Pfahlerziehung oder Stockkultur, die Drahtrahmenerziehung sowie Hochkultur, das Pergolasystem und das Lyrasystem. Unabhängig von der Erziehungsart müssen etwa vier Jahre vergehen, bis ein Rebstock die ersten Trauben ansetzt, nach etwa fünf Jahren trägt er voll, nach 25 Jahren beginnen Wachstum und Erträge nachzulassen.

Im Laufe der Entstehungsgeschichte des Weinbaues hat sich eine Vielzahl von Rebsorten entwickelt. Neben internationalen Rebsorten gibt es bei uns spezifisch österreichische Rebsorten wie Grünen Veltliner, Neuburger, Zierfandler, Rotgipfler, Zweigelt und Blauen Wildbacher.

Voraussetzungen für den Weinbau
Gute Weine sind kein Zufall, sondern das Ergebnis des Zusammenwirkens von Natur (Klima, Boden, Lage) und Winzer (Sortenwahl, Erziehungsformen, Lesezeitpunkt, Leseverfahren etc.).

Weinlese
Der Zeitpunkt der Weinlese richtet sich nach dem Reifegrad der Trauben. Die Ernte wird großteils händisch durchgeführt. Selten kommen bei uns Erntemaschinen zum Einsatz. Man unterscheidet Vorlese, Hauptlese und Spätlese (bei besonders günstigen Wetterbedingungen; Erzeugung der Prädikatsweine).

Weinerzeugung

Die Weißweinerzeugung besteht aus folgenden Schritten: Rebeln (Trennen der Trauben von den Stielen) – Maischen (Zerquetschen in Walzen) – evtl. Schwefeln (Schutz vor Braunfärbung und Mikroorganismen) – Pressen und Keltern (Trennen des Mostes von den festen Bestandteilen) – Vorklären des Mostes (Entfernen der Trubteilchen) – Mostaufbessern und Mostentsäuern (Beifügen von Zucker bzw. Entsäuern mit kohlensaurem Kalk) – Gären (durch Hefepilze wird Zucker in Alkohol und Kohlensäure umgewandelt; Sturm) – Abziehen vom Geläger (Trennen von der abgestorbenen Hefe) – Lagern und Reifen des Jungweines – Stabilisieren (zur Entfernung der letzten Trubstoffe) – Verschneiden (Vermischen mit anderen Weinen zur Qualitätssicherung) – Abfüllen.

Bei der **Roséweinerzeugung** wird die gerebelte Maische zum Auslaugen der Farbstoffe einige Stunden stehen gelassen und anschließend abgepresst. Die weitere Behandlung des Weines erfolgt wie bei Weißwein.

Bei der **Rotweinerzeugung** steht die Farbgewinnung im Mittelpunkt. Verschiedene Methoden kommen zum Einsatz: Maischegärung, Maischeerwärmung, Konzentration, Umkehrosmose oder ein Verdampfungsverfahren.
Sobald die Gärung beendet ist, wird der junge Rotwein vom Gärbehälter in Fässer gepumpt und die ausgelaugte Maische unter sanftem Druck gepresst. Wird kein biologischer Säureabbau (Bakterien wandeln Apfelsäure in Milchsäure um) durchgeführt, kann die Jungweinbehandlung in ähnlicher Form wie bei Weißwein durchgeführt werden.

Zur Schonung bester Rotweinqualitäten wird anstelle der Filtration ein zweiter und dritter Abstich gemacht. Ausbau und Reifung der Rotweine erfolgen häufig in Barriques. Die weitere Behandlung des Rotweines ähnelt, von kleinen Unterschieden abgesehen, der des Weißweines.

Zur **Obstweinerzeugung** werden Kernobst (in Österreich ist Most die Bezeichnung für Apfel- und/oder Birnenwein), Steinobst und Beerenfrüchte verwendet.

Einkauf und Lagerung

Die Kriterien für den Weineinkauf sind abhängig von der Betriebsart und Betriebsgröße, vom Verkauf, vom Gästekreis und vom Einkaufspreis. Das Warenangebot sollte zum Speisenangebot passen. Wein lagert man zur Vorratshaltung. Ein weiterer Punkt sind die Kosten. Jungweine sind meist günstiger im Einkauf. Weine benötigen nach dem Transport zwei bis drei Wochen zur Beruhigung. Sie werden immer liegend mit der Etikette nach oben aufbewahrt (bei ca. 8–12 °C).

Service und Ausschank

Die idealen Trinktemperaturen liegen bei Weiß- und Roséweinen je nach Alter bei 8–12 °C, bei Rotweinen je nach Alter zwischen 12 und 18 °C.
Für einen optimalen Trinkgenuss ist auch die Glasform von großer Bedeutung. Es gibt eine Reihe von klassischen Grundregeln für die Korrespondenz von Wein und Speisen. Doch der persönliche Geschmack und der Wunsch eines Gastes haben immer Vorrang vor jeglichen Grundsätzen.

Weinbeurteilung

Um Wein verkaufen und den Gast richtig beraten zu können, ist es notwendig, Weine selbst beurteilen zu können. Um Weine richtig beurteilen zu können, bedarf es bei einer Degustation verschiedener Voraussetzungen, wie zB das richtige Glas, rauchfreie Räume und Wasser oder Weißbrot am Tisch zum Neutralisieren des Geschmacks.
Man prüft Farbe, Geruch und Geschmack. In der Weinsprache spricht man von einem Bogen, dh es können die Charaktereigenschaften des Weines, die man im Geruch erkannte, auch auf dem Gaumen wiedergefunden werden.

Weinbau in Österreich

Österreich ist ein Weißweinland. Die Rotweinerzeugung wird jedoch von Jahr zu Jahr mehr. Die österreichischen Weine zeichnen sich durch ein ausgeprägtes Sortenbukett aus. Sie werden meist sortenrein ausgebaut, wobei ein ständig steigender Trend zu Weiß- und Rotweincuvées zu verzeichnen ist.

Rund 30.000 Betriebe sind in Österreich direkt und indirekt mit dem Weinbau beschäftigt. Die Gesamtanbaufläche beträgt zirka 51.000 Hektar, die Gesamtproduktion rund 2,5 Mio. hl. Aus klimatischen und geologischen Gründen liegen die Weinanbauflächen eher im Nordosten und Südosten unseres Landes. So wird in den Bundesländern Niederösterreich, Burgenland, Steiermark und Wien Weinbau betrieben. Der Pro-Kopf-Verbrauch an Wein liegt in Österreich bei jährlich zirka 31 Litern.

 Unsere Ziele

Nach Bearbeitung dieses Kapitels werden Sie

- erläutern können, welche Angaben laut Österreichischem Weingesetz auf den Etiketten österreichischer Weine zu machen sind,

- die Anforderungen an Tafelweine, Landweine, Qualitätsweine und Prädikatsweine erklären können,

- die wichtigsten österreichischen Rebsorten und ihre Charakteristik nennen können,

- die österreichischen Weinbauregionen und Weinbaugebiete sowie ihre Besonderheiten erklären können,

- über bedeutende Weinerzeuger und Qualitätsgemeinschaften der Weinbaugebiete informieren können.

- ① Banderole
  (in der Flaschenkapsel)
- ② Halsschleife
- ③④ Herkunftsbezeichnungen
- ⑤ Bezeichnung „Qualitäts
  wein mit staatlicher
  Prüfnummer" und die
  verliehene Nummer
  Nenninhalt (e = EU-Norm)
- ⑥ Jahrgangs- und
  Sortenbezeichnung
- ⑦ Restzuckergehalt
- ⑧ Name und Standort des
  Weingutes
- ⑩ Alkoholgehalt
- ⑪ Bezeichnung „enthält Sul-
  fite" muss verzeichnet sein

Der Name des Weines bezieht
sich bei obigem Beispiel auf die
Rebsorte. Der Wein kann jedoch
auch durch einen Markennamen
(zB „Servus") oder durch einen
Fantasienamen (zB Excalibur)
bezeichnet werden.

1 Das Österreichische Weingesetz

Seit 1985 hat Österreich eines der strengsten Weingesetze der Welt. Mit dem Beitritt zur EU wurde das Gesetz an die gültigen Gemeinschaftsbedingungen angeglichen.
Wein im Sinne des Österreichischen Weingesetzes ist das durch alkoholische Gärung aus dem Saft frischer und für die Weinbereitung geeigneter Weintrauben hergestellte Getränk.

1.1 Bezeichnungsvorschriften

Auf den Etiketten sind folgende Angaben zu machen:

Sorten- und Jahrgangsbezeichnung
Im Falle einer Sorten- bzw. Jahrgangsbezeichnung auf der Etikette muss der Wein zu mindestens 85 % aus der genannten Sorte bzw. dem genannten Jahrgang stammen.

Name und Standort des Weingutes
Auf jeder Etikette müssen Name und Standort des Erzeugers, Abfüllers oder des Ver-käufers angegeben sein.

Herkunftsbezeichnungen
Jeder österreichische Wein muss die Bezeichnung „österreichischer Wein" oder „Wein aus Österreich" tragen. Er darf nur aus Trauben erzeugt werden, die ausschließlich aus Österreich stammen.
Es dürfen folgende örtliche Herkunftsbezeichnungen verwendet werden, sofern die Trauben zu 100 Prozent aus dem bezeichneten Bereich stammen:
- Weinbauregionen
- Weinbaugebiete
- Großlagen (meist in mehreren Gemeinden)
- Gemeinden
- Rieden, Einzellagen oder Weinbaufluren in Verbindung mit dem Namen der Gemeinde, in der sie liegen

Restzuckergehalt
Auf jeder Etikette muss der Gehalt an unvergorenem Zucker im Wein angegeben sein, und zwar mit den Worten:
Für Diabetiker geeignet: Höchstens 4 Gramm Zucker pro Liter.
Trocken: Bis 4 Gramm Zucker pro Liter oder höchstens 9 g/l, wenn der in Weinsäure aus-gedrückte Gesamtsäuregehalt höchstens 2 g/l niedriger ist als der Restzuckergehalt.
Halbtrocken: Höchstens 12 Gramm Zucker pro Liter.
Lieblich: Höchstens 45 Gramm Zucker pro Liter.
Süß: Über 45 Gramm Zucker pro Liter.

Alkoholgehalt
Die Etikette muss über den Gehalt an Alkohol in ganzen oder halben Volumsprozenten (zB 11 %vol oder 11,5 %vol) informieren. Dabei gibt es folgende Einteilung:
Leichter Wein = bis 10 Vol.-%.
Mittelschwerer bzw. gehaltvoller Wein = 10 bis 12 Vol.-%.
Schwerer Wein = über 13 Vol.-%.

Nenninhalt
Das Inhaltsvolumen (zB 0,75 l) ist in Litern anzugeben.

Qualitätswein mit staatlicher Prüfnummer bzw. Weingüteklasse
Alle Qualitätsweine müssen auf der Etikette die Bezeichnung „Qualitätswein", „Qualitäts-wein bestimmter Anbaugebiete (b. A.)" oder „Qualitätswein mit staatlicher Prüfnummer" sowie die verliehene Prüfnummer selbst tragen.
Zur Erlangung der staatlichen Prüfnummer muss eine Probe des Weines diversen Untersuchungen unterzogen werden.

Banderole, Kontrollzeichen

Qualitäts-, Kabinett- und Prädikatsweine, die in Österreich in Flaschen abgefüllt wurden, dürfen nur mit einer Banderole in den Verkehr gebracht werden. Die Banderole ist als rotweißrotes Zeichen in die Flaschenkapsel eingefügt.

Sie ist mit einer Betriebsnummer, einem Kennbuchstaben der Druckerei sowie mit dem Staatswappen versehen.

Sonstige Bezeichnungen

Staubiger: Unfiltrierter, österreichischer Jungwein.

Heuriger: Österreichischer Jungwein. Diese Bezeichnung gilt bis 31. Dezember des auf die Ernte folgenden Jahres.

Schilcher: Wein (meist roséfarben) aus der Rebsorte Blauer Wildbacher. Er muss aus der Steiermark stammen.

Bergwein: Wein, der ausschließlich aus Weingärten in Terrassenlagen oder Steillagen mit einer Hangneigung von über 26 Prozent gewonnen wurde (unterschiedliche landesgesetzliche Bestimmungen).

Hauerabfüllung, Gutsabfüllung, Erzeugerabfüllung: Weine aus Trauben, die ausschließlich aus Weingärten eines Betriebes stammen und in diesem verarbeitet und abgefüllt wurden.

Barrique-Wein: „Barrique" darf auf Weinetiketten von Qualitätsweinen stehen, die durch Lagerung in Eichenholzfässern erkennbare und harmonische Geschmacksstoffe erhalten haben.

Reserve oder **Premium:** Rotwein, der eine mindestens 12-monatige Reifelagerung aufweist; bei Weißweinen mindestens 4 Monate.

Regionale Herkunftszeichen

In den letzten Jahren wurden einige Qualitätsgemeinschaften gegründet. Ziel ist ua eine gemeinsame Vermarktung (Werbung, Messen etc.).

Bekannte Beispiele sind: Vinea Wachau Nobilis Districtus (in der Wachau), Thermenwinzer (in der Thermenregion), Renommierte Weingüter Burgenland (im gesamten Burgenland), Steirischer Junker (Steiermark).

Weinauszeichnungen

Bei Fachmessen und Ausstellungen (zB Kremser Weinmesse) werden Plaketten, Medaillen und andere Auszeichnungen vergeben.

Die Österreichische Weinmarketingservice GmbH präsentiert alljährlich die 260 besten Weine Österreichs, die mit der **Salonschleife (Salonwein)** gekennzeichnet werden.

1.2 Weingüteklassen

Nachfolgende Tabelle gibt einen Überblick über die Qualitätsbezeichnungen von österreichischem Wein sowie über die Voraussetzungen, die ein Wein erfüllen muss, um diese Qualitätsbezeichnungen zu erlangen.

Tafelwein	▪ als Most mindestens 10,6° KMW
	▪ Alkoholgehalt mindestens 8,5 Vol.-%
	▪ muss am Etikett als Tafelwein bezeichnet werden
	▪ Angabe der Herkunft: Österreich
	▪ keine Verwendung einer Sorten- und Jahrgangsbezeichnung (Ausnahme: Bergwein in Flaschen, bei dem die Region angegeben wird, und Heuriger in Flaschen, bei dem der Jahrgang angegeben ist)
Landwein	▪ Wein aus einer Weinbauregion
	▪ ausschließlich aus einer Qualitätsrebsorte (sortentypisch)
	▪ als Most mindestens 14° KMW
	▪ Alkoholgehalt mindestens 8,5 Vol.-%

Seit der Weingesetznovelle 2002 besteht die Möglichkeit regionaltypische Qualitätsweine unter der Bezeichnung DAC (Districtus Austriae Controllatus) zu vermarkten. Regionale Komitees legen bestimmte Produktionskriterien fest. Blättern Sie zu den Weinbauländern Italien und Frankreich. Gibt es Parallelitäten?

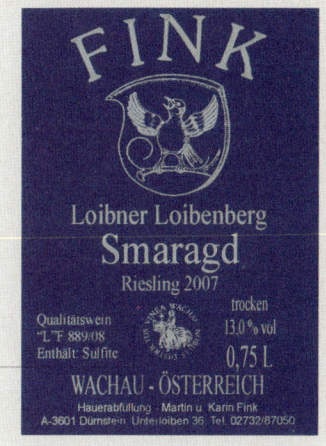

Nicht alle guten österreichischen Weine tragen derartige Auszeichnungen, da manche Erzeuger ihre Produkte prinzipiell nicht zu Prämierungen einreichen.

Schlagen Sie im Buch nach: Was bedeutet diese Abkürzung?

| Trockenbeerenauslese |
| Ausbruch |
| Beerenauslese |
| Strohwein (Schilfwein) |
| Eiswein |
| Auslese |
| Spätlese |
| **PRÄDI-KATSWEINE** |
| Kabinettwein |
| **QUALITÄTSWEINE** |
| Landwein |
| **TAFELWEINE** |

Qualitätswein, Qualitätswein bestimmter Anbaugebiete	■ Wein aus einem Weinbaugebiet. ■ ausschließlich aus einer Qualitätsrebsorte (sortentypisch) ■ als Most mindestens 15° KMW ■ Alkoholgehalt mindestens 9 Vol.-% ■ amtlich geprüft, mit staatlicher Prüfnummer ■ Aufbesserung mit max. 3,75 kg Zucker pro 100 l
Kabinett	■ muss den Bestimmungen eines Qualitätsweines entsprechen ■ als Most mindestens 17° KMW ■ Alkoholgehalt maximal 13 Vol.-% ■ Aufbesserung nicht erlaubt ■ Restsüße maximal 9 g pro Liter
Prädikatsweine	■ Wein aus einem Weinbaugebiet ■ hat einen späteren Lesetermin (ab 19° KMW) ■ amtlich geprüft, mit staatlicher Prüfnummer ■ Aufbesserung nicht erlaubt ■ Restsüße nur über Gärungsunterbrechung
Bezeichnungen für Prädikatsweine sind:	
Spätlese	■ vollreifer Zustand bei der Ernte ■ mindestens 19° KMW ■ goldgelbe Farbe, reifer Geschmack, Rebsortencharakteristik
Auslese	■ Positivlese ■ Mostgewicht mindestens 21° KMW ■ goldgelb, oft mild ■ hat einen natürlichen Zuckerrest und oft einen edelfaulen Geschmack (Edelfäule, vgl. Weinfachausdrücke Seite 70)
Eiswein	■ aus Trauben, die bei Lese und Kelterung gefroren waren (Mindesttemperatur minus 7 °C) ■ Mostgewicht mindestens 25° KMW ■ extraktreich, feinfruchtig, vollmundig, harmonische Süße
Strohwein, Schilfwein	■ aus vollreifen, zuckerreichen Beeren, die vor der Schilfwein Kelterung mindestens drei Monate auf Stroh oder Schilf gelagert oder an Schnüren aufgehängt wurden ■ Mostgewicht mindestens 25° KMW ■ darf keine anderen Prädikatsbezeichnungen tragen
Beerenauslese (BE)	■ aus überreifen und edelfaulen Beeren ■ Mostgewicht mindestens 25° KMW ■ tief goldgelbe Farbe
Ausbruch	■ aus überreifen und edelfaulen Beeren ■ Mostgewicht mindestens 27° KMW ■ goldgelbe bis bernsteinartige Farbe ■ hoher Alkoholgehalt, sehr extraktreich; ölig im Aussehen ■ sehr lange lagerfähig
Trockenbeerenauslese (TBA)	■ aus edelfaulen, rosinenartig getrockneten Beeren ■ Mostgewicht mindestens 30° KMW ■ Geschmack und Aussehen ähnlich wie beim Ausbruch

Positivlese = ausschließlich aus sorgfältig ausgelesenen Trauben unter Aussonderung aller nicht vollreifen, fehlerhaften und kranken Beeren.

2 Österreichische Qualitätsrebsorten

Österreich ist in erster Linie ein Weißweinland. Der Grüne Veltliner führt mit über 36 % die Weißweinsorten an. Es überwiegen die fruchtigen, säurebetonten Sorten, die vorzugsweise jung zu trinken sind. In zunehmendem Maße werden aber auch hervorragende Rotweinqualitäten erzeugt. Der Zweigelt wird mit einem 9 %igen Anteil an der Gesamtfläche von allen Rotweinsorten am meisten angebaut.

Die folgende Tabelle enthält die wichtigsten in Österreich zur Erzeugung von Qualitäts- und Prädikatsweinen zugelassenen weißen und roten Rebsorten.

Weißweinsorten	Charakteristik	Anbaugebiete
Grüner Veltliner (Weißgipfler)	gelbgrün bis hellgelb, fruchtig, spritzig, feinwürzig, pfeffrig; die österreichische Spezialität	Niederösterreich, Burgenland, Wien
Welschriesling	grüngelb, säurebetont, trocken, Mandelaroma	Burgenland, Steiermark, östliches Weinviertel
Rivaner (Müller-Thurgau)	hellgelb, spritzig, feine Säure; soll jung getrunken werden	in allen Weinbaugebieten
Weißburgunder (Pinot blanc)	gelbgrün, gehaltvoll,	in allen Weinbaugebieten
Riesling (Rheinriesling)	hellgelb, trocken bis leicht süßlich, spritzig, fruchtig	Donau (Wachau, Wien und andere Flusstäler)
Neuburger	goldgelb, kräftig feinwürzig; österreichische Spezialität	Thermenregion, Wachau, Neusiedler See und Neusiedler See-Hügelland, Wien
Muskat Ottonel	goldgelb, lieblich edelsüß; prägnantes Muskatbukett	Neusiedler See, Neusiedler See-Hügelland
Chardonnay	trocken, fruchtig, körperreich; gute Lagerfähigkeit	in der Steiermark Morillon in allen Weinbaugebieten
Traminer (Gewürztraminer, Roter Traminer)	gelb bis goldgelb, intensiv traubig, körperreich	in allen Weinbaugebieten
Ruländer (Grauer Burgunder, Pinot gris)	gelb bis braungelb (mit Kupferschimmer), kräftig, vollmundig; gute Lagerfähigkeit	Steiermark, Neusiedler See
Zierfandler (Spätrot) und Rotgipfler	goldgelb, würzig, extraktreich; österreichische Spezialitäten	Thermenregion
Sauvignon blanc	hellgrüngelb, frisch-fruchtig, grasig, würzig; gute Lagerfähigkeit	Südsteiermark, Neusiedler See

Rotweinsorten	Charakteristik	Anbaugebiete
Zweigelt (Blauer Zweigelt, Rotburger)	hell- bis dunkelrot, fruchtig, rassig, mit zunehmender Reife milder; österreichische Spezialität	in allen Weinbaugebieten
Blaufränkisch	rubin- bis bläulich rot, gehaltvoll, rassig, würzig	in Deutschland Lemberger Burgenland
Blauer Portugieser	hell- bis dunkelrot; ergibt leichte Tischweine, die jung zu trinken sind	Niederösterreich

Grüner Veltliner

Rivaner

Riesling

Weißburgunder

Chardonnay

Zierfandler

Blauer Zweigelt

Blaufränkisch

Blauer Portugieser

Blauer Wildbacher

Blauburgunder

Rotweinsorten	Charakteristik	Anbaugebiete
St. Laurent	samtrot, trocken, bei zunehmender Reife vollmundig; gute Lagerfähigkeit	Niederösterreich, Burgenland, Steiermark
Blauer Wildbacher	hell- bis rubinrot oder zwiebelfarben, kräftige Säure; die frischen Rosé-weine werden Schilcher genannt	Spezialität der Weststeiermark
Blauer Burgunder (Pinot noir)	rubinrot, extrakt- und alkoholreich, vollmundig, samtig, würzig; die Weine bauen sich in der Flasche noch weiter aus	Niederösterreich, Burgenland
Cabernet Sauvignon	rubinrot, gerbstoffreich, trocken, fruchtig-aromatisch mit Cassisduft; gute Lagerfähigkeit	in allen Weinbaugebieten

Weitere Rebsorten mit flächenmäßig geringem Anteil sind die weißen Sorten Bouvier, Goldburger, Frühroter Veltliner, Roter Veltliner, Muskateller und Sylvaner. Bei den roten Rebsorten sind Cabernet Franc, Merlot, Blauburger, Shiraz, Rathay und Roesler zu nennen.

3 Weinbauregionen und -gebiete in Österreich

Aus klimatischen und geologischen Gründen liegen die Weinanbauflächen eher im Nordosten und Südosten unseres Landes. Es gibt vier Weinbauregionen, die sich in Weinbaugebiete und Großlagen unterteilen. Die durchschnittliche Ernte pro Jahr beträgt rund 2,5 Millionen Hektoliter.

Weinbauregion Weinland Österreich ca. 46.700 ha

Weinbaugebiet Niederösterreich ca. 31.000 ha
Weinbaugebiete Wachau, Kremstal, Kamptal, Traisental, Wagram, Weinviertel, Carnuntum, Thermenregion

Weinbaugebiet Burgenland ca. 15.700 ha
Weinbaugebiete Neusiedler See, Neusiedler See-Hügelland, Mittelburgenland, Südburgenland

Weinbauregion Steirerland ca. 3.600 ha
Weinbaugebiete Südoststeiermark, Südsteiermark, Weststeiermark und (die gesamte) Steiermark

Weinbauregion Wien ca. 700 ha
Weinbaugebiet Wien

Weinbauregion Bergland Österreich ca. 40 ha
In dieser Region sind die Weinbaugebiete Vorarlberg, Tirol, Kärnten, Oberösterreich und Salzburg zusammengefasst. Meist frühreife Sorten werden hier von Hobbywinzern gepflegt und dienen großteils der Eigenversorgung.

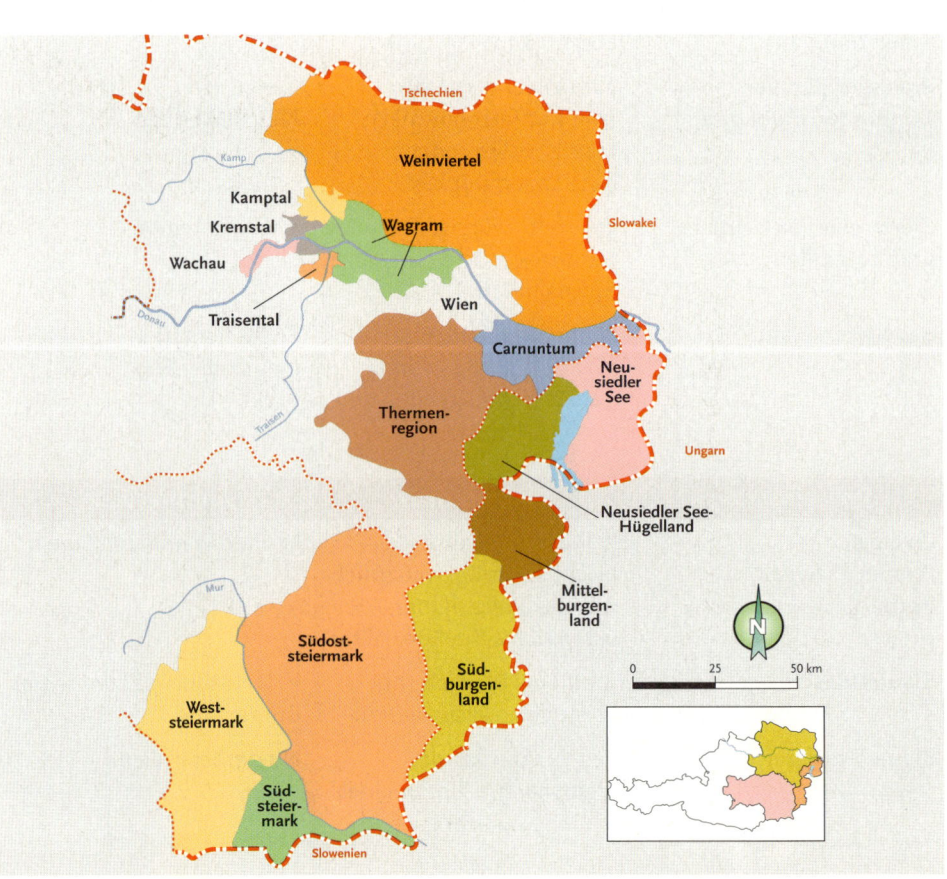

3.1 Niederösterreich

Durch verschiedenste Bodenarten, Lagen (Weinbau in flachwelligem Hügelland bis zum Terrassenweinbau an steilen Berghängen) sowie bedeutende kleinklimatische Unterschiede (pannonisches Klima stößt mit dem des Voralpenlandes zusammen) ergibt sich eine große Mannigfaltigkeit an Weinen.

In erster Linie wird in Niederösterreich Weißwein angebaut. Eine typische Spezialität ist der Grüne Veltliner, der 48 Prozent der niederösterreichischen Weinernte ausmacht. Daneben gibt es aber auch Rotweingebiete von bemerkenswertem Ruf, vor allem in den Gegenden um Tattendorf und Baden, ferner um Haugsdorf, Retz und Göttlesbrunn.

www.weinausoesterreich.at
www.weinserver.at
www.agrarverlag.at/wein/

Niederösterreich und seine Weinbaugebiete

Wachau
Kremstal
Kamptal
Traisental
Wagram
Weinviertel
Carnuntum
Thermenregion

3.1.1 Wachau

Die Wachau ist Österreichs Aushängeschild bei den Weißweinen. knapp 90 Prozent der Rebfläche sind mit Weißweinsorten bepflanzt. Die kaliumreichen Urgesteinsböden und die hohe Luftfeuchtigkeit bedingen, dass die Sorten eine rassige Säure gepaart mit Finesse und Eleganz aufweisen. Während auf den Urgesteinsböden bevorzugt Riesling und Grüner Veltliner angepflanzt werden, findet man auf den tiefgründigen Lössböden neben dem Grünen Veltliner auch die Neuburgerrebe und im Flusstal die Sorte Müller-Thurgau (Rivaner). Die wichtigste Rotweinrebe ist der Zweigelt.

Vinea Wachau Nobilis Districtus ist eine Vereinigung von Weinbauern aus der Wachau, die drei Weine klassifiziert hat (die Marken sind geschützt):

Steinfeder: Trocken ausgebaute, leichte, duftende Weißweine mit mind. 15° KMW und max. 11,5 Vol.-%, die etwa dem Qualitätswein entsprechen.

Federspiel: Fruchtige, elegante Weißweine, die etwa dem Kabinettwein entsprechen und mind. 17° KMW bzw. 11,5–12,5 Vol.-% aufweisen.

Smaragd: Trocken ausgebaute Weißweine mit mindestens 18,2° KMW sowie 12,5 Vol.-%, die etwa der Spätlese entsprechen.

Bekannte Weinerzeuger der Wachau

Spitz: Weingüter Hirtzberger, Lagler, Högl
Joching: Weingüter Jamek-Altmann, Schmelz, Holzapfel
Weißenkirchen: Weingüter Lehensteiner, Prager-Bodensteiner, Karl Stierschneider
Rossatz: Weingüter F. und R. Hick
Dürnstein: Domäne Wachau, Weingut Schmidl
Oberloiben: Weingüter F. X. Pichler, Paul Stierschneider
Unterloiben: Winzergenossenschaft Dinstlgut, Weingüter Knoll, Alzinger
Mautern: Weingüter Nikolaihof, Hutter-Silberbichlerhof
Wösendorf: Weingut Rudolf Pichler

Weil die natürlichen Hänge für die Rebkulturen meist zu steil sind, wurden Terrassen in den Fels gehauen und Steinmauern errichtet, um die Erde vor dem Abschwemmen zu schützen. Diese Terrassenanlagen prägen das Landschaftsbild der Wachau.

Ab dem Jahrgang 2007 können die Weine des Kremstals die Zulassung DAC Grüner Veltliner und DAC Riesling erhalten:

- Klassische Stufe: trocken, 12–12,5 Vol.-%, ab dem 1. Jänner nach der Ernte im Handel.
- Reserve: trocken, ab 13 Vol.-%, ab dem 1. Mai nach der Ernte im Handel.

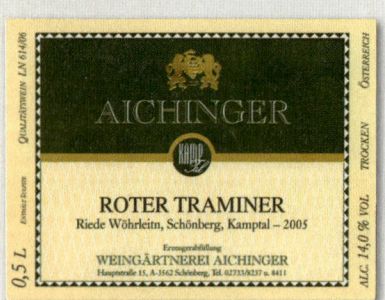

In Klosterneuburg befindet sich das Schul- und Forschungszentrum des österreichischen Weinbaues – eine Anstalt, die zu den ältesten und angesehensten Europas zählt.

3.1.2   Kremstal

Charakteristisch für den Kremser Raum sind die starken klimatischen Unterschiede. Starke Temperaturschwankungen zwischen Tag und Nacht sind eine Besonderheit dieses Gebietes. Sie bewirken die hervorragende Fruchtigkeit und Bukettbildung der Weine. Krems im Zentrum des Weinbaugebietes ist eine der ältesten Weinstädte Österreichs. Im Norden des Gebietes findet man überwiegend Urgesteinsböden, ansonsten dominiert der Löss. Die stufenartigen Lössterrassen im Osten des Kremstales schaffen ideale Wachstumsbedingungen für die Hauptrebsorte, den Grünen Veltliner. Weitere Weißweinsorten sind Müller-Thurgau (Rivaner) und Riesling. Bei den Rotweinsorten ist der Zweigelt und der Blaue Burgunder am stärksten verbreitet.

Bekannte Weinerzeuger des Kremstales

Krems: Weingut Salomon (Undhof) in Krems-Stein, Winzer Krems, Weingut Stadt Krems
Brunn im Felde: Weingut Mantlerhof
Palt/Krems: Weingut Malat
Furth/Göttweig: Weingut Dr. Unger
Gedersdorf: Weingut Buchegger
Senftenberg: Weingüter Nigl, Proidl
Rohrendorf: Weinkellerei Lenz Moser, Weingut Sepp Moser
Markengemeinschaften: Kremstaler Convent, Vinum Circum Montem

3.1.3   Kamptal

Zentrum dieses Gebietes ist der Ort Langenlois. Die Hauptrebsorte ist der Grüne Veltliner. Weiters werden die weißen Sorten Riesling, Müller-Thurgau (Rivaner), Welschriesling, Frühroter Veltliner, Neuburger und Chardonnay sowie Weißburgunder angepflanzt. Bei den Rotweinsorten sind der Zweigelt und der Blaue Portugieser am stärksten vertreten.
Klimatisch gesehen ist das Kamptal mit dem Donauraum vergleichbar. Die Weine zeichnen sich durch Frucht, Spritzigkeit und Würze aus. Verwittertes Urgestein auf den Berglagen, das auf den Osthängen von Löss und Lehm abgelöst wird, bildet den Boden. Er kommt vor allem dem Grünen Veltliner entgegen. Zu den besten und bekanntesten Weinen des Kamptales zählen der Riesling und der Grüne Veltliner aus der Lage Heiligenstein bis hin zum Straßer Gaisberg.

Bekannte Weinerzeuger des Kamptales

Langenlois: Weingüter Bründlmayer, Deibl-Schachhuber, Klingelhuber, Hiedler, Jurtschitsch (Sonnhof), Loimer, Steininger, Summerer, Leithner
Zöbing: Weingüter Retzl, Brandl
Schönberg: Weingüter Aichinger, Deim, Zillner
Strass: Weingüter Dolle, Topf
Gobelsburg: Schloss Gobelsburg
Kammern bei Langenlois: Weingut Hirsch
Markengemeinschaft: Kamptal Klassik

3.1.4   Wagram

Im Raum Klosterneuburg werden vor allem die Sorten Weißburgunder, Müller-Thurgau (Rivaner), Riesling, Grüner Veltliner und Zweigelt angepflanzt. Das Stift Klosterneuburg, dem unzählige Weingärten auch in anderen Weinbaugebieten gehören, zählt zu den größten Weinproduzenten Österreichs.
Die zweite Zone ist das Gebiet entlang des Wagramflusses. Hier gedeiht der Grüne Veltliner besonders gut. Weitere Sorten sind Weißburgunder, Riesling, Frühroter Veltliner und Roter Veltliner sowie Zweigelt und Blauburgunder.

Bekannte Weinerzeuger des Wagrams

Fels am Wagram: Weingüter Wimmer-Czerny, Leth
Kirchberg am Wagram: Weinberghof Fritsch, Weingut Mantler
Klosterneuburg: Kelleramt Chorherrenstift, Weingut Zimmermann
Großriedenthal: Weingut Alfred Holzer
Feuersbrunn: Winzerhaus Ott und Weingut Bauer
Markengemeinschaften: Weingüter Wagram, Wagramer Selektion

3.1.5 Traisental

Die Weingärten entlang des Traisenflusses weisen Lössböden auf. Die vorherrschende Rebsorte ist der Grüne Veltliner, aus dem meist frische und rassige Weine produziert werden. Fast ein Drittel der Ernte wird von den Winzern Krems übernommen.

Bekannte Weinerzeuger des Traisentales
Inzersdorf ob der Traisen: Weingut Ludwig Neumayer
Nussdorf: Weingüter Pernikl, Herzinger
Reichersdorf: Weingut Huber

Ab dem Jahrgang 2006 sind der Traisental DAC Grüner Veltliner und der Traisental DAC Riesling auf dem Markt.

3.1.6 Carnuntum

Der Weinbau ist durch den Klimaeinfluss des Neusiedler Sees und der Donau äußerst begünstigt. Rund ein Drittel der Rebfläche ist mit den roten Sorten Blaufränkisch und Blauer Portugieser bepflanzt. Das hohe Qualitätsniveau der Rotweine aus den Sorten Zweigelt und Blaufränkisch ist seit einigen Jahren weit über die Grenzen des Weinbaugebietes bekannt. Merlot, St. Laurent, Caberent Sauvignon und Syrah werden meist als Cuvéepartner eingesetzt. Bei den weißen Sorten dominieren der Grüne Veltliner und der Weißburgunder. Welschriesling und Chardonnay spielen eine immer wichtigere Rolle.

Bekannte Weinerzeuger Carnuntums
Göttlesbrunn: Weingüter Glatzer, Ing. Franz und Christine Netzl, Pitnauer, Gerhard Markowitsch, Johann Edelmann, Taferner, Philipp und Hans Grassl, Graßl
Höflein: Weingüter Zwickelstorfer, Artner, Payr
Prellenkirchen: Weingut Sandriester
Bruck an der Leitha: Weingut Seidl
Markengemeinschaft: Rubin Carnuntum

3.1.7 Weinviertel

Das Weinviertel ist das größte Weinbaugebiet Österreichs. Es wird daher gerne in drei Teilgebiete gegliedert:

- Weinviertel West (Retzer Land)
- Weinviertel Ost (Veltlinerland)
- Weinviertel Süd

Das Klima ist sehr gemäßigt, wobei sich vor allem die Gemeinden Retz und Wolkersdorf durch wenig Niederschlag abheben. Mit einem Anteil von 50 Prozent an der Gesamtproduktion dominiert die Sorte Grüner Veltliner. Aus dieser Sorte wurde auch der erste DAC-Wein Österreichs gekeltert. Es folgen Müller-Thurgau (Rivaner), Welschriesling, der hauptsächlich im östlichen Weinviertel zur Sekterzeugung angepflanzt wird, Weißburgunder und Riesling.
Rotwein wird vor allem im westlichen Weinviertel gekeltert. Es herrschen die Sorten Blauer Portugieser und Blauer Zweigelt vor. Auch der Blauburger hat eine gewisse Bedeutung.

Bekannte Weinerzeuger des Weinviertels
Röschitz: Weingüter Maurer und Ewald Gruber
Retz: Weingüter Ladentrog, Franz Gruber
Haugsdorf: Weingut Lust
Mailberg: Schlossweingut Malteser-Ritterorden, Weingut Fürnkranz
Maissau: Weingut Hogl
Obermarkersdorf: Weingüter Manfred Bannert und Herbert Studeny
Falkenstein: Weingut Jauk
Poysdorf: Weingüter Taubenschuss, Haimer
Wolkersdorf: Weingüter Haindl, Leberwurst, Pleil
Schrattenthal: Weingut Zull
Stetten: Weingut Pfaffl
Seefeld-Kadolz: Schlossweingut Graf Hardegg

Kellergasse bei Falkenstein

Ab dem Jahrgang 2002 gibt es den Weinviertel DAC. Es ist dies ein besonders sortentypischer Grüner Veltliner mit mind. 12 Vol.-%, trocken, wüzig-pfeffrig, hell- bis grüngelb, kein Barrique.
Die Entführung der Bezeichnung Weinviertel DAC Reserve ist in Diskussion.

www.weinvierteldac.at

Zellerndorf: Weingut Prechtl

3.1.8 Thermenregion

Im nördlichen Teil liegt das Weißweinzentrum. Auf den heißen Kalk-Schotter-Böden der nach Süden und Südosten geneigten Abhänge der Wienerwaldberge erreichen die Trauben einen sehr hohen Reifegrad. Sie bringen goldgelbe Weine mit feiner Würze hervor. Weltbekannte Spezialitäten sind Weine der Sorten Zierfandler und Rotgipfler, aber auch Neuburger und Weißburgunder. Die Prädikatsweine sind von besonderer Qualität. In Baden und südlich davon liegt ein Rotweingebiet. Für den Weinkenner klingende Namen wie Gumpoldskirchen, Tattendorf, Sooß und Traiskirchen finden sich in diesem Teil der Thermenregion. Die bevorzugten Sorten sind Blauer Portugieser, St. Laurent, Blauer Burgunder, Zweigelt sowie Cabernet Sauvignon und Merlot. Die dunklen, samtigen Rotweine von Tattendorf und Umgebung haben seit langem einen ausgezeichneten Ruf.

Bekannte Weinerzeuger der Thermenregion
Gumpoldskirchen: NÖ Landesweingut und Weingüter Biegler, Schellmann, Krug, Thiel, Zierer
Baden: Weingüter Eduard Ceidl, Märzweiler
Traiskirchen: Weingüter Johann Stadlmann, Dipl.-Ing. Karl Alphart, Schaflerhof, Piriwe.
Sooß: Weingüter Fischer, Grabner-Schierer, Hecher, Johann Schwertführer, Gaby Schlager
Tribuswinkel: Weingut Aumann
Bad Vöslau: Weingüter Schlumberger, Wertek, Richard Fischer
Tattendorf: Weingüter Auer, Dopler, Reinisch-Johanneshof, Schödinger-Lerchenfelderhof, Rebhof Schneider, Landauer-Gisperg
Reisenberg: Toni Hartl
Markengemeinschaft: Thermenwinzer

3.2 Burgenland

Das Burgenland liegt im Einflussbereich des pannonischen Klimas und hat mit 10 °C die höchste Durchschnittstemperatur Österreichs.
Die wichtigsten Anbaugebiete liegen an den Ufern und in der näheren Umgebung des Neusiedler Sees. Der See spielt als Klimaregulator eine große Rolle. Auf Grund seiner Größe und seines Charakters als Steppensee bildet er einen riesigen Wärmespeicher, der seine Wärme im Herbst langsam abgibt. Außerdem sorgt er im Sommer und Herbst für eine hohe Luftfeuchtigkeit, was den Reifeprozess und den Edelschimmelbefall günstig

Burgenland und seine Weinbaugebiete

Neusiedler See
Neusiedler See-Hügelland
Mittelburgenland
Südburgenland

www.weinburgenland.at

beeinflusst.

Im Burgenland gedeihen sowohl Rot- als auch Weißweine von hervorragender Qualität. Die Weine zeichnen sich durch besondere Milde aus, sie sind gehaltvoll, bekömmlich und haben einen differenzierten Sortengeschmack. Aber auch säurebetonte und trockene Weine sind zu finden. Der Anteil der Prädikatsweine ist auf Grund des günstigen Klimas besonders hoch.

Von den Rotweinsorten ist es vor allem der Blaufränkische, der das Feld beherrscht. Er ist die Spezialität des Mittel- und Südburgenlandes.

Von den Weißweinreben sind Welschriesling, Grüner Veltliner, Müller-Thurgau, Bouvier, Neuburger, Muskat Ottonel, Weißburgunder, Traminer und Riesling sowie Chardonnay und Sauvignon blanc verbreitet.

3.2.1 Neusiedler See

Neben Neusiedl am See sind vor allem die Orte Illmitz und Gols zu nennen, die zu den größten Weinbaugemeinden Österreichs zählen. Das flache, am Ostufer des Sees befindliche Gebiet wird als Seewinkel bezeichnet. Gute, meist sandige Böden, ein hoher Grundwasserstand und das feuchtwarme Treibhausklima lassen meist milde Weine mit vollem, kräftigem Geschmack reifen. Der Anteil an Prädikatswein ist besonders hoch. Rund 80 Prozent der Fläche sind mit Weißweinsorten bestockt. Es sind dies vor allem Welschriesling und Grüner Veltliner sowie Müller-Thurgau (Rivaner), Muskat-Ottonel, Neuburger, Bouvier und Traminer. Bei den Rotweinen dominieren Zweigelt und Blaufränkisch. St. Laurent und Blauer Burgunder liefern ebenfalls ausgezeichnete Qualitäten. Es werden hervorragende Roteincuvées erzeugt.

Bekannte Weinerzeuger des Neusiedler Sees
Gols: Weingüter Juris/Stieglmar, Gernot Heinrich, Gsellmann & Gsellmann, Renner, Hans Nittnaus, Paul Achs, Matthias Beck, Gerhard Pitnauer, Preisinger, Rommer
Mönchhof: Weingüter Pöckl, Hafner, Handler
Podersdorf: Weingüter Julius Steiner, Fuhrmann, Lentsch
Illmitz: Weingüter Opitz, Weinlaubenhof Kracher, Lang, Heiss, Nekowitsch, Tschida/Stölzerhof
Apetlon: Weingüter Preiner, Velich
Andau: Weingüter Scheiblhofer, Schwarz
Frauenkirchen: Weingut Umathum
Markengemeinschaft: Pannobile

3.2.2 Neusiedler See-Hügelland

Rund 25 Prozent der Gesamtrebfläche sind mit Rotweinreben bepflanzt. Das Westufer des Neusiedler Sees wird vom Ruster Hügelland begleitet, an dessen Hängen nicht nur die Ruster und Oggauer Weine (Blaufränkisch), sondern auch die nicht minder hervorragenden Weine aus Mörbisch und St. Margarethen wachsen.

Die Stadt Rust ist der berühmteste Weinort des Burgenlandes. Hier wird die Tradition des Ausbruchweines besonders gepflegt.

Bekannte Weinerzeuger des Neusiedler See-Hügellandes
Großhöflein: Weingüter Leberl, Kollwentz/Römerhof
St. Georgen: Weingüter Hans Moser
Eisenstadt: Weingüter Nehrer, Erwin Tinhof
Purbach: Weingüter Kloster am Spitz, Gmeiner, Braunstein
Rust: Weingüter Schandl, Feiler-Artinger, Friedrich Seiler, Schröck, Ernst Triebaumer, Paul und Herbert Triebaumer, Hammer, Giefing
Oggau: Weingüter Mad-Marienberg, Thometitsch
Mörbisch: Weingüter Schönberger, Schindler, Sommer
St. Margarethen: Weingüter Artner, Moorhof, Rosi Schuster
Siegendorf: Klosterkeller Siegendorf
Schützen am Gebirge: Weingut Prieler
Markengemeinschaft: Cercle Ruster Ausbruch

3.2.3 Mittelburgenland

Zwei Drittel des Gebietes sind mit Rotweinsorten bepflanzt. Die vorherrschende Sorte ist der Blaufränkische (vor allem in Horitschon und Deutschkreutz), gefolgt vom Blauen Zweigelt. Sehr bekannt sind die Roteincuvées mit Blaufränkisch als Basis sowie mit den

Ab dem Jahrgang 2005 gibt es den Mittelburgenland DAC.

Die Blaufränkischtrauben für diesen Wein dürfen ausschließlich im Weinbaugebiet Mittelburgenland geerntet werden.

Es sind die drei Zusatzbezeichnungen
– Classic,
– Riede oder Marke sowie
– Reserve
möglich.

Die Steiermark und ihre Weinbaugebiete
Südsteiermark
Südoststeiermark
Weststeiermark

Eine gesamtsteirische Markengemeinschaft heißt Steirischer Junker.

Sorten Zweigelt, Cabernet Sauvignon und Merlot.
Beim Weißwein dominiert der Grüne Veltliner, aber auch Müller-Thurgau (Rivaner) und Welschriesling sind verbreitet.

Bekannte Weinerzeuger des Mittelburgenlandes
Deutschkreutz: Weingüter Gesellmann, Igler, Gager, Johann Heinrich, Kirnbauer
Horitschon: Weingüter Franz Weninger, Paul Kerschbaum, Rotweingut Iby, Paul Lehrner, Vereinte Winzer, Tibor Szemes
Neckenmarkt: Weingüter Juliana Wieder, Wellanschitz-Donatus, Heribert Bayer, Winzerkeller Neckenmarkt, Tesch, Hundsdorfer, Lang
Lutzmannburg: Weingut R. Weber
Markengemeinschaften: Verband Blaufränkischland (Neckenmarkt), Vereinte Winzer Blaufränkischland (Horitschon)

3.2.4 Südburgenland
Rund 60 Prozent des Südburgenlandes sind mit Rotweinsorten bepflanzt. Bei den Rotweinen herrscht der Blaufränkische vor, beim Weißwein der Welschriesling. Der **„Uhudler"** ist eine seltene Weinsorte aus Direktträgern mit einem eigenen Geschmack nach Waldbeeren (Foxton). Er gedeiht nur im Südburgenland und darf auch nur hier als Uhudler verkauft werden.

Bekannte Weinerzeuger des Südburgenlandes
Deutsch Schützen: Weingüter Körper-Faulhammer (Schützenhof), Krutzler, Wachter-Wiesler
Markengemeinschaften: Vinum Ferrum Eisenberg, Weinidylle Südburgenland

3.3 Steirerland (Steiermark)

Die steirischen Anbaugebiete befinden sich im südöstlichen Teil Österreichs, also bereits im Klimaeinflussbereich des südlichen Europas. Dieses Klima mit relativ viel Niederschlägen wirkt sich auf Ertrag und Qualität günstig aus. Im Gegensatz zu den anderen Bundesländern wird hier der Wein vorwiegend auf steilen, steinigen, trockenen und heißen Südhängen hoch über der Spät- und Frühfrostgrenze gezogen.
In der Steiermark gibt es vor allem Weißweine, immer öfter Lagenweine im Barriqueausbau. Eine Ausnahme bildet der **Schilcher,** ein meist roséfarbener Wein aus der Blauen-Wildbacher-Traube. Bei den Rotweinen dominieren die Sorten Zweigelt und St. Laurent. Markenweine mit dem Namen Steirische Klassik werden in der Südost- und Südsteiermark erzeugt.

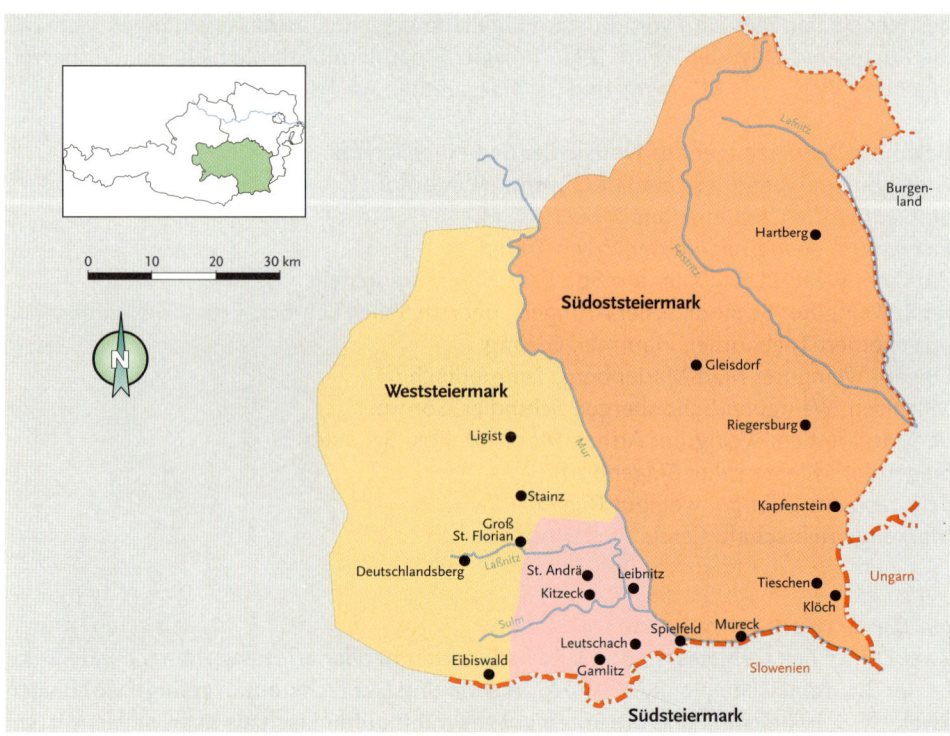

3.3.1 Südsteiermark

Dieses Weinbaugebiet gliedert sich in das Grenzweinbaugebiet und das Sausalgebiet (westlich von Leibnitz). Im Grenzweingebiet führt die schöne Weinstraße an der Grenze zu Slowenien durch bekannte Weinbauorte, wie zB Spielfeld, Ehrenhausen, Gamlitz und Leutschach. Die Hauptrebsorten sind Welschriesling, Sauvignon blanc und Morillon (Chardonnay). Die südsteirischen Sauvignon blancs genießen internationales Ansehen. Schwere Ton-Lehm-Böden bringen kräftige und bukettreiche Weine hervor.
Die steilen Lagen des Sausalgebietes bestehen aus steinigen, trockenen Tonschieferböden.

Bekannte Weinerzeuger der Südsteiermark
Spielfeld/Grassnitzberg: Weingüter Strablegg, Polz
Ehrenhausen-Berghausen: Weingut Tement, Maitz/Rebenburg
Gamlitz: Weingüter Lackner-Tinnacher, Sattler/Sattlerhof, Riegelnegg, Walter und Evelyn Skoff
Leibnitz/Silberberg: Landesweingut Silberberg
Leutschach: Weingüter Adam, Tscheppe, Erwin Sabathi
Kitzeck: Weingut Albert, Weinhof Kappel
Flamberg bei St. Nikolai im Sausal: Weingut Harkamp
Markengemeinschaften: Steirische Terroir- und Klassikweingüter

Typisch für die Südsteiermark sind die aufgestellten Windräder, genannt Klapotetz

3.3.2 Südoststeiermark

Besonders charakteristisch sind die vulkanischen Böden um Klöch mit dem darauf besonders gut gedeihenden Traminer als Hauptrebsorte. Daneben sind noch Welschriesling, Riesling, Sauvignon blanc und Weißburgunder sehr verbreitet.
An dieses Gebiet schließt das oststeirische Weinbaugebiet an. Vorherrschend ist die Sorte Welschriesling, in jüngerer Zeit auch Weißburgunder, Chardonnay, Ruländer und Müller-Thurgau (Rivaner), dessen Weine hier ein ausgeprägtes Sortenbukett erreichen.

Bekannte Weinerzeuger der Südoststeiermark
Klöch: Gräflich Stürgkh'sches Weingut, Weingüter Frühwirth, Müller
Tieschen: Weingut Platzer, Kolleritsch
Kapfenstein: Weingut Winkler-Hermaden
Straden: Weingüter Neumeister, Frauwallner, Krispel
Reiting bei Feldbach: Weingut Hutter
Markengemeinschaften: Klöcher Traminer, Eruption

3.3.3 Weststeiermark

? Für welche Betriebe trifft diese Form der Vermarktung noch zu? Wie heißen sie?

Die Weststeiermark ist auch unter dem Namen Schilchergebiet bekannt. Neben dem Blauen Wildbacher (Schilcher) als meistverbreiteter Sorte gibt es noch Weißburgunder und Müller-Thurgau (Rivaner).
Das Weinbaugebiet liegt südlich der Landeshauptstadt Graz und verfügt über eine große Anzahl von Buschenschenken. Die Weinbauern haben die Erlaubnis, alle selbst erzeugten bäuerlichen Produkte zu verkaufen.

Bekannte Weinerzeuger der Weststeiermark
St. Stefan ob Stainz: Weingüter Lazarus, Langmann, Oswald
Groß St. Florian: Domäne Müller
Markengemeinschaft: Weißes Pferd

3.4 Wien

Wurden früher fast alle Weine als Heurige in den Heurigenlokalen der Stadt verkauft, so werden sie heute sehr erfolgreich in Bouteillen abgefüllt. Eine alte Tradition ist der **gemischte Satz** (verschiedene Rebsorten stehen in einem Weinberg und werden gemeinsam gekeltert). Es werden auch Qualitätsweine aus Spitzenlagen hervorgebracht.
An Sorten findet man hauptsächlich Grünen Veltliner, Chardonnay, Weißburgunder, Riesling und Welschriesling sowie Zweigelt, Blauen Burgunder und St. Laurent.

Bekannte Weinerzeuger Wiens
Heiligenstadt (mit Döbling, Grinzing, Sievering und Nussdorf): Weingüter Mayer am Pfarrplatz, Reinprecht, Weingut der Stadt Wien (Cobenzl), Fuhrgassl-Huber, Hengl-Haselbrunner, Kierlinger
Jedlersdorf: Weingüter Bernreiter, Breyer, Christ
Strebersdorf: Weingut Schilling
Stammersdorf: Weingüter Wieninger, Gstaltner, Helm, Klager, Peritsch, Reichl
Markengemeinschaft: Vienna Classic

Wussten Sie, dass ...

Wien weltweit die einzige Hauptstadt eines Landes ist, in der Weinbau und Weinerzeugung im Stadtgebiet durchgeführt werden?

Die Erhaltung der Wiener Weingärten ist gesetzlich geschützt.

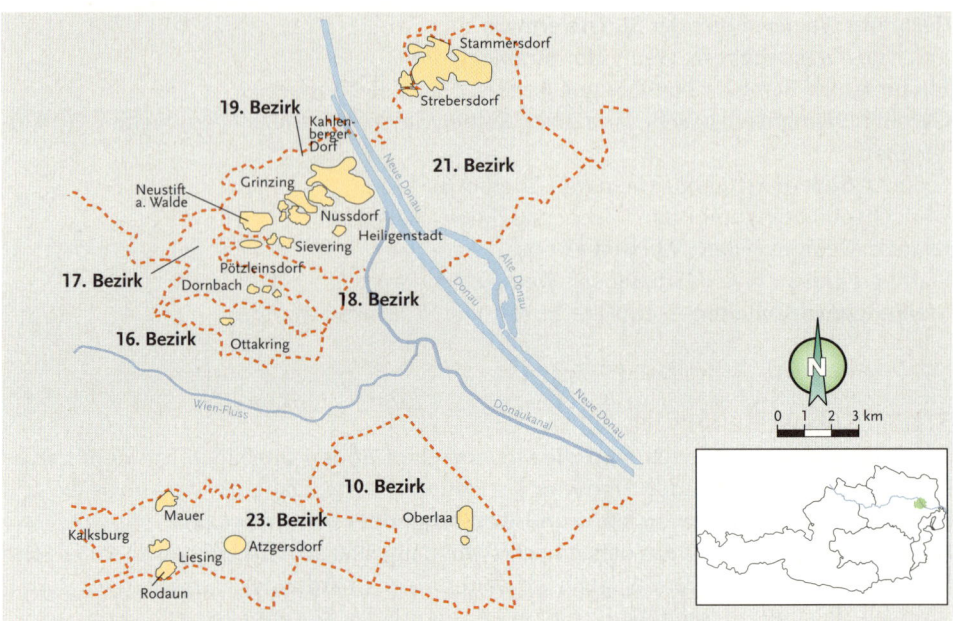

ZUSAMMENFASSUNG

Das Österreichische Weingesetz
Es enthält ua die Bezeichnungsvorschriften und besagt, welche Angaben auf den Weinetiketten zu machen sind. Es sind dies: Sorten- und Jahrgangsbezeichnung – Name und Standort des Weingutes – Herkunftsbezeichnung (zB „Wein aus Österreich") – Restzuckergehalt – Alkoholgehalt – Nenninhalt – Bezeichnung „Qualitätswein" – Staatliche Prüfnummer – Banderole.

Weitere Bezeichnungen:
Heuriger: Österreichischer Jungwein.
Schilcher: Roséwein aus der Rebsorte Blauer Wildbacher.
Bergwein: Wein, der ausschließlich aus Weingärten mit einer Hangneigung von über 26 Prozent gewonnen wurde.
Hauerabfüllung, Gutsabfüllung, Erzeugerabfüllung: Weine aus Trauben, die ausschließlich aus Weingärten eines Betriebes stammen.
Barrique-Wein: „Barrique" darf auf Weinetiketten von Qualitätsweinen stehen, die durch Lagerung in Eichenholzfässern erkennbare und harmonische Geschmacksstoffe erhalten haben.
Regionale Herkunftszeichen: Qualitätsgemeinschaften treten mit einer gemeinsamen Vermarktung (Werbung, Messen etc.) auf.
Weinauszeichnungen: Bei Fachmessen und Ausstellungen verliehene Plaketten, Medaillen und andere Auszeichnungen.

Weingüteklassen
Tafelwein (mindestens 10,6° KMW) – **Landwein** (mindestens 14° KMW, aus einer Weinbauregion, aus einer Qualitätsrebsorte) – **Qualitätswein** (mindestens 15° KMW, aus einem Weinbaugebiet, aus einer Qualitätsrebsorte, mit staatlicher Prüfnummer) – **Kabinett** (ein Qualitätswein, mindestens 17° KMW) – **Prädikatsweine** (späterer Lesetermin, ab 19° KMW, aus einem Weinbaugebiet, mit staatlicher Prüfnummer; Spätlese mit mindestens 19° KMW, Auslese mit mindestens 21° KMW, Eiswein mit mindestens 25° KMW, Strohwein/Schilfwein mit mindestens 25° KMW, Beerenauslese mit mindestens 25° KMW, Ausbruch mit mindestens 27° KMW, Trockenbeerenauslese mit mindestens 30° KMW)

Österreichische Qualitätsrebsorten

Österreich ist in erster Linie ein Weißweinland. Der Grüne Veltliner führt mit über 35 % die Weißweinsorten an. Es überwiegen die fruchtigen, säurebetonten Sorten, die vorzugsweise jung zu trinken sind. In zunehmendem Maße werden aber auch hervorragende Rotweinqualitäten erzeugt. Der Zweigelt wird von allen Rotweinsorten am meisten angebaut.

Die wichtigsten **Weißweinsorten** sind: Grüner Veltliner (Weißgipfler), Welschriesling, Müller-Thurgau (Rivaner), Weißburgunder (Pinot blanc), Riesling (Riesling), Neuburger, Muskat Ottonel, Chardonnay, Traminer, Ruländer, Zierfandler, Rotgipfler, Sauvignon blanc.

Die wichtigsten **Rotweinsorten** sind: Zweigelt, Blaufränkisch, Blauer Portugieser, St. Laurent, Blauer Wildbacher, Blauer Burgunder (Pinot noir).

Weinbauregionen und -gebiete in Österreich

Aus klimatischen und geologischen Gründen liegen die Weinanbauflächen eher im Norden und Südosten unseres Landes. Es gibt vier Weinbauregionen, die sich in Weinbaugebiete und Großlagen unterteilen. Die durchschnittliche Ernte pro Jahr beträgt 2,5 Millionen Hektoliter.

Weinbauregion Weinland Österreich: Sie umfasst ca. 46.700 ha und umschließt die Weinbaugebiete Niederösterreich (ca. 31.000 ha) und Burgenland (ca. 15.700 ha). **Niederösterreich** ist in erster Linie ein Weißweinland. Eine typische Spezialität ist der Grüne Veltliner, der 48 Prozent der niederösterreichischen Weinernte ausmacht. Daneben gibt es aber auch Rotweingebiete von bemerkenswertem Ruf, vor allem in den Gegenden um Tattendorf und Sooß, ferner um Haugsdorf, Retz und Matzen. Die Weinbaugebiete sind Wachau, Kremstal, Kamptal, Traisental, Wagram, Weinviertel, Carnuntum und Thermenregion.

Das **Burgenland** liegt im Einflussbereich des pannonischen Klimas und hat mit 10 °C die höchste Durchschnittstemperatur Österreichs. Es gedeihen hier sowohl Rot- als auch Weißweine von hervorragender Qualität. Der Blaufränkische ist die Spezialität des Burgenlandes. Die Weinbaugebiete sind Neusiedler See, Neusiedler See-Hügelland, Mittelburgenland und Südburgenland.

Weinbauregion Steirerland: Sie umfasst ca. 3.600 ha und umschließt die Weinbaugebiete Südoststeiermark, Südsteiermark und Weststeiermark. Ein weiteres Weinbaugebiet ist die (gesamte) Steiermark. Der vorherrschende Klimaeinflussbereich des südlichen Europas bringt relativ viel Niederschläge, die sich auf Ertrag und Qualität günstig auswirken. Der Wein wird hier vorwiegend auf steilen, steinigen, trockenen und heißen Südhängen hoch über der Spät- und Frühfrostgrenze gezogen. Es werden vor allem Weißweine erzeugt. Eine Ausnahme bildet der **Schilcher,** ein meist roséfarbener Wein aus der Blauen-Wildbacher-Traube.

Weinbauregion Wien: Sie umfasst ca. 700 ha. Wurden früher die Weine großteils in den Heurigenlokalen der Stadt verkauft, so werden sie heute sehr erfolgreich in Bouteillen abgefüllt. Eine alte Tradition ist der gemischte Satz. Es werden aber auch Qualitätsweine aus Spitzenlagen hervorgebracht.

Weinbauregion Bergland Österreich: Sie umfasst ca. 40 Hektar. Hier sind die Weinbaugebiete Vorarlberg, Tirol, Kärnten, Oberösterreich und Salzburg zusammengefasst. Meist frühreife Sorten werden von Hobbywinzern gepflegt und dienen großteils der Eigenversorgung.

(?) Arbeitsaufgaben

1. Welche Angaben müssen laut österreichischem Weingesetz auf den Etiketten österreichischer Weine stehen?

2. Auf österreichischen Weinetiketten muss eine Qualitätsbezeichnung angegeben sein. Ein Gast fragt danach. Erklären Sie die Begriffe Tafelwein, Landwein und Qualitätswein.

3. Welche weiteren Qualitätsstufen gibt es bei österreichischem Wein? Welche Anforderungen müssen sie erfüllen?

4. Nennen Sie fünf weiße und fünf rote österreichische Qualitätsrebsorten und erklären Sie ihre Charakteristik.

5. Ein Gast verlangt nach einem typisch österreichischen Wein. Welche Sorten bieten Sie ihm an?

6. Wie heißen die österreichischen Weinbauregionen? Nennen Sie ihre Gebiete.

7. Welches Weinbaugebiet wird als Veltlinerland bezeichnet, welches als Schilcherland?

8. Nennen Sie bekannte Weinerzeuger aus folgenden Weinbaugebieten: Kremstal, Wachau, Donauland, Weinviertel, Kamptal, Neusiedler See-Hügelland, Mittelburgenland, Südsteiermark, Wien.

9. Welche Qualitätsgemeinschaften bzw. Winzervereinigungen kennen Sie? Unter welchen Namen sind ihre Produkte im Handel?

10. Ein Tourist fragt Sie, was ein Heuriger ist. Was antworten Sie?

Weinbau in Deutschland

Weißweine aus dem Rhein- und Moselgebiet werden in den USA und in Großbritannien als „Hock" bezeichnet (nach der Stadt Hochheim).

Im Vergleich mit anderen Weinbauländern hat der deutsche Weinbau hinsichtlich seiner Rebfläche (zirka 100.000 Hektar) und seines Produktionsumfanges (durchschnittlich 10 Millionen Hektoliter) mengenmäßig nur eine geringe Bedeutung. Sein Prestige verdankt es aber der Qualität seiner Weißweine.

Es werden zwei bis drei Millionen Hektoliter Wein exportiert. Die wichtigsten Exportländer sind die USA, Großbritannien, Holland, Kanada und Dänemark.

 Unsere Ziele

Nach Bearbeitung dieses Kapitels werden Sie

- die deutschen Weingüteklassen nennen können,

- über die Weinauszeichnungen in Deutschland Bescheid geben können,

- über die landestypischen Rebsorten informieren können,

- die Weinbaugebiete Deutschlands sowie bekannte Weinbauorte und ihre Weine nennen können.

1 Weingüteklassen

Auch das Deutsche Weingesetz klassifiziert den Wein nach dem Zuckergehalt des Mostes. Das Mostgewicht wird mit der **Öchsle**-Mostwaage gemessen. Die Formel für die Umrechnung von Öchslegraden (Oe) auf die österreichischen Klosterneuburger Mostgrade ist:

$$\text{Klosterneuburger Mostgrade} \simeq \frac{\text{Öchslegrade}}{4} - 3$$

Deutsche Tafelweine	■ als Most mindestens 10,6° Oe
Landweine	■ Weine mit typischen regionalen Eigenheiten ■ nur trocken oder halbtrocken
Qualitätsweine bestimmter Anbaugebiete (Q.-b.-A.-Weine)	■ als Most zwischen 50 und 72° Oe ■ Weine aus einem der bestimmten Anbaugebiete ■ Qualitätskontrolle ■ amtliche Prüfnummer (A. P.) auf dem Etikett
Prädikatsweine	■ als Most mindestens 73° Oe ■ müssen Voraussetzungen der Q.-b.-A.-Weine erfüllen ■ Aufbesserung nicht erlaubt ■ erhalten nach der Prüfung eine Prädikatsnummer ■ Kabinett (67–82° Oe), Spätlese (76–90° Oe), Auslese (83–100° Oe), Beerenauslese (110–128° Oe), Trockenbeerenauslese (150–154° Oe), Eiswein (110–128° Oe)

Um Verwechslungen zwischen Qualitätsweinen und Tafelweinen zu vermeiden, unterscheidet man laut EU zwischen „bestimmten Anbaugebieten" und „Weinbaugebieten".

1.1 Geschmacksrichtungen

Trocken: Der Restzuckergehalt beträgt höchstens 4 Gramm pro Liter oder höchstens 9 Gramm pro Liter, wenn der Gesamtsäuregehalt (ausgedrückt in Gramm/Liter Weinsäure) höchstens 2 Gramm pro Liter niedriger ist als der Restzuckergehalt.
Halbtrocken: Der Restzuckergehalt beträgt höchstens 12 Gramm pro Liter oder höchstens 18 Gramm pro Liter, wenn der Gesamtsäuregehalt (ausgedrückt in Gramm/Liter Weinsäure) höchstens 10 Gramm pro Liter niedriger ist als der Restzuckergehalt.
Lieblich: Der Restzuckergehalt beträgt höchstens 45 Gramm pro Liter, übersteigt aber die Werte von halbtrockenen Weinen.
Süß: Die Angabe süß ist ab 45 Gramm Restzuckergehalt pro Liter zulässig.

Die Bezeichnungen entsprechen den EU-Regeln. Sie sind seit dem Jahr 2000 für alle EU-Länder verbindlich.

1.2 Weintypen

Liebfrau(en)milch: Lieblicher Qualitätswein aus den Rebsorten Riesling, Rivaner (Müller-Thurgau), Silvaner oder Kerner ohne Sortenangabe. Liebfrau(en)milch wird in den Weinbaugebieten Rheinhessen, Pfalz und Nahe erzeugt.
Moseltaler: Qualitätswein aus den Rebsorten Riesling, Rivaner (Müller-Thurgau), Elbling oder Kerner ohne Sortenangabe.
Riesling-Hochgewächse: Rieslingweine aus allen deutschen Anbaugebieten, deren Mostgewicht um mindestens 7° Öchsle über den vorgeschriebenen Mindestwerten liegt.
Rotling: Blass- bis hellrote Qualitätsweine aus blauen und weißen Trauben oder ihrer Maische, die gemeinsam gekeltert werden; z.B. Badisch Rotgold.
Weißherbst: Roséwein, der mindestens den Anforderungen eines Qualitätsweines b. A. oder Q. m. P. entspricht und aus Trauben einer bestimmten Rebsorte gewonnen wird.

1.3 Weinbezeichnungen

Großes Gewächs: Verbandsinterne Bezeichnung für Spitzenweine des Verbandes der Deutschen Prädikatsweingüter (VDP). Bestimmungen wie Erstes Gewächs (siehe Rheingau), jedoch gesetzlich nicht abgesichert. Geschmack: von trocken bis süß.
Klassifizierte Lage: VDP-interne Bezeichnung, die weinrechtlich nicht erfasst ist. Rebsorten und Lagen sind regional festgelegt.
Classic: Für Weine verschiedenster Rebsorten, herb-fruchtig, bis 15 Gramm Restzucker.
Goldkapsel: betriebsinterner Hinweis auf besondere Qualität, meist edelsüße Weine.
Barriquegereift: im kleinen Eichenfass ausgebaut, wie lange ist gesetzlich nicht geregelt.

2 Weinauszeichnungen

Deutsches Weinsiegel

Es wird von der DLG (Deutschen Landwirtschaftsgesellschaft) für Weine besonderer Qualität verliehen und stellt daher eine zusätzliche Qualitätsinformation dar. Das Weinsiegel gibt es je nach Geschmacksrichtung in drei verschiedenen Farben:
Gelb für trockene Weine, Grün für halbtrockene Weine, Rot für alle anderen Weine.

Prämierungsstreifen

Oft tragen Weinflaschen am Flaschenhals streifenförmige Zusatzetiketten in Gold, Silber oder Bronze.

3 Rebsorten

Trollinger = andere Bezeichnung für Vernatsch (Südtirol).

Die wichtigsten Rebsorten für die **Weißweinerzeugung** sind:
Rivaner (Müller-Thurgau), Riesling, Silvaner, Traminer, Elbling, Gutedel, Gelber Muskateller, Kerner, Scheurebe, Bacchus, Ruländer und Weißburgunder.

Die wichtigsten Rebsorten für die **Rotweinerzeugung** sind:
Blauer Spätburgunder, Blauer Portugieser, Blauer Trollinger, Schwarzriesling (Müllerrebe), Limberger und Dornfelder.

Limberger = auch Lemberger; andere Bezeichnung für die Sorte Blaufränkisch.

4 Weinbaugebiete in Deutschland

Die deutschen Weinreben wachsen sehr hoch im Norden des Landes. Fast alle Weinbaugebiete liegen in den großen Flusstälern. Die Ausrichtung und die Neigung der Weinberglagen sind daher besonders wichtig.

Zu den ursprünglich elf bestimmten Anbaugebieten sind nach der Wiedervereinigung zwei weitere Gebiete dazugekommen: Saale-Unstrut und Sachsen. Seit 2004 gibt es noch ein weiteres Tafelweinbaugebiet, nämlich das Stargarder Land. Ein Anbaugebiet setzt sich aus mehreren Bereichen zusammen, ein Bereich aus mehreren Großlagen, eine Großlage wiederum aus verschiedenen Einzellagen.

4.1 Mittelrhein

Es ist das nördlichste Weinbaugebiet am Rhein. Bis auf einige sehr gute Lagen werden hier vor allem Konsumweine produziert.

Rebsorten
Riesling (75 %), Rivaner (Müller-Thurgau), Silvaner, Kerner, Spätburgunder

Weinbauorte
Bacharach, Kaub, St. Goar

Bekannte Weine
Bacharacher Hahn, Kauber Backofen, Schloss Fürstenberg, Bopparder Hamm

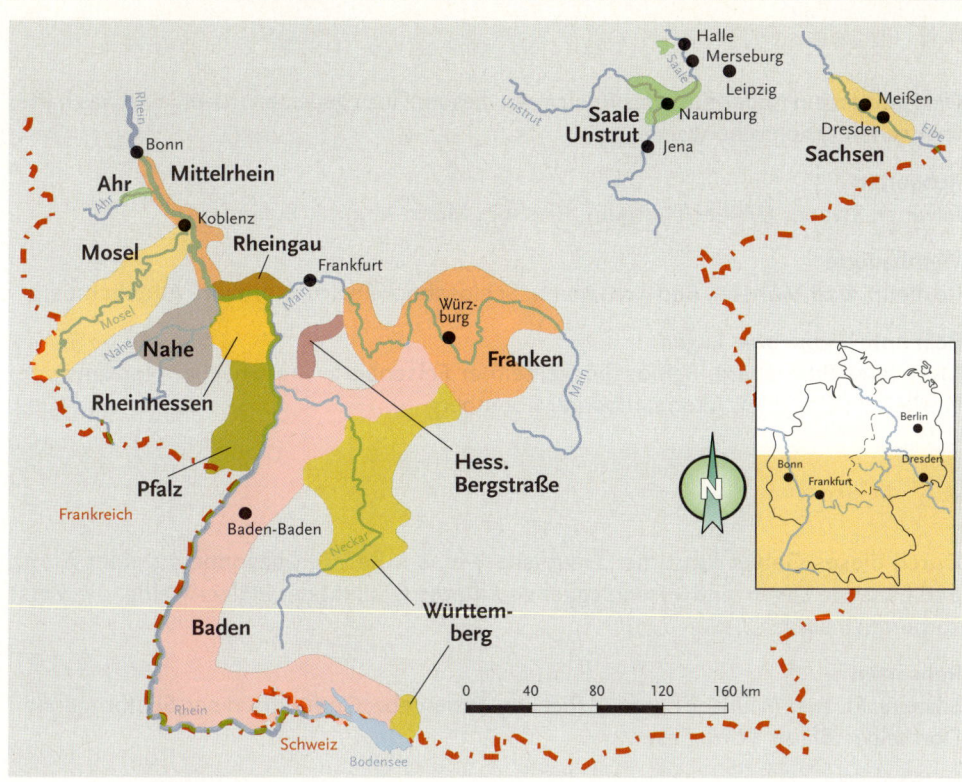

4.2 Rheingau

Der Rheingau ist Deutschlands berühmtestes Weinbaugebiet. International gesehen genießt es seit vielen Jahren durch die Erzeugung bester Rieslingqualitäten höchste Anerkennung. Die Güte hängt vor allem von den hohen Durchschnittstemperaturen und der starken Sonnenbestrahlung ab. Die Weine sind goldfarbig, bukettreich und fruchtig.

Rebsorten
Riesling (80 %), Rivaner (Müller-Thurgau), Silvaner, Kerner, Ruländer, Traminer, Spätburgunder

Weinbauorte
Assmannshausen (Rotweine), Rüdesheim, Johannisberg, Hallgarten, Hochheim, Eltville, Geysenheim

Bekannte Lagen bzw. Weine
Schloss Vollrads, Rüdesheimer Magdalenskreuz, Rüdesheimer Berg Schlossberg, Hochheimer Hölle, Hochheimer Domdechaney, Assmannshäuser Höllenberg, Königin-Victoria-Berg, Johannisberger Hölle, Schloss Johannisberg

4.3 Rheinhessen

Dieses Weinbaugebiet ist flächenmäßig das größte deutsche Weinbaugebiet. Das fruchtbare Hügelland weist hervorragende Weinlagen auf und bringt sowohl Konsumweine als auch beste Qualitäts- und Prädikatsweine hervor.

Rebsorten
Hauptsächlich Rivaner (Müller-Thurgau) und Silvaner, weiters Scheurebe, Riesling, Bacchus, Morio-Muskat, Weißburgunder, Traminer, Blauer Portugieser, Spätburgunder und Dornfelder

Weinbauorte
Worms, Mettenheim, Alsheim, Oppenheim, Nierstein, Bodenheim, Mainz, Ingelheim, Bingen

Bekannte Lagen bzw. Weine
Liebfrauenmilch, Niersteiner Pettenthal, Niersteiner Ölberg, Niersteiner Rosenberg, Bodenheimer Burgweg, Oppenheimer Herrenberg, Oppenheimer Krötenbrunnen

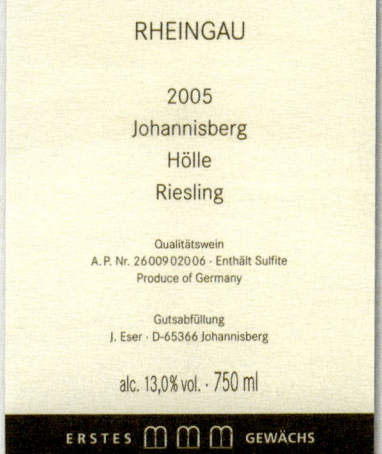

Weinbezeichnungen im Rheingau

Erstes Gewächs: Bezeichnung für Riesling und Spätburgunder aus Spitzenlagen. Das Mostgewicht muss Spätlesequalität haben, eine Anreicherung ist möglich.

Charta-Wein: Begriff für trocken-herben Rheingauer Riesling.

Rheinhessen wird nach wie vor stark mit dem Exportschlager Liebfrauenmilch in Verbindung gebracht, obwohl die Nachfrage immer weiter zurückgeht.

DC Pfalz (Districtus Pfalz)
Ein Gütesiegel für regions-
typische Weine wie Riesling und
Spätburgunder (mind. 75° Öchsle).

4.4 Nahe

Die Nahe ist ein Nebenfluss des Rheins. An diesem Fluss gedeihen fruchtige, etwas harte, aber sehr harmonische Weine.

Rebsorten
Silvaner, Rivaner (Müller-Thurgau), Riesling, Morio-Muskat, Ruländer

Weinbauorte
Roxheim, Bad Münster, Bad Kreuznach, Schlossböckelheim, Norheim, Altenbamberg

Bekannte Weine bzw. Lagen
Münsterer Pittersberg, Schlossböckelheimer Felsenberg, Kreuznacher Narrenkappe, Norheimer Dellchen, Altenbamberger Rotenberg

4.5 Pfalz

Durch dieses Gebiet führt die „Deutsche Weinstraße". Ein besonders mildes Klima und günstige Lagen sind ausschlaggebend für die Qualität der Pfälzer Weine, die meist körperreich sind.

Rebsorten
Silvaner, Rivaner (Müller-Thurgau), Riesling, Scheurebe, Gewürztraminer, Spätburgunder, Dornfelder, Blauer Portugieser

Weinbauorte
Bad Dürkheim, Forst, Deidesheim, Neustadt, Speyer

Bekannte Weine bzw. Lagen
Dürkheimer Feuerberg, Forster Jesuitengarten, Forster Kirchenstück, Forster Ungeheuer, Deidesheimer Kieselberg, Deidesheimer Grainhübel

4.6 Ahr

Das Gebiet der Ahr, eines Nebenflusses des Rheins, ist ein steil abfallendes Felstal mit schwer zu bearbeitenden Weingärten. Es ist das größte geschlossene Rotweingebiet Deutschlands. Zwei Drittel des Anbaugebietes sind mit Spätburgunder-Reben bepflanzt.

Rebsorten
Blauer Spätburgunder, Blauer Portugieser, Dornfelder, Riesling, Rivaner (Müller-Thurgau)

Weinbauorte
Kreuzberg, Neuenahr, Ahrweil, Walporzheim

Bekannte Weine bzw. Lagen
Walporzheimer Gärkammer, Ahrweiler Rosenberg, Recher Herrenberg

4.7 Mosel

Durch die starken Windungen des Moseltales entstehen Kessel, die Treibhäusern gleich-
kommen und daher ideale Gebiete für den Weinbau darstellen. Der Moselwein ist ein frischer, würziger und harmonischer Wein.
Auch die Täler der beiden Nebenflüsse Saar und Ruwer lassen hochwertige Weine entstehen. Sie weisen eine lebhafte, fruchtige Säure auf und werden gerne von Schaum-
weinherstellern gekauft. Bis 2009 darf die Bezeichnung Mosel-Saar-Ruwer verwendet werden.

Rebsorten
Riesling, Rivaner (Müller-Thurgau), Elbling, Kerner, Bacchus

Weinbauorte
An der Mosel: Cochem, Zell, Traben-Trarbach, Ürzig, Zeltlingen, Bernkastel-Kues, Piesport, Trittenheim, Trier
An der Saar: Kanzem, Wiltingen
An der Ruwer: Kasel

Erste Lage: gesetzlich offizielle
Bezeichnung. Die Winzer bestimmen aus Erfahrung selbst, welche
Fluren sie als Erste Lage aus-
zeichnen.

Bekannte Weine bzw. Lagen
Moselweine: Trittenheimer Apotheke, Piesporter Domherr, Bernkasteler Doctor, Bernkasteler Backstube, Wehlener Sonnenuhr, Ürziger Würzgarten
Saarweine: Scharzhofberg (Wiltingen), Kanzemer Altenberg, Wiltinger Braune Kupp
Ruwerweine: Eitelsbacher Karthäuserhofberg, Kaseler Nies'chen

4.8 Baden

Das badische Anbaugebiet gehört heute zu den angesehensten Weinbaugebieten Deutschlands mit vielen prämierten Weinen. Die Weine sind gehaltvoll, meist trocken bei relativ wenig Säure.

Rebsorten
Rivaner (Müller-Thurgau), Ruländer, Gutedel, Riesling, Blauer Spätburgunder, Gewürztraminer

Weinbauorte
Freiburg, Baden-Baden, Meersburg, Breisach, Heidelberg, Durbach

Bekannte Weine bzw. Lagen
Meersburger Weißherbst, Burkheimer Feuerberg, Durbacher Plauelrain, Neuweirer Schlossberg, Durbacher Schlossberg, Badisch Rotgold

Badisch Rotgold = ein Rotling, der aus mindestens 51 Prozent Ruländermaische sowie Spätburgunder hergestellt wird.

4.9 Württemberg

Das schwäbische Weinbaugebiet am Neckar und an seinen Seitenarmen ist stark aufgesplittert. 60 Prozent der Anbaufläche sind mit Rotweinsorten bestockt. Das Zentrum ist Heilbronn. Eine Spezialität sind die Schillerweine.

Schillerweine = Q.-b.-A.-Rosé-weine aus roten und weißen Trauben, die ausschließlich aus Württemberg stammen dürfen.

Rebsorten
Trollinger, Lemberger, Riesling, Silvaner, Rivaner (Müller-Thurgau), Ruländer, Schwarzriesling, Blauer Portugieser

Weinbauorte
Heilbronn, Uhlbach, Salzberg

Bekannte Weine bzw. Lagen
Heilbronner Wartberg, Stuttgarter Mönchshalde, Untertürkheimer Herzogenberg

? Blättern Sie nach: Was bedeutet Weißherbst?

4.10 Hessische Bergstraße

In diesem sehr kleinen Weinbaugebiet wachsen frische, rassige Weißweine, die nur lokale Bedeutung haben.

Rebsorten
Riesling, Rivaner (Müller-Thurgau), Silvaner, Ruländer, Traminer

Weinbauorte
Heppenheim, Bensheim

Bekannte Weine bzw. Lagen
Heppenheimer Stemmler, Heppenheimer Centgericht, Bensheimer Kalkgasse

4.11 Franken

Rund 90 Prozent der Anbaufläche sind hier mit Weißweinsorten bepflanzt. Die Weine sind rassig, fruchtig und kernig. Bekannt ist die ungewöhnliche Flaschenform der Frankenweine, die Bocksbeutel genannt wird.

Bocksbeutel

Rebsorten
Rivaner (Müller-Thurgau), Silvaner, Bacchus, Kerner, Scheurebe, Riesling

Weinbauorte
Castell, Iphofen, Würzburg, Escherndorf

Bekannte Weine bzw. Lagen
Würzburger Pfaffenberg, Würzburger Stein, Würzburger Steinweine, Casteller Schlossberg, Würzburger Leisten, Escherndorfer Lump, Bürgstädter Centgrafenberg, Iphöfer Julius-Echter-Berg

Häufig wird Steinwein bzw. Stein als Synonym für Frankenweine verwendet. Es bezieht sich auf eine Lage, die in der Stadt Würzburg einen Hang bedeckt, der zum Main hinabreicht.

4.12 Saale-Unstrut

Der Name des Anbaugebietes leitet sich von den beiden Flüssen Saale und Unstrut ab. Diese beiden Flusstäler gewähren den weit im Nordosten Deutschlands liegenden Weinbergen Schutz. Die Weine sind reintönig, mild und mit geringer Säure. Jung getrunken, schmecken sie am besten.

Rebsorten
Hauptsächlich weiße Sorten wie Rivaner (Müller-Thurgau), Silvaner, Bacchus, Kerner und Gutedel sowie der rote Spätburgunder. Blauer Portugieser und Dornfelder sind nur vereinzelt anzutreffen.

Weinbauorte
Bad Kösen, Naumburg, Weißenfels, Vitzenburg, Freyburg, Höhnstedt am Süßen See

Freyburg = hier befindet sich die Rotkäppchen-Sektkellerei, die jährlich rund 92 Mio. Flaschen Qualitätsschaumwein erzeugt. Die Produktion begann im Jahre 1894. Der Sekt mit dem Namen Rotkäppchen ist nach dem roten Flaschenverschluss benannt.

Bekannte Weine bzw. Lagen
Pfortener Köppelberg, Naumburger Paradies, Freyburger Herrenberg

4.13 Sachsen

Das Gebiet besteht aus Weinbergen, die im Elbtal um die Städte Dresden und Meißen verstreut liegen. Die Elbweine (auch Meißner Weine genannt) sind trocken mit fruchtiger Säure und sortentypischem Bukett.

Rebsorten
Rivaner (Müller-Thurgau), Weißburgunder, Traminer, Gutedel, Riesling, Blauer Portugieser und Spätburgunder

Weinbauorte
Pirna, Pillnitz, Radebeul, Meißen, Seußlitz-Diesbar, Großenhain

Bekannte Weine bzw. Lagen
Pillnitzer Königlicher Wein, Schloss Proschwitz

4.14 Stargarder Land

Das Tafelweinbaugebiet in Mecklenburg-Vorpommern umfasst auf rund 3,7 Hektar Lagen um Schloss Rattey und Burg Stargard. Ab dem Jahrgang 2005 ist der Mecklenburger Landwein erhältlich. Die jährliche Gesamtproduktion liegt bei 12.000 Litern.

(?) Fragen und Arbeitsaufgaben

1. Nennen Sie die deutschen Weingüteklassen. Welche gesetzlichen Anforderungen müssen die Weine erfüllen?

2. Was ist ein Rotling und unter welchem Namen wird er in Baden hergestellt?

3. Erklären Sie die Weintypen Liebfrau(en)milch und Riesling-Hoch-gewächs.

4. Was ist unter Schillerwein zu verstehen? Wo wird er erzeugt?

5. Welche Weinauszeichnungen gibt es in Deutschland?

6. Nennen Sie vier weiße und vier rote Rebsorten, die typisch für den Weinanbau in Deutschland sind.

7. Wie viele bestimmte Anbaugebiete gibt es in Deutschland? Zählen Sie sie auf. Beschreiben Sie zwei näher.

ZUSAMMENFASSUNG

Weingüteklassen

Auch das Deutsche Weingesetz klassifiziert den Wein nach dem Zuckergehalt des Mostes. Das Mostgewicht wird mit der Öchsle-Mostwaage gemessen. Die zulässigen Geschmacksrichtungen sind trocken, halbtrocken, lieblich und süß.

Deutsche Tafelweine (mindestens 44 °Oe) – **Landweine** (nur trocken oder halbtrocken) – **Qualitätsweine bestimmter Anbaugebiete (Q.-b.-A.-Weine,** 50–72 °Oe, aus einem der bestimmten Anbaugebiete, amtliche Prüfnummer) – **Prädikatsweine** (müssen die Voraussetzungen der Q.-b.-A.-Weine erfüllen, mindestens 73 °Oe, Prädikatsnummer; Kabinett, Spätlese, Auslese, Beerenauslese, Trockenbeerenauslese, Eiswein)

Weintypen

Liebfrau(en)milch: Lieblicher Qualitätswein aus verschiedenen Rebsorten, jedoch ohne Sortenangabe; aus Rheinhessen, Pfalz und Nahe.
Moseltaler: Qualitätswein aus verschiedenen Rebsorten, ohne Sortenangabe.
Riesling-Hochgewächse: Rieslingweine, deren Mostgewicht um mindestens 7 °Öchsle über den vorgeschriebenen Mindestwerten liegt.
Rotling: Blass- bis hellrote Qualitätsweine aus roten und weißen Trauben oder ihrer Maische, die gemeinsam gekeltert werden.
Weißherbst: Roséwein, der mindestens den Forderungen eines Q. b. A. oder Q. m. P. entspricht und aus Trauben einer bestimmten Rebsorte gewonnen wird.

Weinbezeichnungen

Großes Gewächs: Verbandsinterne Bezeichnung für Spitzenweine des Verbandes der Deutschen Prädikatsweingüter (VDP).
Klassifizierte Lage: Rebsorten und Lagen sind regional festgelegt.
Classic: Herb-fruchtige Weine, bis 15 Gramm Restzucker
Goldkapsel: Meist edelsüße Weine
Barriquegereift: im kleinen Eichenfass ausgebaut.

Weinauszeichnungen

Weine besonderer Qualität können das Deutsche Weinsiegel erhalten. Bei Prämierungen werden darüber hinaus verschiedene Prämierungsstreifen vergeben.

Rebsorten

Die wichtigsten Rebsorten für die **Weißweinerzeugung** sind Rivaner (Müller-Thurgau), Riesling, Silvaner, Traminer, Elbling, Gutedel, Gelber Muskateller, Kerner, Scheurebe, Bacchus, Ruländer und Weißburgunder.
Die wichtigsten Rebsorten für die **Rotweinerzeugung** sind Blauer Spätburgunder, Blauer Portugieser, Blauer Trollinger, Schwarzriesling (Müllerrebe), Limberger und Dornfelder.

Weinbaugebiete in Deutschland

Zu den ursprünglich elf bestimmten Anbaugebieten sind nach der Wiedervereinigung zwei weitere Gebiete dazugekommen: Saale-Unstrut und Sachsen sowie zuletzt als 14. Gebiet das Stargarder Land. Ein Anbaugebiet setzt sich aus mehreren Bereichen zusammen, ein Bereich aus mehreren Großlagen, eine Großlage wiederum aus verschiedenen Einzellagen.
Die deutschen Weinreben wachsen sehr hoch im Norden des Landes. Fast alle Weinbaugebiete liegen in den großen Flusstälern. Die Ausrichtung und Neigung der Weinberglagen ist daher besonders wichtig.
Die Weinbaugebiete sind: Mittelrhein – Rheingau (durch beste Rieslingqualitäten international bekannt) – Rheinhessen (bekannt durch die Liebfrauenmilch) – Nahe – Pfalz (besonders mildes Klima begünstigt die Qualität) – Ahr – Mosel (günstige Weinbaubedingungen an den Talhängen der drei Flüsse Mosel, Saar und Ruwer) – Baden (viele prämierte Weine, Spezialität ist der Badisch Rotgold) – Württemberg (Spezialität ist der Schillerwein) – Hessische Bergstraße – Franken (rund 90 % Weißweine; typisch ist die Flaschenform Bocksbeutel) – Saale-Unstrut – Sachsen – Stargarder Land.

Weinbau in Frankreich

Das INAO (Institut National des Appellations d'Origine), das bereits im Jahre 1935 gegründet wurde, kontrolliert die Bestimmungen, die für die Weingüteklassen bindend sind. Bei der Gesetzgebung für Europa hat die Europäische Union das französische A.-O.-C.-System als Muster herangezogen.

Die französische Weinerzeugung weist eine große Vielfalt und eine lange Tradition auf, in der einige bestimmte Anbaugebiete mit ihren Spitzenprodukten herausragen. Es sind dies Bordeaux, Burgund, Loire, Rhône, Champagne und Elsass. Sie sind weltweit als Richtschnur für oberste Qualität anerkannt und gelten als Vorbild für viele Weinproduzenten auf der ganzen Welt. Auf einer Fläche von etwa 1 Mio. Hektar werden jährlich rund 55 Millionen Hektoliter Wein erzeugt.

 Unsere Ziele

Nach Bearbeitung dieses Kapitels werden Sie

- die Weingüteklassen in Frankreich nennen können,
- die französischen Weinbauregionen und ihre Gebiete bezeichnen können,
- die Charakteristik der Weine aus den genannten Gebieten erklären können,
- bekannte Weine den einzelnen Gebieten zuordnen können.

1 Weingüteklassen in Frankreich

Die Qualität der französischen Weine wird nach der Herkunft bestimmt (im Gegensatz zu Österreich und Deutschland, wo die Qualität nach dem Zuckergehalt im Most bestimmt wird). Landesweit gibt es in Frankreich vier Güteklassen.

Vins de table (Tafel- oder Tischweine)	■ einfache Weine ■ keine innerfranzösische Herkunftsbezeichnung (Hinweis „Frankreich" als Produktionsland genügt)
Vins de pays (Landweine)	■ Herkunftsregion (Departement oder Produktionszone) auf der Etikette angegeben ■ ab dem Jahrgang 2007 dürfen Landweine aus verschiedenen Regionen verschnitten werden (Vignobles de France)
V.-D.-Q.-S.-Weine Vins Délimités de Qualité Supérieure)	■ Weine „höherer Qualität aus begrenzten Anbaugebieten", jedoch eine Stufe unter den A.-C.-Weinen ■ sie werden seit einigen Jahren in die Gruppe der A.-O.-C.-Weine eingefügt, sodass es diese Klasse in absehbarer Zeit nicht mehr geben wird
A.-C.- oder A.-O.-C.-Weine (Appellation d'Origine Contrôlée – Qualitätsweine)	■ Weine höchster Kategorie mit strengen Herkunfts- und Produktionsbestimmungen ■ Anbau nur derjenigen Rebsorten, die ausdrücklich für den jeweiligen A.-O.-C.-Wein zugelassen sind ■ Begrenzung der Erträge pro Hektar Rebfläche ■ Mindestalkoholgehalt ■ Qualitätskontrolle ■ genaue Abgrenzung der Anbaufläche; das „O" von A.-O.-C.-Weinen wird durch die Region, ein Gebiet, eine Gemeinde oder eine Einzellage ersetzt (zB Appellation Pauillac Contrôlée).

Die Einführung einer Appellation d'Origine Controlée d'Excellence nach Vorbild der italienischen D.-O.-C.-G.-Weine wird diskutiert.

2 Weinbauregionen und -gebiete in Frankreich

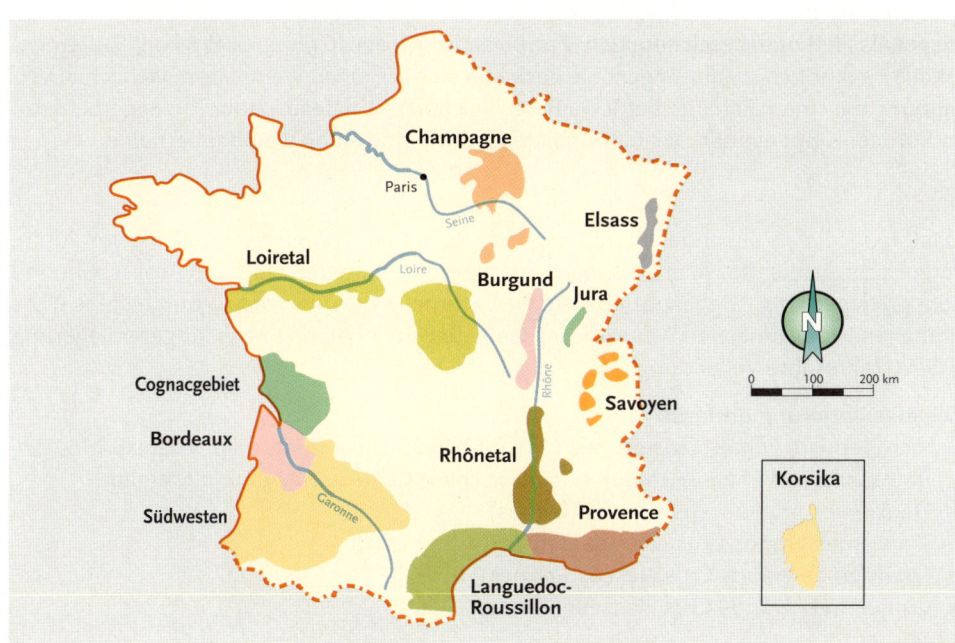

Die meisten A.-O.-C.-Weine kommen aus den Regionen Bordeaux, Burgund, Côtes du Rhône, Elsass und Champagne.

2.1 Bordeaux (Bordelais)

Die kleineren Gebiete Cérons, Fronsac, Bourg und Blaye sind nicht näher beschrieben.

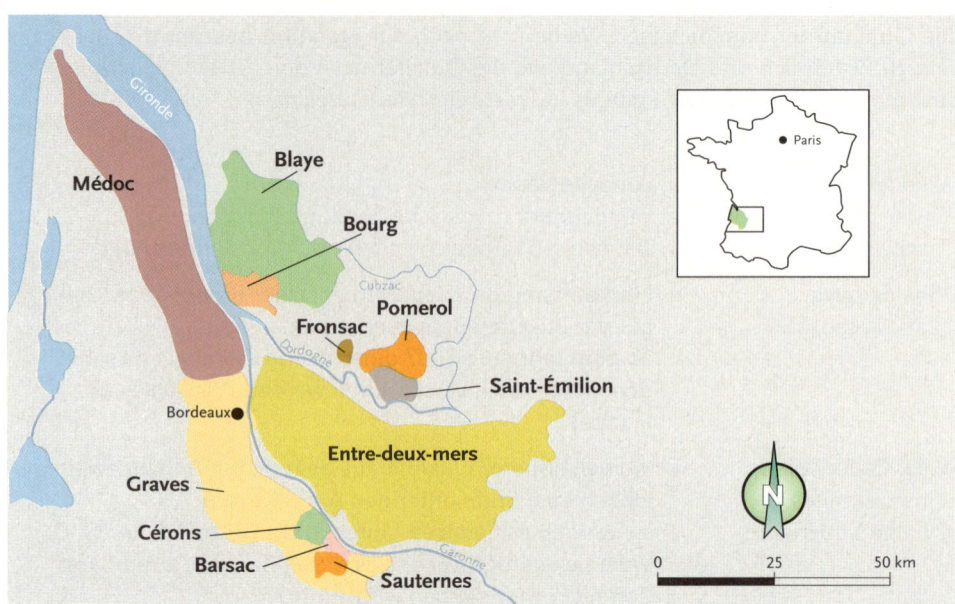

Das Bordelais ist das größte Qualitätsweinanbaugebiet der Welt (zirka 119.000 ha). Im Gegensatz zu anderen Gebieten besteht hier ein Wein zumeist aus drei oder vier verschiedenen Rebsorten, die zu Cuvées verschnitten werden.

Der traditionelle Ausbau und die Reife im kleinen Holzfass (Barrique) prägen den Charakter der Rotweine. Sie können je nach Herkunftsort und Jahrgang fruchtig-herb bis vollmundig, leicht bis sehr gehaltvoll, rund bis elegant und finessenreich sein. Weißweine sind meist trocken, von zartem Duft und mittlerem Gehalt. Süße Weißweine verfügen über ein ausdrucksvolles und doch feines Bukett, einen nachhaltigen, fruchtig-edelsüßen bis likörartigen Geschmack mit langem Nachklang.

Sowohl die körperreichen und feinen Rotweine als auch die süßen Weißweine lassen sich gut lagern, wobei sie sich qualitativ noch verbessern.

Die **Hauptrebsorten** sind Sémillon, Sauvignon blanc und Muscadelle (Weißweinreben) sowie Cabernet Sauvignon, Cabernet Franc, Merlot und Malbec (Rotweinreben).

Allgemeine Klassifizierung der Bordeauxweine

Die Weinbauregion Bordeaux hat eine Weinklassifizierung, die auf das Jahr 1855 zurückgeht. Heute hat fast jedes Weinbaugebiet Bordeaux' eine eigene Klassifizierung. Grundsätzlich wird sie in drei Stufen vorgenommen:

Allgemeine Herkunftsbezeichnung: Bordeaux A. C., Bordeaux Supérieur A. C. (höherer Alkoholgehalt).

Regionale Herkunftsbezeichnungen: Zum Beispiel Médoc, Graves, St-Émilion, Sauternes. Lokale Herkunftsbezeichnungen: Sie beziehen sich auf einen Weinbauort, vielfach in Verbindung mit einem Erzeugerbetrieb, zB Pauillac (Ort) – Château Latour (Erzeugerbetrieb). In Bordeaux gibt es mehr als 6.000 Châteaus im Sinne eines Weinbaubetriebes.

Ein Grand Vin ist die Hauptmarke eines Châteaus in Bordeaux. Seit einigen Jahren gibt es die Praxis, dass viele der Spitzen-Châteaus neben ihrem Grand Vin einen preiswerten Zweitwein, manchmal sogar einen Drittwein auf den Markt bringen.

Médoc

Das Médoc liefert besonders herausragende Rotweine – tanninreiche Weine von rubinroter Farbe, großer Rasse und Feinheit und einem besonderen Duft und Aroma. Sie sind sehr gut lagerfähig. Die Hauptrebsorte ist Cabernet Sauvignon die zu mindestens 60 % enthalten ist. Die meisten Weine dieses Gebietes erreichen erst nach längerer Lagerung (15–20 Jahre) ihre Vollendung.

Auf den Etiketten ist mit Ausnahme der ersten Stufe (1er Grand Cru classé) immer nur „Grand Cru classé" vermerkt.

Die Klassifizierung umfasst:

- Vier Premiers grands Crus classés (1ers): Château Lafite-Rothschild, Château Mouton-Rothschild und Château Latour in Pauillac sowie Château Margaux in Margaux
- Deuxièmes grands Crus classés (2émes)
- Troisièmes grands Crus classés (3èmes)
- Quatrièmes grands Crus classés (4èmes)
- Cinquièmes grands Crus classés (5èmes)

Premiers grands Crus classés = am höchsten bewertete erste Gewächse.

Daneben gibt es noch die Klassifizierung „Crus bourgeois", „Crus bourgeois supérieurs" und „Crus bourgeois exceptionnels". Viele dieser Weine übertreffen in ihrer Qualität einige der so genannten klassifizierten Gewächse.

Graves

Die Rotweine aus dem nördlichen Teil sind in ihrem Charakter mit denen des Médoc zu vergleichen. Die Weißweine sind zumeist trocken, aber auch lieblich-süß.

Die Klassifizierung umfasst:
- Einen Premier grand Cru classé: Château Haut Brion in Pessac
- Grands Crus classés rouge: zB Château Olivier in Léognan, Château Pape-Clément in Pessac
- Grands Crus classés blancs: zB Château Bouscaut in Cadaujac

Sauternes und Barsac

Diese Gegenden zählen zu den besten Weißweingebieten der Welt.
Die Trauben werden meist erst dann gelesen, wenn sie Edelfäule aufweisen. Die Weine sind durch den hohen Zuckergehalt likörartig süß und mild.

Die Klassifizierung umfasst:
- Einen Premier grand Cru classé: Château d'Yquem (in Sauternes)
- Premiers Crus classés: zB Château La Tour-Blanche (in Bommes), Château Guiraud (in Sauternes)
- Deuxièmes Crus classés

Entre-deux-mers

Im Gebiet Entre-deux-mers werden in erster Linie gute Weißweine und eine geringe Menge Rotweine mittlerer Güte produziert. Die Weißweine sind sehr trocken, fruchtig und frisch.

Saint-Émilion

Aus diesem Gebiet kommen hauptsächlich Rotweine. Die Hauptrebsorte ist Cabernet Franc. Der Cabernet Sauvignon wird weniger angebaut. Durch ihren höheren Anteil an Merlot reifen die Weine meist schneller, sie sind voll, rund und weisen ein ausgeprägtes Bukett auf.

Die Klassifizierung umfasst:
- Premiers grands Crus classés „A": Château Ausone, Château Cheval Blanc
- Premiers grands Crus classés „B": zB Château Beauséjour, Château Belair, Clos Fourtet, Château Magdelaine, Château Pavie, Château Figeac
- Grands Crus classés
- Grands Crus

Alle anderen Weine werden unter „Appellation St-Émilion Contrôlée" vermarktet.

Pomerol

Die Pomerol-Weine haben einerseits das feine Bukett der Médoc-Weine und andererseits den Körper der St-Émilion-Weine. Sie sind sehr langlebig und zeigen eine aromatische Vielfalt und Finesse. Im Pomerolgebiet gibt es nur eine geringe Produktion – die Preise der Weine sind daher hoch. Die vorherrschende Rebsorte ist Merlot.
Es gibt keine offizielle Klassifizierung, aber Château Pétrus gilt in Pomerol als bester Wein und wird zu den besten Weinen von Bordeaux gezählt. Weitere bekannte Weine sind Château La Fleur-Pétrus, Château l'Evangile, Château Certan de May, Château Le Pin.

2.2 Südwesten (Sud-Ouest)

Südwesten ist die Bezeichnung einer Weinbauregion, die sich südlich an das Bordeaux-Gebiet anschließt und bis in die Pyrenäen reicht. Es ist kein in sich geschlossenes Weinbaugebiet, sondern es besteht aus einer Vielzahl verstreuter Anbaugebiete.

Die wichtigsten Weinbaugebiete bzw. Weine
Jurançon, Madiran, Pacherenc-du-Vic-Bilh, Bergerac, Monbazillac, Lot-et-Garonne, Buzet, Cahors, Gaillac, Gascogne

Entre-deux-mers = übersetzt bedeutet es „zwischen zwei Meeren", im übertragenen Sinn sind damit die zwei Flüsse Garonne und Dordogne gemeint.

Château in der A. C. Montagne-St.-Émilion-St.-Georges

Jurançon = der bekannte Weißwein hat ein reiches, einer Beerenauslese ähnliches Bukett und ein ganz seltenes Zimt-Nelken-Aroma.

Gascogne = die Weine dieses Gebietes werden zu Armagnac destilliert, der nachweislich älter als Cognac ist.

2.3 Languedoc-Roussillon (Midi)

Die aufstrebende Region im Südwesten des Landes hat sich in den letzten Jahren sehr viele Appellations contrôlées geschaffen. Ständige Verbesserungen beim Weinbau und bei der Vermarktung tragen zum rasanten Aufstieg der **Vins de pays d'Oc** bei. Unter dieser Bezeichnung werden alle Vins-de-pays-Qualitäten aus dem gesamten Midi zusammengefasst, die aus anderen als den für diese Region typischen Rebsorten gekeltert werden. Darüber hinaus stammen mehr als 60 Prozent der französischen Land- und Tafelweine aus Languedoc-Roussillon.

Klassifizierte Weine sind:

Clairette du Languedoc, St-Chinian (elegante Rotweine), Minervois, Corbières, Fitou (körperreiche, sehr hochwertige Rotweine), Crémant de Limoux (Schaumwein)

2.4 Provence

Diese Region erstreckt sich zwischen den Orten Arles und Nizza entlang der Côte d'Azur. Die Weißweine sind in der Regel trocken und säurearm, es fehlt ihnen eine gewisse Frische. Die Rotweine sind einfach, unkompliziert und kräftig. Die Roséweine machen den Großteil der Weinproduktion dieser Region aus. Sie sind angenehm frisch und kommen unter anderem unter der Bezeichnung „Côtes de Provence" auf den Markt. Bandol ist bekannt für Rotweine.

2.5 Rhonetal (Côtes du Rhône)

Diese Region erstreckt sich in einer Länge von fast 200 km von der Stadt Lyon im Norden bis zur alten päpstlichen Residenzstadt Avignon im Süden entlang der Rhône. 95 Prozent der Produktion entfallen auf Rotweine, der Rest auf Weiß- und Roséweine. Die Rebsorte Syrah dominiert. Im Norden sind die Rotweine gerbstoffbetont und langlebig. Im Süden werden die Weine zunehmend voller, stärker und kräftiger. Die typischen roten Rhône-Weine sind starke, alkoholreiche, tanninhaltige, langlebige Weine, die eine lange Flaschenlagerung brauchen. Sie haben einen adstringierenden Geschmack.

Klassifizierte Weine im Rhônetal:

Châteauneuf-du-Pape (bekanntester Wein des Rhonetales; wird aus bis zu 13 verschiedenen Rebsorten hergestellt), Tavel (bekanntester Roséwein Frankreichs), Côtes du Rhône Villages, Côte Rôtie, Condrieu, Hermitage, Crozes Hermitage, Cornas, Saint-Joseph

2.6 Burgund (Bourgogne)

adstringierend = zusammenziehend

Typisch für das Burgund ist die Vermarktung der Weine durch **Négociants.** Sie kaufen das Lesegut auf, verarbeiten es in ihren Kellern und verkaufen die Weine unter ihrem Namen. Bekannte Négociants sind zB Joseph Drouhin, Georges Dubœuf, Louis Jaboulet, Louis Latour.

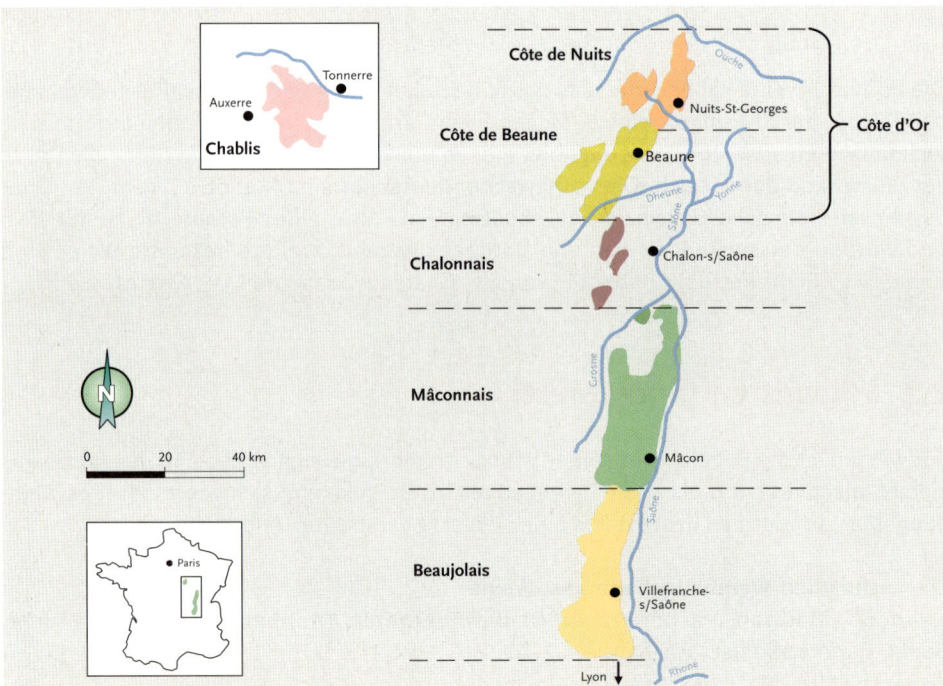

Diese Region besteht aus vielen einzelnen charakteristischen Weinbaugebieten. Im Norden mit Chablis beginnend, erstreckt sie sich bis nach Lyon (Beaujolais-Gebiet). Spricht man in Bordeaux von den eleganten Weinen, so ist der Burgunder ein herrlich kräftiger, edler Wein. Im Gegensatz zum übrigen Frankreich sind die Weine im Burgund meist reinsortig. Die Spitzenweine sind langlebig, sehr begehrt und gehören zu den teuersten Weinen der Welt. Die Rotweinerzeugung mit ca. 80 Prozent überwiegt deutlich. Die **Hauptrebsorten** sind Chardonnay und Aligoté (Weißweinreben) sowie Pinot noir und Gamay (Rotweinreben).

Die Klassifizierung umfasst:
- **Grands Crus:** höchste Qualitätsstufe, auf der Etikette steht nur die Lage, zB Le Chambertin, Musigny, Clos de Vougeot, La Romanée, Corton, Corton-Charlemagne
- **Premiers Crus:** zweite Qualitätsstufe, auf der Etikette scheint der Gemeindename mit der Lage auf, zB Appellation Gevrey-Chambertin-Varoilles Contrôlée oder Aloxe-Corton-Fournières contrôlée
- **Gemeindeweine** (Appellation communale): dritte Qualitätsstufe, auf der Etikette steht nur die Gemeinde, zB Aloxe-Corton, Fixin, Vougeot, Vosne-Romanée, Nuits-St-Georges, Gevrey-Chambertin, Puligny-Montrachet
- **Distriktsweine** (Appellation régionale): vierte Qualitätsstufe, zB Bourgogne Côtes de Nuits, Bourgogne Côtes de Beaune
- **Gebietsweine** (Appellation générique): niedrigste Qualitätsstufe, zB Bourgogne, Bourgogne Passe-tout-grains, Bourgogne Aligoté, Crémant de Bourgogne. Die Traubensorten sind vorgeschrieben.

> Steht auf der Etikette der Zusatz 1er Cru (zB Appellation Gevrey-Chambertin 1er Cru contrôlée), dann stammt der Wein aus mehreren Premier-Cru-Lagen einer Gemeinde.

> **Crémant** = schäumender Wein

Chablis

Ganz im Norden außerhalb des eigentlichen Burgund liegt das Weißweingebiet Chablis. Chabliswein wird ausschließlich aus Chardonnaytrauben hergestellt und ist einer der bekannteste Weißwein Frankreichs. Er ist leicht, trocken, sehr körperreich und gut lagerfähig. Die Vorzüge eines Chablis kommen erst nach längerer Lagerzeit zur Geltung.

Chablis hat eine eigene Weinklassifizierung:
- Grands Crus: die Lagenbezeichnungen sind Valmur, Vaudésir, Les Clos, Grenouilles, Les Preuses, Bougros und Blanchots
- Premiers Crus (ca. 30 %)
- Chablis (ca. 60 %)
- Petit Chablis

Bekannte Négociants: Paul Dorin, William Fèvre, Regnard & Fils, Laroche, Joseph Drouhin

Côte d'Or

Dieses Gebiet ist das Herzstück des Burgund, von hier kommen die berühmtesten Weine Frankreichs. Die Côte d'Or gliedert sich in die nördliche **Côte de Nuits** und die südliche **Côte de Beaune**. Es ist ein sehr aufgesplittetes Gebiet, in dem jeder Winzer nur ganz kleine Weinberge besitzt. Deshalb spielen hier die Négociants eine so große Rolle. Sie verschneiden die Weine zu einer immer gleich bleibenden Qualität.

Bekannte Rotweine der Côte de Nuits
Le Chambertin, Clos de Tart, Clos de la Roche, Bonnes Mares, Clos de Vougeot, Musigny, Romanée-Conti, Les Èchézeaux, Richebourg

Bekannte Weine der Côte de Beaune
Corton-Charlemange, Le Montrachet, Chevalier-Montrachet, Bâtard-Montrachet und Bienvenues-Bâtard-Montrachet (Weißweine) sowie Volnay und Pommard (Rotweine)

Clos de Vougeot

Chalonnais

Sie ist die südliche Fortsetzung der Côte d'Or. Hier werden sowohl vorzügliche Weißweine (um die Orte Rully und Montagny) als auch Rotweine (um Mercurey und Givry) gebaut. Die genannten Gemeinden sind A.-O.-C.-Gemeinden.

Mâconnais

Das Mâconnais schließt an die Chalonnais an. Es werden vorwiegend fruchtige und bukettreiche Weißweine produziert, wie Mâcon Villages (Weißwein aus 43 Gemeinden), Pouilly-Fuissé und St-Véran.

Wussten Sie, dass ...

Beaujolais leicht gekühlt serviert wird?

Zu diesen allgemeinen Appellationen gibt es zusätzlich Crus, die ihre Gemeinde- bzw. Gebietsbezeichnungen tragen dürfen. Die bekanntesten sind jene aus **Fleurie** und aus **Moulin a Vent**.

Die Loire ist mit ca. 1.000 km der längste Fluss Frankreichs. Die Loireschlösser sind Anziehungspunkte für Touristen.

Beaujolais

Hier wächst einer der am häufigsten konsumierten Weine der Welt. Er wird früh geerntet, reift rasch und kann bald getrunken werden. Der Beaujolais wird zum Großteil aus der Gamay-Traube erzeugt. Er ist ein leichter, frischer Rotwein.

- **Beaujolais:** Aus dem ganzen Gebiet.
- **Beaujolais-Villages:** Aus 39 ausgesuchten Gemeinden.
- **Beaujolais Primeur:** Ganz junger, frischer, leichter Rotwein, der bereits am dritten Donnerstag im November in den Handel kommt. Er ist leicht spritzig.
- **Beaujolais Nouveau:** Kommt immer am 15. Jänner in den Handel.

2.7 Elsass (Alsace)

Diese Region erstreckt sich zwischen Straßburg im Norden und der Ortschaft Thann im Süden entlang des Rheins. Fast die gesamte Produktion, nämlich 95 Prozent, entfällt auf Weißweine, die meist reinsortig ausgebaut werden.
Die **Hauptrebsorten** sind Pinot blanc, Traminer, Gewürztraminer, Riesling, Sylvaner, Tokay d'Alsace (Pinot gris) und Muscat (Weißweinreben) sowie Pinot noir (Rotweinrebe).

Eine Spezialität des Elsass ist der **Edelzwicker,** der aus mehreren elsässischen Rebsorten hergestellt wird.
In guten Jahren werden aus Riesling, Muscat und Gewürztraminer ausgezeichnete Spätlesen, so genannte Vendanges tardives oder Sélections des grains nobles (Auslesen von edelfaulen Beeren) produziert.
Auf den Etiketten der für das Elsass typischen schlanken Flaschenformen (Flûtes) sind neben der Appellation auch die Rebsorten angegeben.

2.8 Loiretal (Val de Loire)

Die Weine dieser Region differieren qualitativ sehr stark, da die Region sehr unterschiedliche geologische und klimatische Bedingungen aufweist. Ein typisches Merkmal der Loire-Weine ist aber ihre feine Fruchtigkeit. Die Weinbauregion gliedert sich in vier Anbauzonen:

- **Nantais:** Heimat und Hauptanbaugebiet der Muscadet-Rebe. Ein bekannter Wein heißt Muscadet de Sèvre et Maine.
- **Anjou-Saumur:** Weinspezialitäten sind sehr trockene, aber auch sehr süße Weißweine sowie hervorragende Roséweine.
- **Touraine.**
- **Zentralzone:** Der Name leitet sich von der Zentrumslage in Frankreich ab. Von hier kommen hervorragende trockene Weißweine aus der Rebsorte Sauvignon blanc wie der Pouilly-Fumé und der Sancerre.

Weitere Weinbauregionen

- Savoyen und Juragebiet (Savoie et Franche-Comté).
- Korsika (Corse).
- Champagnergebiet: Heimat des Champagners (siehe Seite 129 ff.).
- Cognacgebiet: Die Charente ist das gesetzlich geschützte Produktionsgebiet des Cognacs (siehe Seite 147 ff.).

? Fragen und Arbeitsaufgaben

1. Wie lauten die vier Weingüteklassen in Frankreich? Welche gesetzlichen Anforderungen müssen erfüllt werden?

2. Nennen Sie die französischen Weinbauregionen und ihre Gebiete.

3. Wie wird in der Region Bordeaux die Klassifizierung vorgenommen?

4. Was unterscheidet die Burgunderweine von den restlichen Weinen Frankreichs?

5. Welches Gebiet ist mit „Herzstück von Burgund" gemeint? Nennen Sie die zwei Distrikte und einige bekannte Weine.

6. Wie charakterisieren Sie die Weine aus folgenden Gebieten: Chablis, Médoc, Sauternes, Saint-Émilion, Rhonetal, Beaujolais?

7. Aus welchen Anbaugebieten stammen die folgenden Weine: Edelzwicker, Beaujolais, Château Pétrus, Chablis, Château d'Yquem, Château Haut Brion, Château Margaux?

ZUSAMMENFASSUNG

Weingüteklassen

Die Qualität der französischen Weine wird nach der Herkunft bestimmt.
Vins de table (Tafel- oder Tischweine) – **Vins de pays** (Landweine; Angabe der Herkunftsregion) – **V.-D.-Q.-S.-Weine** (Weine „höherer Qualität aus begrenzten Anbaugebieten"; wird aufgelassen) – **A.-C.- oder A.-O.-C.-Weine** (Qualitätsweine mit Herkunfts- und Produktionsbestimmungen; nur zugelassene Rebsorten, Ertragsbegrenzung, Mindestalkoholgehalt)

Weinbauregionen und Weinbaugebiete in Frankreich

Bordeaux

Größtes Qualitätsweinanbaugebiet der Welt, der Wein besteht zumeist aus drei oder vier verschiedenen Rebsorten, die zu Cuvées verschnitten werden. Der traditionelle Ausbau und die Reife im Barrique prägen den Charakter der Rotweine. Die Weißweine sind meist trocken. Die süßen Weißweine aus dem Sauternes haben einen fruchtig-edelsüßen bis likörartigen Geschmack.
Die Hauptrebsorten sind Sémillon, Sauvignon blanc und Muscadelle (Weißweinreben) sowie Cabernet Sauvignon, Cabernet Franc, Merlot und Malbec (Rotweinreben).
Die Weinbauregion Bordeaux hat eine Weinklassifizierung, die auf das Jahr 1855 zurückgeht und allgemeine, regionale und lokale Herkunftsbezeichnungen vorsieht.
Die Weinbaugebiete sind: Médoc (besonders herausragende Rotweine mit langer Lagerfähigkeit; die vier Premiers grands Crus classés sind Château Lafite-Rothschild, Château Mouton-Rothschild und Château Latour in Pauillac sowie Château Margaux in Margaux) – Graves (Rotweine des nördlichen Teiles entsprechen denen des Médoc; der Premier grand Cru classé heißt Château Haut Brion) – Sauternes und Barsac (zählen zu den besten Weißweingebieten der Welt; der edelsüße Premier grand Cru classé heißt Château d'Yquem) – Entredeux-mers (gute, sehr trockene Weißweine) – Saint-Émilion (die Merlot-Rotweine sind am leichtesten von allen Bordeaux' zu trinken) – Pomerol (die Weine haben einerseits das feine Bukett der Médoc-Weine und andererseits den Körper der St-Émilion-Weine; als bester Wein gilt Château Pétrus).

Südwesten

Schließt südlich an das Bordeaux-Gebiet an. Bekannt sind vor allem der Jurançon (Weißwein mit Zimt-Nelken-Aroma) und das Gebiet der Gascogne, in dem der Armagnac destilliert wird.

Languedoc-Roussillon

Die aufstrebende Region „Midi" im Südwesten des Landes hat sich in den letzten Jahren sehr viele Appellations contrôlées geschaffen. Der Vins de pays d'Oc ist ein Vins de pays, die aus anderen als den für diese Region typischen Rebsorten gekeltert wird. Bekannt sind vor allem Clairette du Languedoc, St-Chinian (elegante Rotweine), Fitou (körperreiche, sehr hochwertige Rotweine) und Crémant de Limoux (Schaumwein).

Provence

Entlang der Côte d'Azur. Bekannt sind vor allem die Roséweine, die unter der Bezeichnung „Côtes de Provence" auf den Markt kommen, und der Bandol (Rotwein).

Rhonetal

In der Region Côtes du Rhône entfallen 95 Prozent der Produktion auf Rotweine. Die Rebsorte Syrah dominiert. Bekannt sind vor allem der Châteauneuf-du-Pape (aus bis zu 13 verschiedenen Rebsorten) und der Tavel (bekanntester Roséwein Frankreichs).

Burgund

Diese Region besteht aus vielen einzelnen charakteristischen Weinbaugebieten. Der Burgunder (ca. 80 Prozent Rotwein) ist ein herrlich kräftiger, edler Wein, der meist reinsortig ausgebaut wird.

Die Spitzenweine sind langlebig, sehr begehrt und gehören zu den teuersten Weinen der Welt. Die Hauptrebsorten sind Pinot noir und Gamay für Rotweine sowie Chardonnay und Aligoté für Weißweine. Typisch für das Burgund ist die Vermarktung durch Négociants (Weinhändler).

Die Klassifizierung umfasst: Grands Crus (Lagenbezeichnung, zB Le Chambertin, Clos de Vougeot) – Premiers Crus (Gemeindename mit Lagenbezeichnung) – Gemeindeweine (Gemeindebezeichnung) – Distriktweine – Gebietsweine.

Die Weinbaugebiete sind: Chablis (trockener Weißwein aus Chardonnaytrauben, der gut lagerfähig ist; sehr bekannte Weißweine; eigene Klassifizierung in Grands Crus, Premiers Crus, Chablis und Petit Chablis) – Côte d'Or mit der nördlichen Côte de Nuits (bekannte Rotweine wie zB Romanée-Conti) und der südlichen Côte de Beaune (bekannte Weißweine wie zB Corton-Charlemange, Le Montrachet sowie Rotweine wie zB Pommard) – Chalonnais – Mâconnais – Beaujolais (bekannt für den leichten, frischen und spritzigen Rotwein aus der Gamaytraube).

Elsass

Entlang des Rheines zwischen Straßburg im Norden und der Ortschaft Thann im Süden. Fast die gesamte Produktion entfällt auf Weißweine, die meist reinsortig ausgebaut werden. Die Hauptrebsorten sind Pinot blanc, Traminer, Gewürztraminer, Riesling, Sylvaner, Tokay d'Alsace (Pinot gris) und Muscat (Weißweinreben) sowie Pinot noir (Rotweinrebe). Eine Spezialität ist der Edelzwicker, der aus mehreren elsässischen Rebsorten hergestellt wird.

Loiretal

Die Weine dieser Region differieren qualitativ sehr stark, da die Region sehr unterschiedliche geologische und klimatische Bedingungen aufweist. Ein typisches Merkmal der Loire-Weine ist ihre feine Fruchtigkeit.

Weitere Weinbauregionen sind **Savoyen** und das **Juragebiet, Korsika,** das **Champagnergebiet** und das **Cognacgebiet.**

Weinbau in Italien

Italien erzeugt etwa ein Fünftel der Weltweinproduktion. In allen 20 Regionen gibt es günstige Bedingungen für den Weinbau.

Unter den Wein herstellenden Ländern der Welt nimmt Italien neben Frankreich einen führenden Platz ein. Seit über 2.500 Jahren wird in Italien intensiver Weinbau betrieben. Die Gesamtanbaufläche beträgt heute rund 800.000 Hektar. Jährlich werden 50 Millionen Hektoliter Wein erzeugt.

Der Geschmack und die Qualität der italienischen Weine sind sehr unterschiedlich, bedingt durch die verschiedenen Klimazonen. Man findet trockene, herbe und süße Rot- und Weißweine sowie frische Roséweine. Italien erzeugt auch eine Reihe von Schaumweinen (Spumantes) und versetzten Weinen.

In den letzten 25 Jahren hat sich ein Wandel im italienischen Weinbau vollzogen. Die Qualitätsweinproduktion hat, ausgehend von der Toskana, die absolute Oberhand. Die Region Venetien mit den Weinen Soave und Valpolicella führt die D.-O.-C.-Produktion an. Im Piemont werden überproportional viele Spitzenweine erzeugt. Im Süden des Landes, zB in Kampanien, hat der Wandel etwas länger gedauert.

 Unsere Ziele

Nach Bearbeitung dieses Kapitels werden Sie

- die Weingüteklassen Italiens nennen können,
- über die landestypischen Rebsorten Auskunft geben können,
- die Weinbauregionen bzw. -gebiete Italiens beschreiben und ihre bekanntesten Weine nennen können.

1 Weingüteklassen

Das italienische Weingesetz legt vier Qualitätsklassen fest:	
Vini da tavola (Tafelweine)	■ keine Mengen- oder Qualitätskontrollen; der gute Ruf des Abfüllers oder Erzeugers bürgt für die Qualität des Weines ■ seit 1996 nur Angabe „rosso" oder „bianco" ohne jegliche Herkunfts-, Sorten- und Jahrgangsbezeichnung; davor waren einige der besten Weine, zB die „Super-Toskaner", in dieser Kategorie
Vini da tavola indicazione geografica typica (Tafelweine mit typischer geografischer Herkunft – I. G. T.)	■ zu 85 % aus einem durch Gesetz bestimmten Anbaugebiet ■ aus Trauben, die für das betreffende Gebiet zugelassen oder empfohlen sind ■ häufig benannt nach der Provinz oder Region
D.-O.-C.-Weine (Denominazione di origine controllata)	■ Qualitätsweine mit kontrollierter Ursprungsbezeichnung ■ genaue Abgrenzung des Anbaugebietes ■ Mindestalkoholgehalt, Qualitätsprüfung ■ vorgeschriebene Rebsorten, Weinbereitungsmethoden und Höchsterträge pro Hektar
D.-O.-C.-G.-Weine (Denominazione di origine controllata e garantita)	■ höchste Qualitätsstufe; Qualitätsweine mit kontrollierter und garantierter Ursprungsbezeichnung ■ müssen neben den Qualifikationen der D.-O.-C.-Weine auch vom Erzeuger abgefüllt werden ■ nur aus erstklassigen Lagen ■ werden zusätzlich mit staatlicher Banderole versehen ■ nur wenige Weine sind derzeit als D.-O.-C.-G.-Weine klassifiziert; die Liste wird jedoch ständig erweitert

D.-O.-C.-G.-Rotweine	Herkunft/Region
Barolo, Barbaresco, Brachetto d'Acqui, Gattinara, Ghemme, Roero, Dolcetto di Dogliani Superiore	Piemont
Carmignano, Chianti, Chianti Classico, Morellino di Scansano, Brunello di Montalcino, Vino Nobile di Montepulciano	Toskana
Bardolino Superiore und Bardolino Classico Superiore	Venetien
Sagrantino di Montefalco, Torgiano Rosso Riserva	Umbrien
Taurasi	Kampanien
Valtellina Superiore und Sforzato	Lombardei
Montepulciano d'Abruzzo delle Colline Teramane	Abruzzen
Cerasuolo di Vittoria	Sizilien

D.-O.-C.-G.-Weißweine	Herkunft/Region
Gavi, Roero Arneis	Piemont
Vernaccia di San Gimignano	Toskana
Soave Superiore, Recioto di Soave	Venetien
Vermentino di Gallura	Sardinien
Albana di Romagna	Emilien
Verduzzo di Ramandolo, Colli Orientali del Friuli Picolit	Friaul-Julisch Venetien
Fiano d'Avellino, Greco di Tufo	Kampanien

D.-O.-C.-G.-Schaumweine	Herkunft/Region
Moscato d'Asti, Asti spumante, Roero Arneis spumante	Piemont
Franciacorta	Lombardei
Vernaccia di Serrapetrona	Marken

2 Rebsorten

Kein Land auf der Erde weist eine solche Vielzahl an verschiedenen Rebsorten auf wie Italien. Fast 150 Sorten sind heute für die Erzeugung der D.-O.-C.-Weine zugelassen.

Die weißen Rebsorten sind vor allem: Albana, Malvasia, Moscato, Prosecco, Riesling Italico, Tocai Friulano, Pinot grigio, Trebbiano, Verdicchio, Vernaccia

Die blauen Rebsorten sind vor allem: Barbera, Brunello, Dolcetto, Lambrusco, Nebbiolo, Sangiovese, Merlot, Cabernet Sauvignon, Cabernet Franc

Riesling Italico = Welschriesling

Pinot grigio = Ruländer, Grauer Burgunder

3 Weinbauregionen und -gebiete in Italien

Die kleineren Weinbauregionen Aostatal, Abruzzen, Molise, Basilikata und Kalabrien sind nicht näher beschrieben.

3.1 Südtirol (Alto Adige)

Südtirol verfügt über eine hoch spezialisierte Weinwirtschaft – auf einer relativ kleinen Anbaufläche wird ein sehr hoher Anteil an Qualitätsweinen gewonnen.
Im internationalen Vergleich kann Südtirol sehr gut bestehen und ist sogar dabei, seine Position auszubauen. Ein hoher Anteil des erzeugten Weines geht in den Export, wobei vor allem Österreich und Deutschland Hauptabnehmer sind.
Bis auf wenige Ausnahmen wird der Rebbau auf Hang- und Hügellagen betrieben. Typisch ist das Pergolasystem. Vor allem die Weißweine aus Chardonnaytrauben und aus den Burgundersorten haben in der letzten Zeit von sich reden gemacht. Auch die Rotweine Lagrein dunkel, Cabernet Sauvignon und Merlot sind hervorragend.
Die bekanntesten Rebsorten für die Weißweinerzeugung sind Weiburgunder, Chardonnay, Ruländer, Gewürztraminer, Rheinriesling und Welschriesling (in Südtirol Weißfraneler).

Rosen als Abschluss eines im Pergolasystem errichteten Weingartens

Pinot nero = Blauer Burgunder

Die bekanntesten Rebsorten für die Rotweinerzeugung sind Vernatsch (45 %), Lagrein dunkel (6 %), Pinot nero, Cabernet Sauvignon, Cabernet Franc und Merlot.

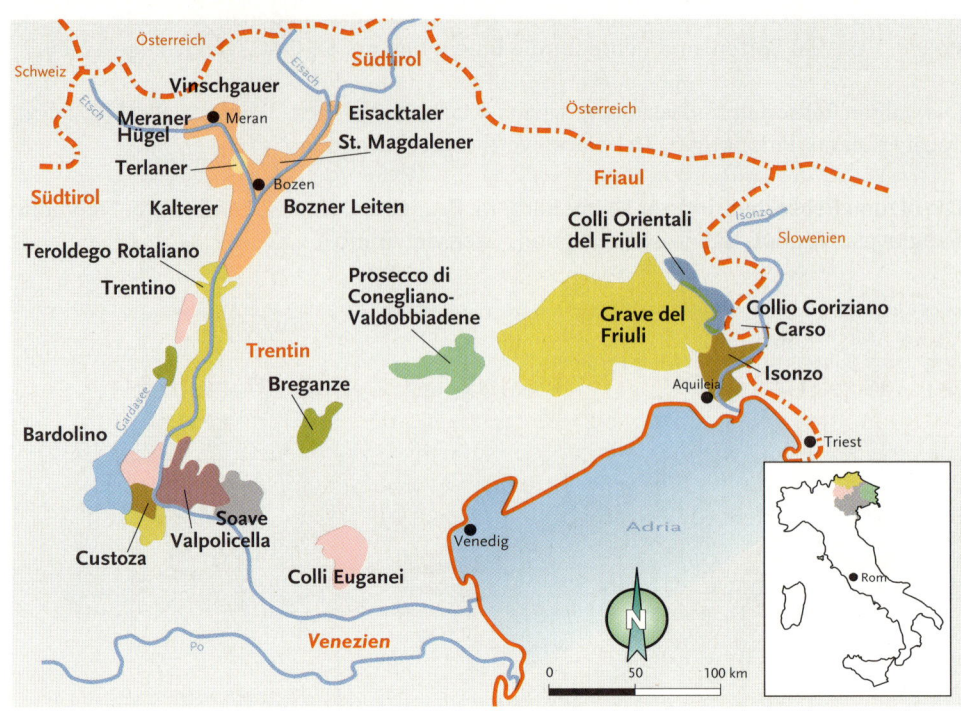

Südtirol oder Südtiroler

Es sind Weiß-, Rosé- und Rotweine, die aus einer Vielzahl von Rebsorten (meist reinsortig) erzeugt werden. Sie tragen die Namen der Rebsorten. Bozner Leiten, Meraner Hügel und St. Magdalener werden aus Vernatschtrauben hergestellt. Der Südtiroler weiß ist eine Cuvée aus mindestens 75 Prozent Chardonnay, Grau- und Weißburgunder. Bei den Rotweinen wird die Cuvée Lagrein-Merlot angeboten.

Weitere Weine sind Südtirol mit der Unterbezeichnung **Eisacktaler,** Südtirol mit der Unterbezeichnung **Terlaner** und Südtirol mit der Unterbezeichnung **Vinschgauer.**

Kalterer See oder Kalterer

Rotweine aus bestimmten Gemeinden der Provinz Bozen sowie einigen Gemeinden in der Provinz Trient. Er wird aus Großvernatsch und/oder Edelvernatsch und Grauvernatsch erzeugt.

Bekannte Südtiroler Weinerzeuger sind: J. Hofstätter, Josef Brigl, Elena Walch, Franz Gojer, Alois Lageder, Schloss Schwanburg sowie viele Kellereigenossenschaften, ua Schreckbichl und Laimburg

Kellerei St. Michael in Eppan, Lage St. Valentin

3.2 Trentin (Trentino)

Die autonome Provinz grenzt im Norden an Südtirol. Auch hier bilden Weine aus der Vernatschrebe („Schiava" genannt) die größte Gruppe. Teroldego (rot), Marzemino (rot) und Nosiola (weiß) sind lokale Rebsorten, die in guten Weinjahren ausgezeichnete Qualitäten hervorbringen. Auch die Schaumweinerzeugung nach der Metodo Classico (dem Flaschengärverfahren) hat hier eine lange Tradition.

3.3 Piemont (Piemonte)

Diese Region mit Grenzen zu Frankreich und zur Schweiz ist eine der namhaftesten italienischen Weinbauregionen mit einer Fülle verschiedenartigster Rotweine, die 90 Prozent der Weinproduktion ausmachen. Die roten Hauptrebsorten sind Barbera, Dolcetto und Nebbiolo. Daneben finden sich einige Weißweine wie Arneis und Gavi (aus der Cortese-Rebe). Gleichzeitig ist die Region das Ursprungsgebiet des Asti spumante sowie des Moscato d'Asti. Beides Schaumweine aus der Moscato-Rebe, die das Prädikat D.-O.-C.-G haben. Berühmt gemacht hat das Piemont auch der Wermut (siehe versetzte Weine), der erstmals im 18. Jahrhundert in Turin produziert wurde.

Bekannte Weine

Die D.-O.-C.-G.-Rotweine **Barolo, Barbaresco, Brachetto d'Acqui, Ghemme, Gattinara, Dolcetto di Dogliani Superiore** und **Roero** bilden die Spitze der Piemonteser Rotweine. Sie sind sehr gut lagerfähig und haben, bedingt durch Klima und Herkunft, unterschiedliche Charaktere. Weitere bekannte Rotweine sind Barbera d'Alba, Barbera d'Asti, Dolcetto d'Alba, Nebbiolo d'Alba.

3.4 Lombardei (Lombardia)

Diese Region liegt im Norden Italiens. Die qualitative Bedeutung der einzelnen Anbaugebiete ist sehr unterschiedlich. Die gegenwärtig besten Weine kommen aus dem Franciacorta (D.-O.-C.-G.-Schaumweine) und vom Gardasee. In der Lombardei sind sortenreine Weine deutlich in der Minderheit, rote und weiße Mischsätze überwiegen.

Bekannte Weine

Ein klassischer Mischsatz ist der Oltrepò Pavese. Der Valtellina ist ein Rotwein aus mindestens 80 Prozent Nebbiolotrauben. Valtellina Superiore und Sforzato tragen das D.-O.-C.-G.-Prädikat. Bei Superiore-Weinen handelt es sich um Weine, deren Alkoholgehalt das vorgeschriebene Minimum überschreitet; manchmal auch ein Hinweis auf eine längere Lagerzeit und eine höhere Qualitätsstufe.

3.5 Friaul (Friuli) – Julisch Venetien (Venezia Giulia)

Das Friaul (grenzt an Österreich und Slowenien) gilt als die wichtigste Weißweinregion Italiens. Der Anteil an Weißweinen beträgt 60 Prozent. Sie sind fruchtig und mit guter Säure versehen. In den letzten Jahren hat auch der Ausbau von hochwertigen Rotweinen einen großen Aufschwung genommen. Die weißen Hauptrebsorten sind Chardonnay, Riesling renano, Riesling Italico, Sauvignon blanc, Pinot bianco, Pinot grigio, Friulano, Ribolla, Verduzzo (Verduzzo di Ramandolo mit D.-O.-C.-G.-Prädikat) und Picolit (Colli Orientali del Friuli mit D.-O.-C.-G.-Prädikat). Bei den Rotweinsorten überwiegen Cabernet Franc, Merlot und Pinot nero sowie die wiederentdeckten Sorten Refosco, Schiopettino und Tazzelenghe. Die besten Weine kommen aus dem **Collio** (Hügellandschaft in der Provinz Görz an der Grenze zu Slowenien) und dem **Colli Orientali del Friuli** (östlich von Udine). Der Hauptteil der Friulaner Weine kommt aus dem Grave del Friuli.

3.6 Ligurien (Liguria)

Diese Region bringt die bekannten **Cinque-terre-Weine** hervor. Sie wachsen auf den steil ins Meer fallenden Hängen westlich von La Spezia.
Ein trockener, fruchtiger Rotwein ist der aus dem westlichen Teil stammende Rossese di Dolceacqua. „Dolce acqua", wörtlich süßer Wein, ist eigentlich eine irreführende Bezeichnung.

3.7 Venetien (Veneto)

Die Region zwischen Gardasee und Venedig bringt ausgezeichnete Weine hervor. Venetien ist durch außerordentlich fruchtbare Böden und das gemäßigte Klima sehr begünstigt.

Bekannte Weine

Valpolicella (rubinroter, trockener Wein mit traubigem Aroma), Amarone (Rotwein aus angetrockneten Trauben), Soave (trockener, kräftiger Weißwein mit guter Frucht) und Soave Superiore (D.-O.-C.-G.-Wein), Recioto di Soave (süßer, fruchtiger, weißer D.-O.-C.-G.-Dessertwein aus getrockneten Trauben), Bianco di Custozza (milder Weißwein), Bardolino (trockene, harmonische und fruchtige Rot- und Roséweine vom Gardasee), Bardolino Superiore und Bardolino Classico Superiore (D.-O.-C.-G.-Weine), Colli Euganei (Weiß- und Rotweine aus der Nähe von Padua), Prosecco di Conegliano-Valdobbiadene (leichter, fruchtiger Weißwein; besonders bekannt sind der Frizzante und der Spumante).

Kleines Abc der Etikettensprache

Abboccato/amabile: lieblich

Annata: Jahrgang; junger Wein des aktuellen Jahrgangs

Cantina: Kellerei

Castello: „Schloss"; häufiger Name für ein Weingut

Classico: noch enger eingegrenzte Gebiete in einem D.-O.-C.-Bereich

Dolce: süß

Passito: Strohwein

Secco: trocken

Vino bianco: Weißwein

Vino liquoroso: Likörwein, aufgespritet (mindestens 16 Vol.-%)

Vino rosato: Roséwein

Vino rosso: Rotwein

Frizzante = italienisch für leicht perlend; hier Bezeichnung für einen Perlwein, der zumeist aus Norditalien stammt.

Spumante = Bezeichnung für alle schäumenden italienischen Weine

Der Lambrusco ist immer leicht prickelnd

💡 Zwischen Frizzante und Spumante besteht ein Unterschied in der Erzeugung. Schlagen Sie nach im Kapitel „Schaumweine".

Maremma (Toskana)

Riserva = der Wein wurde über einen längeren Zeitraum gelagert.

3.8 Emilien (Emilia-Romagna)

Emilien ist die Kornkammer und die reichste Provinz Italiens. Sie ist die zweitgrößte Weinbauregion in Norditalien.

Bekannte Weine
Lambrusco (leicht prickelnde Rot- und Roséweine aus mehreren Gebieten Emiliens, wobei nur gut 10 Prozent der erzeugten Menge als D.-O.-C.-Wein eingestuft sind; der Rest wird als Tafelwein unter der Bezeichnung Lambrusco dell'Emilia und Lambrusco di Modena vermarktet), Sangiovese di Romagna (Rotwein), Trebbiano di Romagna (Weißwein) und vor allem Albana di Romagna (D.-O.-C.-G.-Weißwein)

3.9 Toskana (Toscana)

Die mittelitalienische Region mit ihrer Hauptstadt Florenz ist die Heimat des im Ausland bekanntesten italienischen Weines, des **Chianti**. Die Landschaft Chianti, die dem Wein auch den Namen gegeben hat, erstreckt sich zwischen Florenz und Siena. Das Mischungsverhältnis von roten und weißen Traubensorten für die Herstellung von Chianti ist gesetzlich geschützt. Chianti, Chianti Classico und Chianti Montespertoli sind als D.-O.-C.-G.-Weine klassifiziert. Beim Chianti Classico müssen seit 2006 die weißen Trauben weggelassen werden.
Weitere D.-O.-C.-G.-Weine sind die Rotweine **Brunello di Montalcino** (erhielt als erster italienischer Wein das D.-O.-C.-G.-Prädikat), **Vino Nobile de Montepulciano, Morellino di Scansano, Carmignano** sowie der Weißwein **Vernaccia di San Gimignano.**

Weitere bekannte Weine
Rosso di Montepulciano und Rosso di Montalcino sowie Sassicaia und Ornellaia aus der Maremma, einem küstennahen Landstrich südlich von Livorno.

3.10 Marken (Marche)

Östlich der Toskana an der Adria gelegen, ist Marken die Heimat der hervorragenden trockenen Verdicchio-Weißweine, des Verdicchio dei Castelli di Jesi und des Verdicchio di Matelica. Ein bekannter Rotwein ist der Rosso Conero. Der rote Schaumwein Vernaccia di Serrapetrona trägt das D.-O.-C.-G.-Prädikat.

3.11 Umbrien (Umbria)

Inmitten der italienischen Halbinsel zwischen der Toskana und Rom gelegen, ist Umbrien das grüne Herzstück Italiens. Am Trasimenischen See, dem größten Binnensee Italiens, befinden sich die Colli del Trasimeno, ein D.-O.-C.-Gebiet mit trockenen Weiß- und Rotweinen.

Bekannte Weine
Orvieto (trockener bis süßer Weißwein), Torgiano (Weiß-, Rosé-, Rot- und Schaumweine), Torgiano Rosso Riserva (D.-O.-C.-G.-Rotwein aus der Gemeinde Torgiano bei Perugia), Sagrantino di Montefalco (starke Rot- und Dessertweine mit D.-O.-C.-G.-Prädikat)

3.12 Latium (Lazio)

Diese fruchtbare Weinbauzone liegt östlich von Rom.

Bekannte Weine
Frascati (strohgelber, milder Weißwein von den Hügeln um Rom), Est! Est!! Est!!! di Montefiascone (trockener, frischer, fruchtiger Weißwein mit leichtem Mandelgeschmack).

3.13 Kampanien (Campania)

Die Region ist sowohl von ihren heißen und mediterranen klimatischen Bedingungen als auch von den hauptsächlich vulkanischen Böden für den Weinbau hervorragend geeignet.

Bekannte Weine

Taurasi (kräftiger, würziger D.-O.-C.-G.-Rotwein), Vesuvio und Lacryma Christi del Vesuvio (Weiß-, Rosé- und Rotweine von den Hängen des Vesuvs), Fiano di Avellino (trockener D.-O.-C.-G.-Weißwein), Greco di Tufo (trockene, fruchtige D.-O.-C.-G.-Weißweine und Schaumweine)

3.14 Apulien (Puglia)

Die Ferse des italienischen Stiefels ist die zweitgrößte Weinbauregion Italiens. Der Anteil an Qualitätsweinen beträgt jedoch lediglich knapp vier Prozent.

Bekannte Weine

Castel del Monte (aus der Provinz Bari), Primitivo di Manduria und Salice Salentino sowie die aus dem Gebiet Salento stammenden I.-G.-T.-Weine Gratticciaia und Duca d'Aragona

Castel del Monte – das weithin sichtbare Wahrzeichen Apuliens

3.15 Sardinien (Sardegna)

Die Insel im Mittelmeer ist die drittgrößte Region, die aufgrund ihrer isolierten Lage und ihres eigenen Volksstammes als eigenwillig gilt. Diese Eigenwilligkeit spiegelt sich auch in den Weinen wider. Der Weinbau wird von den starken Winden einschneidend geprägt. Die Weine sind kräftig und alkoholreich.

Bekannte Weine

Vermentino di Gallura (kräftiger, fruchtiger D.-O.-C.-G.-Weißwein), Cannonau di Sardegna, Marchese di Villamarina, Vernaccia di Oristano

3.16 Sizilien (Sicilia)

Durch die klimatischen Bedingungen war die Insel Sizilien jahrzehntelang eine Region der Dessertweine (vgl. Marsala). In den letzten Jahren wurden neue Rebsorten kultiviert, aus denen hervorragende Qualitätsweine gekeltert werden. 80 Prozent aller sizilianischen Weine stammen aus Genossenschaftskellereien. Einigen privaten Erzeugern ist es nunmehr gelungen, Weine herzustellen, die sich in die Spitze der italienischen Weinproduktion einreihen.

Bekannte Weine

Cerasuolo di Vittoria (D.-O.-C.-G.-Rotwein), Alcamo (Weißwein), Contessa Entellina (Weißwein), Moscato di Pantelleria (weißer Dessertwein, aber auch Weißwein und Schaumwein), Litra, Duca Enrico, Rosso del Conte, Terre d'Agala, Chardonnay Planeta und Terre di Ginestra

Zibibbo-Ernte für den Moscato di Pantelleria

? Fragen und Arbeitsaufgaben

1. Wie lauten die Weingüteklassen Italiens? Welche Anforderungen müssen die Weine erfüllen?

2. Wo liegt der Unterschied zwischen D.-O.-C.-Weinen und D.-O.-C.-G.-Weinen?

3. Nennen Sie vier weiße Rebsorten und vier rote Rebsorten, die typisch für den Weinanbau in Italien sind.

4. Wie heißen die Weinbauregionen Italiens?

5. Wie heißt das Ursprungsgebiet des Asti spumante und des Moscato d'Asti?

6. Welche Weine bilden die Spitze der Piemonteser Rotweine?

7. Nennen Sie einige bekannte Weine aus Venetien.

? Fragen und Arbeitsaufgaben

8. In welcher Weinbauregion liegt die Landschaft Chianti?

9. Nennen Sie einige D.-O.-C.-G.-Weine der Toskana.

10. Aus welchen Anbauregionen bzw. -gebieten stammen die folgenden Weine: Barolo, Eisacktaler, Brunello di Montalcino, Ghemme, Oltrepò Pavese, Cinque-terre-Weine, Soave, Bardolino, Prosecco di Conegliano-Valdobbiadene, St. Magdalener?

ZUSAMMENFASSUNG

Weingüteklassen

Das italienische Weingesetz legt vier Qualitätsklassen fest.
Vini da tavola (Tafelweine) – **Vini da tavola indicazione geografica tipica** (I. G. T., Tafelweine mit typischer geografischer Herkunft; zu 85 % aus dem Anbaugebiet) – **D.-O.-C.-Weine** (Qualitätsweine mit kontrollierter Ursprungsbezeichnung) – **D.-O.-C.-G.-Weine** (höchste Stufe; Qualitätsweine mit kontrollierter und garantierter Ursprungsbezeichnung).

Rebsorten

Kein Land auf der Erde weist eine solche Vielzahl an verschiedenen Rebsorten auf wie Italien. Fast 100 Sorten sind heute für die Erzeugung der D.-O.-C.-Weine zugelassen. Die bekanntesten Weißweinsorten sind Albana, Malvasia, Moscato, Picolit, Prosecco, Riesling Italico, Friulano, Pinot grigio, Trebbiano, Verdicchio und Vernaccia. Die bekanntesten Rotweinsorten sind Barbera, Brunello, Dolcetto, Lambrusco, Nebbiolo, Freisa, Refosco, Sangiovese, Merlot, Cabernet Sauvignon und Cabernet Franc.

Weinbauregionen und Weinbaugebiete in Italien

Südtirol

In der Region Alto Adige wird auf einer relativ kleinen Anbaufläche ein hoher Anteil an Qualitätsweinen gewonnen. Bis auf wenige Ausnahmen wird der Rebbau auf Hang- und Hügellagen betrieben. Typisch ist das Pergolasystem. Vor allem die Weißweine aus Chardonnaytrauben und aus den Burgundersorten haben in der letzten Zeit von sich reden gemacht. Aber auch die Rotweine der Sorten Lagrein, Cabernet Sauvignon und Merlot. Bekannt sind vor allem der **Südtiroler** (Weiß-, Rosé- und Rotweine, die aus einer Vielzahl von Rebsorten meist reinsortig erzeugt werden) und der **Kalterer See** oder **Kalterer** (Rotweine).

Trentin

Die autonome Provinz grenzt im Norden an Südtirol. Hier bilden Weine aus der Vernatschrebe („Schiava" genannt) die größte Gruppe.

Piemont

Sie ist eine der namhaftesten italienischen Weinbauregionen mit einer Fülle verschiedenartigster Rotweine. Die D.-O.-C.-G.-Rotweine **Barolo, Barbaresco, Brachetto d'Acqui, Ghemme, Gattinara, Dolcetto di Dogliani Superiore** und **Roero** bilden die Spitze der Piemonteser Rotweine. Sie sind sehr gut lagerfähig. Gleichzeitig ist die Region das Ursprungsgebiet des Asti spumante sowie des Moscato d'Asti (Schaumweine mit D.-O.-C.-G.-Prädikat).

Lombardei

Diese Region liegt im Norden Italiens. Die qualitative Bedeutung der einzelnen Anbaugebiete ist sehr unterschiedlich. Die gegenwärtig besten Weine kommen aus dem Franciacorta (D.-O.-C.-G.-Schaumweine) und vom Gardasee. Der Valtellina Superiore und der Sforzato tragen das D.-O.-C.-G.-Prädikat.

Friaul–Julisch Venetien

Das Friaul (grenzt an Österreich und Slowenien) gilt als die wichtigste Weißweinregion Italiens. Die Weißweine sind fruchtig und mit guter Säure versehen. Der Verduzzo di Ramandolo und der Colli Orientali del Friuli Picolit haben das D.-O.-C.-G.-Prädikat.

Ligurien

Diese Region bringt die Cinque-terre-Weine hervor. Sie wachsen auf den steil ins Meer fallenden Hängen westlich von La Spezia.

Venetien

Die Region zwischen Gardasee und Venedig ist vor allem bekannt für Valpolicella, Soave, Soave Superiore (D.O.C.G.), Recioto di Soave (süßer, fruchtiger, weißer D.-O.-C.-G.-Dessertwein), Bardolino (Bardolino Superiore und Bardolino Classico Superiore haben D.-O.-C.-G.-Status), Colli Euganei und Prosecco di Conegliano-Valdobbiadene (besonders bekannt als Spumante).

Emilien

Die Emilia-Romagna ist die Kornkammer und die reichste Provinz Italiens. Sie ist die zweitgrößte Weinbauregion in Norditalien. Bekannt sind vor allem Lambrusco (leicht prickelnde Rot- und Roséweine) und Albana di Romagna (D.-O.-C.-G.-Weißweine).

Toskana (Toscana)

Die mittelitalienische Region mit ihrer Hauptstadt Florenz ist die Heimat des im Ausland bekanntesten italienischen Weines. Der **Chianti**, der Chianti Classico und der Chianti Montespertoli sind als D.-O.-C.-G.-Weine klassifiziert. Weitere D.-O.-C.-G.-Weine sind die Rotweine **Brunello di Montalcino** (erhielt als erster italienischer Wein das D.-O.-C.-G.-Prädikat), **Vino Nobile de Montepulciano, Morellino di Scansano, Carmignano** sowie der Weißwein **Vernaccia di San Gimignano**. Darüber hinaus zu nennen ist die Maremma mit den Weinen Sassicaia und Ornellaia.

Marken

Heimat der hervorragenden trockenen Verdicchio-Weißweine und des roten D.-O.-C.-G.-Schaumweines Vernaccia di Serrapetrona.

Umbrien

Die Region liegt zwischen der Toskana und Rom. Bekannte Weine sind Orvieto, Torgiano, Torgiano Rosso Riserva (D.-O.-C.-G.-Rotwein) und Sagrantino di Montefalco (starke Rot- und Dessertweine mit D.-O.-C.-G.-Prädikat).

Latium

Diese fruchtbare Weinbauzone liegt östlich von Rom. Bekannt sind vor allem der Frascati und der Est! Est!! Est!!! di Montefiascone.

Kampanien

Spezifisch sind das heiße, mediterrane Klima und die vulkanischen Böden. Der Taurasi ist ein kräftiger, würziger D.-O.-C.-G.-Rotwein. An den Hängen des Vesuvs gedeihen der Vesuvio und der Lacryma Christi del Vesuvio. Besonders bekannt sind die D.-O.-C.-G.-Weißweine Fiano di Avellino und Greco di Tufo.

Apulien

Die Ferse des italienischen Stiefels ist die zweitgrößte Weinbauregion Italiens. Der Anteil an Qualitätsweinen beträgt jedoch lediglich knapp vier Prozent.

Sardinien

Die Insel im Mittelmeer ist für ihre eigenwilligen, kräftigen und alkoholreichen Weine bekannt. Der Vermentino di Gallura ist als D.-O.-C.-G.-Weißwein eingestuft.

Sizilien

Durch die klimatischen Bedingungen war die Insel Sizilien jahrzehntelang eine Region der Dessertweine. In den letzten Jahren wurden neue Rebsorten kultiviert, aus denen hervorragende Qualitätsweine gekeltert werden. Der D.-O.-C.-G.-Rotwein heißt Cerasuolo di Vittoria.

Weitere Weinbauländer

In den letzten Jahren haben neue Weinbauländer den etablierten Weinländern Europas Konkurrenz gemacht. Zuerst waren es nur die Kalifornier, die mit hervorragenden Qualitäten aufwarteten. Heute sehen sich die europäischen Winzer einer zunehmenden Anzahl von Mitbewerbern aus Chile, Argentinien, Südafrika, Australien und Neuseeland gegenüber.

⌖ Unsere Ziele

Nach Bearbeitung dieses Kapitels werden Sie die bedeutendsten Weinbaugebiete und Weine aus folgenden Ländern nennen können:

- Spanien
- Portugal
- Schweiz
- Ungarn
- Slowenien
- Griechenland
- Kalifornien
- Chile
- Argentinien
- Südafrika
- Australien
- Neuseeland

1 Spanien

Flächenmäßig ist Spanien das größte Weinbauland der Welt (1,2 Millionen Hektar), das jedoch aufgrund seiner Weinproduktion (40–42 Millionen Hektoliter) nach Frankreich und Italien an dritter Stelle rangiert. Rund ein Drittel der erzeugten Weine sind Rotweine. Weltweite Bedeutung als Weinbauland hat Spanien durch den Sherry (siehe Seite 137 f.). In den letzten Jahren haben Gebiete wie Rioja, Ribera del Duero, Penedès, Priorato, Somontano und Toro ein hohes Qualitätsniveau geschaffen. Der Schaumwein Cava (siehe Seite 133) ist weit über die Grenzen Spaniens bekannt.

1.1 Weingüteklassen

Wie in Frankreich und Italien wird die Weinqualität in Spanien nach der Herkunft bestimmt.

Vinos de Mesa/VdM (Tischweine) mit den zwei Bezeichnungen:	Es werden einige der besten spanischen Weine unter dieser Bezeichnung abgefüllt. Meist sind sie von Winzern, die am Rande oder außerhalb von D.-O.-Gebieten liegen, zB Bodegas Mauro und Abadia Retuerta in Ribera del Duero.
Vino de Mesa	Gebiet und zugelassene Rebsorten sind angegeben.
Vino de la Tierra	Muss Mindestalkoholgehalt aufweisen; wird einer Prüfung unterzogen; traditionelle Bezeichnung: z. B. Vino de la Tierra de Castilla (Landwein).
Vinos de Calidad Producidos en una Región Determinada mit den Bezeichnungen:	Qualitätsweine mit geografischer Ursprungsbezeichnung.
Vino de Calidad con Indicación Geografica/ VICG	Bestimmte Region (engere geografische Herkunftsbezeichnung); Angabe: Vino de Calidad de ... (Ortsname).
Denominación de Origen/D.O.	Qualitätswein mit kontrollierter Ursprungsbezeichnung; Festlegung der Anbauzonen, Rebsorten, Ertragsgrenzen, Alkoholgrade etc. durch regionale Kontrollbehörden (Consejo Regulador).
Denominación de Origen Calificada/ D.O.Ca.	Qualitätswein mit besonders strengen Bestimmungen; entspricht ungefähr den italienischen D.-O.-C.-G.-Weinen.
Vino de Pago und **Vino de Pago Calificada**	Lagenwein; die maximale Ausdehnung ist durch die zuständige Behörde reglementiert; muss mindestens seit fünf Jahren auf dem Markt sein.

La Mancha

Penedès

Navarra

Valdepeñas

Priorata

Rioja

Die Consejo Regulador (regionale Kontrollbehörden) vergeben die D.-O.-Siegel

Indicación Geográfica Viñedos de España: Im August 2006 neu eingeführte Ursprungsbezeichnung für Qualitätsweine besonderer Anbaugebiete. Diese darf für Landweine, Likörweine, Weine aus überreifen Trauben sowie Perlenweine verwendet werden, wenn sie aus als Vino de la Tierra klassifizierten Gebieten kommen.

1.2 Weinbauregionen und Weinbaugebiete in Spanien

Spanien ist in 17 Weinbauregionen eingeteilt. In ihnen befinden sich 68 Qualitätsweinbaugebiete (D.-O.-Gebiete) – Stand 2007.

La Rioja

Von Frankreich über die Pyrenäen kommend erreicht man den Ebro. Am Mittellauf erstreckt sich auf zirka 120 Kilometer Länge die bekannteste Weinregion Spaniens. Bereits 1926 wurde die Region gesetzlich eingegrenzt, seit 1991 hat sie den Status D.O.Ca. Sie wird in die Zonen Rioja Alta, Rioja Alavesa und Rioja Baja eingeteilt. Die Zonen reichen teilweise in das benachbarte Baskenland und nach Navarra.

Die meisten Riojaweine haben einen Anteil von mindestens 50 Prozent an der Rebsorte Tempranillo. Manche bestehen auch zu 100 Prozent aus ihr. Sie gibt den Weinen den fruchtigen, duftbetonten Charakter sowie ihr Reifepotenzial.

Die Weine aus der Rioja Alta gelten als die besten. Sie enthalten neben der Tempranillo einen Anteil an Garnacha tinta, Graciano und Mazuelo.

Die Weißweine werden vorwiegend aus Viura und Malvasia mit einem geringen Anteil von Garnacha blanca erzeugt.

Bekannte Erzeuger sind ua Marqués de Riscal, Conde de Valdemar und Remelluri.

www.winesfromspain.com

Die Regionen Baskenland, Extremadura, Kastilien-La Mancha sowie die Kanarischen Inseln und die Balearen sind nicht näher beschrieben.

Navarra

Neben der bereits erwähnten Rioja-Baja-Zone umfasst die Region das D.-O.-Gebiet gleichen Namens, also D.O. Navarra. Das Gebiet gilt als eines der dynamischsten und erfolgreichsten Weinbaugebiete Spaniens. Am bekanntesten und besten sind die Rosé- und Rotweine, die fast ausschließlich aus Garnachatrauben hergestellt werden.

Galicien

In dieser Region wachsen elegante, leichte und sehr frische Weißweine. Besonders bekannt sind die Weißweine aus dem D.-O.-Gebiet **Rias Baixas.** Sie sind trocken und fruchtig aus der Albariño-Rebe hergestellt.

Kastilien-Leon

Die beiden Flüsse der Region, Ebro und Duero, schwächen die hier herrschenden extremen klimatischen Bedingungen weitgehend ab. In Kastilien-Leon gibt es eine Reihe geschützter Gebiete, das größte Prestige unter ihnen genießt **Ribera del Duero.** Es werden überwiegend Rotweine erzeugt. Hauptrebsorte ist die Tinta del Pais, eine Variante der Riojatraube Tempranillo. Sie ist besonders für den Ausbau im Barrique geeignet. Die Weine sind sehr komplex und gut lagerfähig. Die Anbauzone wurde vor allem durch das Weingut **Vega Sicilia** berühmt. Die Weine sind füllig, fruchtig, alkoholreich und lagern viele Jahre in verschiedenen Holzfässern. Der **Tinto Pesquera** ist schon jung gut zugänglich, dunkel, körperreich, mit viel Beerenfrucht und einem zarten Vanillearoma.

Aragonien

Die Region im nördlichen Teil Spaniens ist sehr trocken. Lediglich in der Nähe des Ebro findet man eine etwas höhere Luftfeuchtigkeit. Der Anteil an Qualitätsweinen ist gering. Hervorzuheben sind die D.-O.-Gebiete Cariñena und Somontano.

Katalonien

Katalonien mit der Hauptstadt Barcelona, eine der größten und vielfältigsten Regionen Spaniens, verfügt über zehn Anbauzonen mit kontrollierter Ursprungsbezeichnung. Die zwei bekanntesten Anbauzonen sind Penedès und Priorato, die den ausgezeichneten Ruf der nordspanischen Weine mitbegründet haben.

Im **Penedés** werden rund 75 Prozent Weißweine hergestellt. Sie sind trocken und fruchtig und für rasche Konsumation bestimmt. Besondere Qualitäten, die reinsortig gekeltert werden, sind auch für längere Lagerzeit geeignet. Im Penedés liegt auch das Zentrum der Cavaproduktion (vgl. Schaumweine).

Im **Priorato** (D.-O.-Ca.-Zone) wird Weinbau in kleinen Parzellen oder auf Terrassen auf den vulkanischen Böden steiler Berghänge betrieben. Diese Bodenverhältnisse bestimmen den Charakter der Weine ganz wesentlich. Die Rotweine sind körperreich, alkoholstark (bis 19 Vol.-%) und von tiefdunkler Farbe. Viele Weine dieses Gebietes tragen die Bezeichnung Clos, für einen bestimmten Weinberg bzw. eine bestimmte Lage, zB der Clos de l'Obac. Er wird aus Garnacha- und Cariñena-Reben hergestellt.

Andalusien

Sie ist die südlichste Weinbauregion des Landes. Die Sommer sind trocken und heiß, die Winter sehr gemäßigt. Die meisten andalusischen Weine sind aufgespritet, wie der Sherry und der Málaga (vgl. versetzte Weine).

2 Portugal

Die Weinanbaufläche Portugals beträgt rund 385.00 Hektar. Es werden jährlich 8 Millionen Hektoliter Wein erzeugt, einschließlich der Dessertweine Portwein und Madeira.

2.1 Weingüteklassen

Historisch betrachtet war Portugal weltweit das erste Weinland, das die Grenzen eines Anbaugebietes (das Portweingebiet am Douro) vom Gesetz festlegen ließ, um Weinfälschungen vorzubeugen.

Heute gibt es in Portugal ein ähnliches Appellationssystem wie in Frankreich mit vier Stufen:

- **Vinhos de Mesa** (Tafelweine)
- **Vinhos Regional** (Landweine)
- **I.-P.-R.-Weine** (Weine höherer Qualität aus begrenzten Anbaugebieten)
- **D.-O.-C.-Weine** (Weine mit kontrollierter Ursprungsbezeichnung)

2.2 Weinbaugebiete in Portugal

Es wurden 25 D.-O.-C.-Gebiete und 9 I.-P.-R.-Zonen festgelegt. Das Gesetz sieht vor, dass nach fünf Jahren kontinuierlicher Qualitätsentwicklung einer I.P.R.-Zone der D.-O.-C.-Status verliehen werden kann.

Douro

An diesem Fluss wachsen die Reben für den weltberühmten **Portwein** (siehe versetzte Weine). Einige Portweinerzeuger bereiten aber auch geschmeidige Rotweine, trockene Weißweine sowie Roséweine mit steigendem Erfolg zu. Der Roséwein Mateus Rosé wird weltweit exportiert.

Kleines ABC der Etikettensprache

Abocado: halbsüß

Anejo: mindestens 24 Monate in Eichenfässern oder in Flaschen gelagert.

Blanco: weiß

Bodega: Betrieb, der Wein anbaut, erzeugt oder vertreibt. Wörtliche Übersetzung ist Weinkeller.

Dulce: süß

Espumoso: schäumend

Noble: mindestens 18 Monate in Eichenfässern oder in Flaschen gelagert.

Reserva: Weine, die ein Jahr im Tank, mindestens zwei Jahre im Holzfass und mindestens ein halbes Jahr in der Flasche reifen. Gran-Reserva-Weine werden noch um ein Jahr länger im Holzfass gelagert.

Rosado: Rosé

Seco: trocken

Tinto: rot

Viejo: mindestens 36 Monate gelagert; oxydativer Ausbau.

Dourotal

Kleines Abc der Etikettensprache

Garrafeira: Spitzenjahrgang eines Rotweines, der mindestens 30 Monate gelagert wurde und zum Besten zählt, womit ein Weinhändler handelt

Maduro: bedeutet reif; gilt für alle Weine, die nach traditioneller Weise lange reifen

Vinho generoso: alkoholreiche Aperitifs bzw. Dessertweine wie Portwein und Madeira

Vinho Verde

Dieses große Gebiet umfasst den gesamten Nordwesten Portugals. Die regenreichen Winde fördern einen intensiven Weinanbau. Der Name „grüner Wein" bezieht sich nicht auf eine grüne Farbe – 55 % der Produktion sind Rotweine –, sondern vielmehr auf die Frische und Spritzigkeit dieses jungen, säurereichen, leichten Weines.

Madeira

Auf der Atlantikinsel wird der bekannte Madeira (siehe versetzte Weine) erzeugt.

3 Schweiz

Auf rund 15.000 Hektar Rebfläche werden zirka 60 Prozent Weißweine, 35 Prozent Rotweine und 5 Prozent Rosé- und Schaumweine erzeugt. Fast alle Weine werden im eigenen Land konsumiert, sodass die Schweizer Weine bei uns kaum bekannt sind.

3.1 Weinbauregionen und Weinbaugebiete in der Schweiz

Die Schweiz umfasst drei Weinbauzonen.

Westschweiz

Die Westschweiz wird unterteilt in die Weinbaugebiete Wallis, Waadt, Genf, Neuenburg, Freiburg und Bern.

Ostschweiz

Die Ostschweiz wird gegliedert in die sechs Gebiete Zürich, Schaffhausen, Aargau, Graubünden, Thurgau und St. Gallen.

Südschweiz

In der Südschweiz zählt der Kanton Tessin als Weinbaugebiet.

3.2 Schweizer Weine und Weinbezeichnungen

Chasselas = schweizer Bezeichnung für Gutedel.

Fendant: Walliser Weißweine aus Chasselas-Trauben.

Johannisberg: Walliser Weißweine der Rebsorte Silvaner.

Pinot noir = Blauer Burgunder oder in der Schweiz üblich für Klevner.

Dôle: Hochwertige Walliser Rotweine aus Pinot-noir-Trauben mit oder ohne Zusatz von Gamay-Trauben.

Dorin: Waadtländer Weißweine aus Chasselas-Trauben.

Perlan: Genfer Weißweine aus Chasselas-Trauben.

Merlot VITI (Vini Ticinesi): Qualitätsmarke für Tessiner Rotweine aus Merlot-Trauben.

Winzer-Wy: Qualitätsmarke für Weine der Ostschweiz.

Œil de Perdrix: Geschützte Bezeichnung für Schweizer Roséwein aus der Blauburgunderrebe.

Süßdruck: Schweizer Bezeichnung für Roséweine.

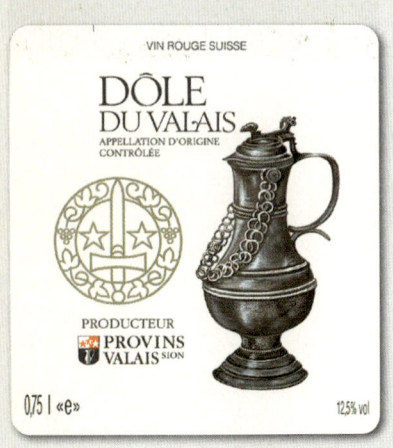

4 Ungarn

Ungarn hat eine große Weintradition, vor allem durch die berühmten Tokajerweine. Seit dem Ende der kommunistischen Herrschaft wurden viele Weingüter und Kellereien privatisiert. Alte Rebbestände wurden gerodet und durch internationale Sorten ersetzt. Der Anteil der Weißweine liegt bei 70 Prozent. Insgesamt werden auf rund 110.000 Hektar 3–4 Mio. Hektoliter Wein erzeugt.

Weinbaugebiete in Ungarn

Die ungarischen Anbauflächen werden in vier Hauptanbaugebiete eingeteilt.

Alföld

Hier werden vorwiegend Weine für den Inlandsmarkt produziert.

Kéknyelü = Blaustiel (Weißweinrebe)

Nordtransdanubien

Im Gebiet nördlich des Plattensees werden vor allem in den Zonen Badacsony, Balatonfüred-Csopak und Balaton-Mellék vollmundige, schwere Weißweine hergestellt. Die verwendeten Rebsorten sind Kéknyelü, Szürkebarat und Olaszrizling.

Szürkebarat = Pinot gris, Ruländer

Olaszrizling = Welschriesling

Südtransdanubien

In diesem Gebiet südlich des Plattensees sind vor allem die Anbauzonen Villány-Siklós und Szekzárd zu nennen. Hier wachsen die besten Rotweine Ungarns. Sie sind dunkel, kraftvoll und würzig. Bevorzugte Rebsorten sind Kékfrankos, Merlot, Blauer Burgunder, Cabernet Franc und Cabernet Sauvignon.

Kékfrankos = Blaufränkisch

Nordungarn

Eger ist die Heimat des bekannten Rotweines Egri Bikavér (Erlauer Stierblut). Aus der Tokajhegyalja im Nordosten, benannt nach der Stadt Tokaj, kommen die international bekanntesten Qualitätsweine Ungarns, der edelsüße Tokaji Aszú und die Tokaji Esszencia (siehe Seite 141) sowie der trockene Tokaji Szamorodni.

5 Slowenien

Die drei Weinbauregionen sind **Podravje** (zwischen Mur und Drau), **Posavje** (an der Save) und **Primorska** (an der Adriaküste). Sie sind zwar sehr verschieden, liegen aber alle auf etwa der gleichen geografischen Breite wie Mittelfrankreich und sind daher für den Weinbau besonders gut geeignet. Auf einer Gesamtrebfläche von 21.700 Hektar werden jährlich rund 1 Mio. Hektoliter Wein erzeugt. Mit rund 70 Prozent überwiegt die Weißweinproduktion. Die slowenischen Winzer stellen eine breite Palette von Qualitätsweinen her, die von zarten, frischen und leichten bis zu reichen und gehaltvollen, aromatischen Weinen reicht.
Die Hauptrebsorten für Weißweine sind Laški Rizling (Welschriesling), Chardonnay, Sauvignon blanc, Renski Rizling (Rheinriesling) und Šipon (Furmint). Bei den Rotweinen überwiegen ŽametnaČrnina, Merlot, Modra Frankinja und Cabernet Sauvignon.
Das slowenische Weingesetz unterscheidet die vier Qualitätsstufen Tisch- oder Tafelweine, Landweine, Qualitätsweine mit geografischer Herkunft sowie Spitzenweine (ähnlich unseren Prädikatsweinen).
In der Regel werden die Weine nach der Rebsorte und dem Namen des Herkunftsgebietes benannt. So genannte Gattungsweine werden aus drei bis fünf Sorten eines bestimmten Anbaugebietes hergestellt. Sie werden nur nach ihrer Herkunft benannt, zB Ljutomerčan, Mariborčan oder Vipavec.

In der Region Primorska

Das Klima in den griechischen Weinbergen ist großteils sehr heiß.

Auf dem Etikett steht **„grown, produced and bottled by"** = der Wein stammt garantiert aus dem Weingut
„estate bottled by" = der Wein stammt aus eigenen Weingärten

6 Griechenland

Griechenland ist das älteste europäische Weinbauland. Ein Qualitätsbewusstsein hat sich aber erst in den letzten 20 Jahren entwickelt. Vor allem waren es die EU-Richtlinien, die den Weinbau, die Weinerzeugung und die Weinqualität auf den heutigen Standard brachten. Die bebaute Fläche ist zirka 187.000 Hektar groß. Nur 98.000 Hektar werden für die Weinproduktion genutzt. Der Rest dient der Erzeugung von Tafeltrauben und Rosinen.
Die ureigene Spezialität des Landes ist der **Retsina,** ein einfacher, geharzter Muskatwein, dem von der EU eine eigene traditionelle Bezeichnung zuerkannt wurde. Weiters bekannt ist der **Samos** (vgl. versetzte Weine), ein aromatischer weißer Dessertwein aus Muskatellertrauben von der gleichnamigen Insel.

7 Kalifornien

Im Jahre 1978 wurde nach französischem Vorbild ein Kontrollsystem geschaffen. Das Land wurde in Approved Viticultural Areas (AVAs) eingeteilt. Dabei entscheiden die Weinbaubetriebe selbst – abhängig von Klima, Bodenart, historischen oder politischen Gegebenheiten – über Gebietsmarkierungen und Gebietsgrenzen. Laut amerikanischem Recht muss die Weinfirma und nicht unbedingt das erzeugende Weingut angegeben werden („bottled by").

Weinbauregionen in Kalifornien

Kalifornien ist in fünf Hauptgebiete unterteilt, die North Coast, die Central Coast, die South Coast sowie das Central Valley und die Sierra Foothills.

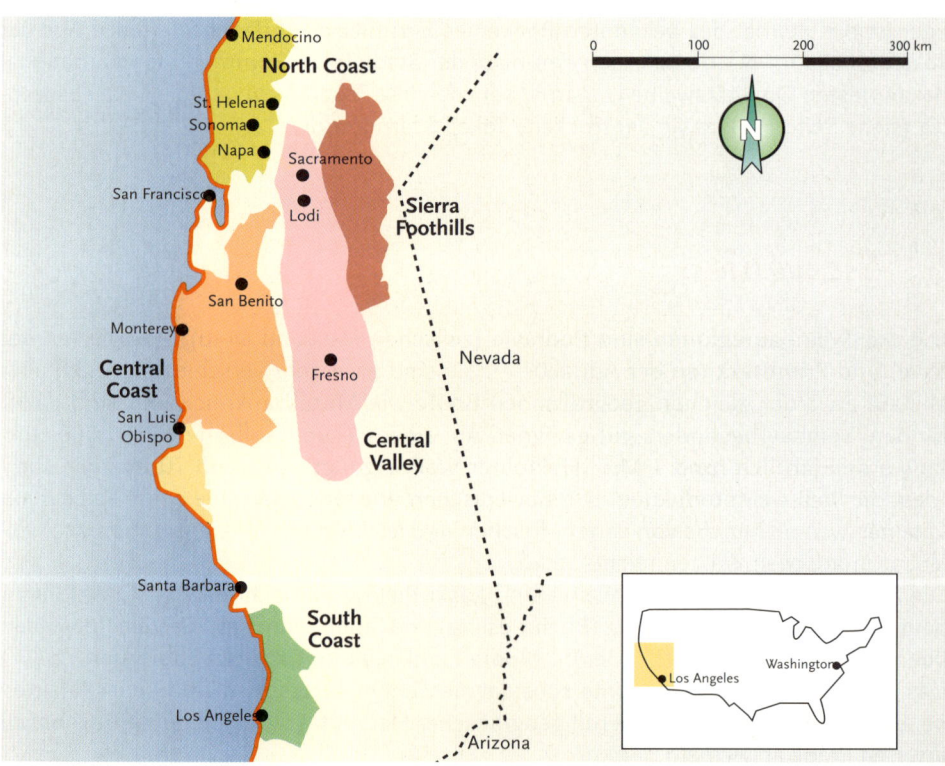

North Coast

Die bekanntesten Weinanbaugebiete Kaliforniens liegen im Bereich der North Coast. Das Klima ist so ähnlich wie das Zwei-Jahreszeiten-Klima des Mittelmeerraumes: kurze, milde Winter und lange, regenlose, warme Sommer. Typisch für die North Coast ist jedoch der anhaltende Nebel im Sommer. Dieser Nebel füllt die Täler oft aus und ist für das kühlere Klima verantwortlich.
Das Herzstück der North Coast ist das **Napa Valley** im Napa County. Hier findet man ein wahres Ballungszentrum des Weinbaus mit klingenden Weinnamen wie Opus One von Robert Mondavi oder den Gütern The Hess Collection und Clos du Val.

Weitere bekannte Weinanbaugebiete der North Coast sind Sonoma mit Sonoma Valley, Russian River Valley, Alexander Valley, Dry Creek Valley, Santa Rosa und Carneros sowie Mendocino und das Lake County.

Die roten Hauptrebsorten sind Cabernet Sauvignon und Merlot sowie Shiraz und Pinot noir. Der rote Zinfandel ist mengenmäßig die führende Sorte. Die Weißweine werden zumeist aus Chardonnay- und Sauvignontrauben hergestellt.

Central Coast

Einige der besten und teuersten Pinots noirs und Chardonnays kommen aus den Weingärten der Central Coast (vor allem aus dem Monterey County, dem San Benito County und dem Santa Barbara County).

South Coast

Diese südlichste Anbauregion Kaliforniens erzeugt Weine aus den Sorten Petite Sirah (ergibt dunkle, gerbstoffreiche Rotweine), Cabernet Sauvignon und Chenin blanc, aber auch Botrytis-Weine, die durch die extremen Temperaturschwankungen im Tagesverlauf geprägt sind.

Central Valley

Obwohl nicht alle Trauben zur Weinproduktion verwendet werden, kommen 85 Prozent aller kalifornischen Weine aus diesem Gebiet. Zentren des Weinbaus sind das San Joaquin Valley und das Sacramento Valley.

Sierra Foothills

Hier, wo vor 140 Jahren noch Gold gewaschen wurde, wird heute Wein aus Sauvignonblanc-, Riesling- und überwiegend Zinfandel-Trauben erzeugt.

Zinfandel = nicht zu verwechseln mit dem österreichischen Zierfandler; Zinfandel wird für die Erzeugung von Roséweinen, so genannten „Blush-Wines", verwendet; auch als „Kalifornischer Beaujolais" bezeichnet.

 Wussten Sie, dass ... eine Reihe von amerikanischen Persönlichkeiten Weingüter oder Anteile an Weingütern besitzen? Suchen Sie im Internet: wie heißt der Betrieb des Regisseurs Francis Ford Coppola?

8   Chile

Wie Argentinien gehört Chile zu den wichtigsten Wein produzierenden Ländern Südamerikas. Die Weinindustrie profitiert sehr stark von den unzähligen ausländischen Investoren. Die bebaute Rebfläche wird ständig erweitert und beträgt zurzeit rund 114.500 Hektar. Immer wieder haben in den letzten Jahren einzelne chilenische Rotweine – dunkelrote, dichte, kräftige Gewächse, ganz im Bordeauxstil gehalten – Weinkenner in Erstaunen versetzt. Es sind dies ua die Cabernets Don Melchor und Casa Real sowie die Cuvées Seña, Almaviva, Caballo Loco, Clos Apalta und Montes M. An das Niveau der Rotweine konnten die chilenischen Weißweine noch nicht ganz anschließen. Bemerkenswert ist der Chardonnay von Viña Errázuriz.

Die klimatischen Bedingungen für den Weinbau sind im Maipo-Tal bei Santiago und an den westlichen Anden (bis ca. 500 km südlich von Santiago) besonders gut. Insgesamt gibt es kaum ein Land, das günstigere Wachstumsbedingungen für Wein aufweist, als Chile. Es ist mittlerweile der zehntgrößte Weinproduzent der Welt. Die Exportquote ist mit über 55 % sehr hoch.

 Wussten Sie, dass ... Chile zu den wenigen Weinbauländern weltweit gehört, die von der Reblausplage verschont wurden?

9   Argentinien

Die für uns in Europa interessanten Weine stammen von einer neuen Winzergeneration, die mit jedem Jahrgang an Kompetenz gewinnt und auf Grund der internationalen Erfolge ab dem Jahrgang 1996 großes Ansehen erreicht. Das Zentrum der Weinproduktion ist die Provinz Mendoza, wo einige vorzügliche Rotweine gekeltert werden.

Bedingt durch die starke Trockenheit – Argentinien verzeichnet mehr als 300 Sonnentage pro Jahr – müssen alle Weinberge künstlich bewässert werden. Dies erfolgt mit Schmelzwasser aus den Anden, das den bereits mineralischen Böden noch weitere Mineralstoffe zuführt. Die Rebsorten, die für das Ansehen der argentinischen Weine sorgen, sind ua die Cabernets, Syrah, Merlot und vor allem Malbec. Bei den Weißweinsorten sind vor allem Chardonnay, Chenin blanc und Sauvignon blanc zu nennen. Argentinien ist das fünftgrößte Wein produzierende und Wein konsumierende Land der Welt.

Mendoza, im Hintergrund die Anden

Das „Wine-of-Origin"-System
(WO) teilt das Land in Regionen,
Gebiete, Distrikte und Bezirke
(Wards) ein. Jede Angabe über
Herkunft, Sorte, Jahrgang, Lage
oder höheren Qualitätsstand muss
durch ein staatliches Siegel am Fla-
schenhals nachgewiesen werden.

Das Groot Constantia ist ein bekannter Erzeuger dieses Gebietes

10 Südafrika

Obwohl der Weinbau in Südafrika schon mehr als 300 Jahre alt ist, hat dieses Land erst
jüngst den Einzug in die Riege der führenden Weinbaunationen der Welt gehalten. Waren
es früher nur Dessertweine aus der Muskatellertraube, die hergestellt wurden (neben
Grundweinen für die Brandy-Erzeugung), werden heute viele Weiß- und Rotweine der
Spitzenklasse produziert und auch zunehmend exportiert.

Die weißen Hauptrebsorten sind Chenin blanc (Steen), Muscat d'Alexandrie (Hanepoot),
Colombar, Sauvignon blanc sowie zunehmend Chardonnay. Bei den roten Sorten sind
hauptsächlich Cabernet Sauvignon, Cinsault und Pinotage zu nennen.
Von den festgelegten Herkunftsbereichen am bedeutendsten ist die Coastal Region mit
Constantia, Durbanville, Stellenbosch, Paarl mit Franschhoek, Swartland und Tulbagh.

Bekannte Weinerzeuger sind: Buitenverwachting, Groot Constantia, Delheim, Neeth-
lingshof, Nederburg Estate und die Winzergenossenschaft K. W. V. (Kooperative Wijn-
bouwers Vereniging).

11 Australien

Lange Zeit waren versetzte Weine vom Sherry- und Portweintyp sowie kräftige Rotweine
aus der Shiraz-Rebe in Australien dominierend. Heute werden neben sehr guten und in
großen Mengen erzeugten Konsumweinen auch internationale Spitzenweine hergestellt.
Das australische Weingesetz ist sehr liberal, die Kontrollen jedoch sehr genau. Der
Gesetzgeber verlangt Angaben über die verwendeten Rebsorten (85 % müssen aus der
angegebenen Sorte stammen), die Herkunft der Trauben und den Jahrgang. Angeführt
wird weiters der Hersteller (mit Angabe der Adresse). Es werden vorwiegend die Weißweinsorten Riesling, Semillon und Chardonnay angepflanzt. Bei den roten Sorten dominieren Cabernet Sauvignon und Shiraz. Diese beiden Sorten sind es auch, die zu einem
nach Eukalyptus duftenden Wein verschnitten werden, den es nur in Australien gibt.
Die australischen Weinbauregionen heißen **Neusüdwales, Victoria, Südaustralien** und
Westaustralien. Neusüdwales ist klimatisch gesehen der heißeste Staat, in dem Wein
erzeugt wird. Bekannte Weinerzeuger sind Southcorp. Wines (Penfolds) und Wyndham
Estate sowie das Familienweingut Evans Family. Die Produkte von Rosemount Estate
zählen zu den besten Weinen der Welt.
In Südaustralien sind die Weinbaugebiete Barossa Valley, Adelaide Hills und Coonawarra zu
nennen. Bekannte Weine sind Grange Hermitage (Shiraz-Cabernet-Verschnitt von Penfolds),
Chardonnay Penfolds, Hill of Grace (Shiraz vom Weingut Henschke) und Eileen Hardy.

12 Neuseeland

Wie der Inselstaat selbst, werden auch die Weinbauzonen in die Nord- und die Südin-
sel eingeteilt. Der Weinbau des Landes hat sich sprunghaft entwickelt, zuerst auf der
Nordinsel, dann auch auf der Südinsel. Vor allem mit den Weißweinen hervorragender
Qualität aus den Sorten Chardonnay und Sauvignon blanc hat sich Neuseeland weltweit
einen guten Namen gemacht. Die Weißweinproduktion überwiegt mit rund 75 %. Bei
den Rotweinen dominieren die Sorten Pinot noir auf der Südinsel sowie Syrah und die
Bordeauxsorten auf der Nordinsel.
Sowohl das Klima als auch die Böden schaffen günstige Wachstumsbedingungen, sodass
die Weine Kraft und Struktur sowie Frische und Lebendigkeit ausstrahlen.
Bekannte Weinerzeuger: Matua Valley, Cloudy Bay, Vidal; die drei Großunternehmen sind
Montana (inklusive Corbans), Villa Maria und Nobilo Vintners.

? Fragen und Arbeitsaufgaben

1. Welche spanischen Weingüteklassen gibt es? Welche Anforderungen müssen die Weine erfüllen?

2. Welche Weinbaugebiete Spaniens haben den Status eines D.O.Ca.?

3. Nennen Sie fünf bekannte Weine aus Spanien sowie ihre Herkunft.

4. Welche portugiesischen Weinbauregionen kennen Sie? Nennen Sie einen bekannten Wein aus jeder Region.

5. Was ist unter folgenden Schweizer Weinbezeichnungen zu verstehen: Fendant, Dôle, Œil de Perdrix, Süßdruck?

6. Nennen Sie drei bekannte Weine aus Ungarn und zwei aus Griechenland. Beschreiben Sie sie näher.

7. Welche Republik südlich von Österreich hat sich als Weinland bestens etabliert?

8. Nennen Sie die fünf Hauptweinbaugebiete Kaliforniens sowie einige bekannte Weine bzw. Hersteller.

9. Welche südamerikanischen Länder werden unter Weinkennern immer mehr als Garanten für gute Rotweine gehandelt?

10. Welche Weine werden in Südafrika erzeugt? Welche Weinbaugebiete kennen Sie?

11. Erklären Sie kurz die Weinbaugebiete Australiens und Neuseelands.

ZUSAMMENFASSUNG

Spanien

Flächenmäßig ist Spanien das größte Weinbauland der Welt. Die große Bedeutung hat es durch den Sherry erlangt. In den letzten Jahren haben Gebiete wie Rioja, Ribera del Duero, Penedés, Priorato, Somotano und Toro ein hohes Qualitätsniveau im Weinbau geschaffen. Wie in Frankreich und Italien wird die Weinqualität in Spanien nach der Herkunft bestimmt. Die Weingüteklassen sind **Vinos de Mesa** (Tischweine) und **Vinos de Calidad Producidos en una Región Determinada** (Qualitätsweine mit einer geografischen Ursprungsbezeichnung). Zu letzteren gehören u. a. die **D.-O.-** und **D.-O.-Ca.-Weine.**

Spanien ist in 17 **Weinbauregionen** eingeteilt. Die wichtigsten sind: **La Rioja** wird in die Zonen Rioja Alta (beste Qualitäten), Rioja Alavesa und Rioja Baja eingeteilt. Der meisten Riojaweine haben einen Anteil von mindestens 50 Prozent an der Rebsorte Tempranillo. Sie gibt den Weinen den fruchtigen, duftbetonten Charakter sowie ihr Reifepotenzial.

Navarras bekannteste Weine sind die Roséweine, die fast ausschließlich aus Garnachatrauben hergestellt werden.
In **Galicien** wachsen elegante, leichte und sehr frische Weißweine.
In **Kastilien-Leon** gibt es eine Reihe geschützter Gebiete, das größte Prestige unter ihnen genießt **Ribera del Duero**. Es werden überwiegend Rotweine erzeugt. Hauptrebsorte ist die Tinta del Pais. Sie ist besonders für den Ausbau im Barrique geeignet. Die Weine sind sehr komplex und gut lagerfähig.
Katalonien mit der Hauptstadt Barcelona ist eine der größten und vielfältigsten Regionen Spaniens. Die zwei bekanntesten Anbauzonen sind **Penedés** und **Priorato**, die mit ihren hervorragenden Weinen den ausgezeichneten Ruf der nordspanischen Weine mitbegründet haben.
Die meisten Weine **Andalusiens** sind aufgespritet, wie der Sherry und der Málaga.

Portugal

Historisch betrachtet war Portugal weltweit das erste Weinland, das die Grenzen eines Anbaugebietes (das Portweingebiet am Douro) vom Gesetz festlegen ließ. Heute gibt es in Portugal ein ähnliches Appellationssystem wie in Frankreich mit vier Stufen.

Die wichtigsten Weinbaugebiete sind **Douro** mit dem weltberühmten **Portwein**, **Vinho Verde** (junge, säurereiche, leichte Weine) und **Madeira.**

Schweiz

Fast alle Weine werden im eigenen Land konsumiert, sodass die Schweizer Weine bei uns kaum bekannt sind. Nennenswerte Weinbezeichnungen in der Schweiz sind **Fendant, Johannisberg** und **Dôle** aus dem Wallis, **Dorin** aus dem Waadt, **Perlan** aus Genf, **Merlot VITI** aus dem Tessin sowie **Œil de Perdrix** und **Süßdruck** für Roséweine.

Ungarn

Ungarn hat eine große Weintradition, vor allem durch die berühmten Tokajerweine. Seit dem Ende der kommunistischen Herrschaft wurden viele Weingüter und Kellereien privatisiert. Alte Rebbestände wurden gerodet und durch internationale Sorten ersetzt. Der Anteil der Weißweine liegt bei 70 Prozent. In Nordtransdanubien (nördlich des Plattensees) werden aus den Sorten Kéknyelü (Blaustiel), Szürkebarat (Ruländer) und Olaszrizling (Welschriesling) vollmundige, schwere Weißweine hergestellt. In Südtransdanubien (südlich des Plattensees) wachsen die besten Rotweine Ungarns. Die Stadt Eger in Nordungarn ist die Heimat des bekannten Rotweines **Egri Bikavér (Erlauer Stierblut).** Aus der Tokajhegyalja im Nordosten, benannt nach der Stadt **Tokaj,** kommen die international bekanntesten Qualitätsweine Ungarns, der edelsüße Tokaji Aszú und die Tokaji Esszencia sowie der trockene Tokaji Szamorodni.

Slowenien

Die drei Weinbauregionen sind **Podravje** (zwischen Mur und Drau), **Posavje** (an der Save) und **Primorska** (an der Adriaküste). Sie sind zwar sehr verschieden, liegen aber alle auf etwa der gleichen geografischen Breite wie Mittelfrankreich und sind daher für den Weinbau besonders gut geeignet. Die slowenischen Winzer stellen eine breite Palette von Qualitätsweinen her, die von zarten, frischen und leichten bis zu reichen und gehaltvollen, aromatischen Weinen reicht. Das slowenische Weingesetz unterscheidet die vier Qualitätsstufen Tisch- oder Tafelweine, Landweine, Qualitätsweine mit geografischer Herkunft sowie Spitzenweine (ähnlich unseren Prädikatsweinen).

Griechenland

Griechenland ist das älteste europäische Weinbauland. Ein Qualitätsbewusstsein hat sich aber erst in den letzten 20 Jahren entwickelt (vor allem durch die Richtlinien der EU). Die ureigene Spezialität des Landes ist der **Retsina,** ein einfacher, geharzter Muskatwein. Bekannt ist weiters der **Samos,** ein aromatischer weißer Dessertwein aus Muskatellertrauben von der gleichnamigen Insel.

Kalifornien

Im Jahre 1978 wurde nach französischem Vorbild ein Kontrollsystem geschaffen. Das Land wurde in Approved Viticultural Areas (AVAs) eingeteilt. Dabei entscheiden die Weinbaubetriebe selbst über Gebietsmarkierungen und Gebietsgrenzen.

Kalifornien ist in fünf Hauptgebiete unterteilt. Die **North Coast** ist das bekannteste Weinanbaugebiet. Typisch ist der anhaltende Nebel im Sommer. Das Herzstück ist das **Napa Valley.** Hier findet man klingende Weinnamen wie Opus One von Robert Mondavi oder die bekannten Güter The Hess Collection und Clos du Val. Die roten Hauptrebsorten sind Cabernet Sauvignon und Merlot sowie Shiraz und Pinot noir. Der rote Zinfandel ist mengenmäßig die führende Sorte. Die Weißweine werden zumeist aus Chardonnay- und Sauvignontrauben hergestellt.

Einige der besten und teuersten Pinots noirs und Chardonnays kommen aus den Weingärten der Central Coast.
Die weiteren Regionen sind **South Coast, Central Valley** und **Sierra Foothills**.

Chile

Es gibt kaum ein Land, das günstigere Wachstumsbedingungen für Wein aufweist. Die bebaute Fläche wird ständig erweitert. Immer wieder haben in den letzten Jahren einzelne chilenische Rotweine – dunkelrote, dichte, kräftige Gewächse, ganz im Bordeauxstil gehalten – Weinkenner in Erstaunen versetzt. Es sind dies ua die Cabernets Don Melchor und Casa Real sowie die Cuvées Seña, Almaviva, Caballo Loco, Clos Apalta und Montes M.

Argentinien

Die interessanten Weine stammen von einer neuen Winzergeneration, die mit jedem Jahrgang an Kompetenz gewinnt und auf Grund der internationalen Erfolge ab dem Jahrgang 1996 großes Ansehen erreicht hat. Das Zentrum der Weinproduktion ist die Provinz Mendoza. Alle Weinberge werden künstlich bewässert. Die Rebsorten, die für das Ansehen der argentinischen Rotweine sorgen, sind ua die Cabernets, Syrah, Merlot und vor allem Malbec.

Südafrika

Obwohl der Weinbau in Südafrika schon mehr als 300 Jahre alt ist, hat dieses Land erst jüngst den Einzug in die Riege der führenden Weinbaunationen der Welt gehalten. Waren es früher nur Dessertweine aus der Muskatellertraube, die hergestellt wurden (neben Grundweinen für die Brandy-Erzeugung), werden heute viele Weiß- und Rotweine der Spitzenklasse produziert und auch zunehmend exportiert.

Australien

Lange Zeit waren versetzte Weine vom Sherry- und Portweintyp sowie kräftige Rotweine aus der Shiraz-Rebe in Australien dominierend. Heute werden neben sehr guten und in großen Mengen erzeugten Konsumweinen auch internationale Spitzenweine hergestellt. Es werden vorwiegend die Weißweinsorten Riesling, Semillon und Chardonnay angepflanzt. Bei den roten Sorten dominieren Cabernet Sauvignon und Shiraz. Die australischen Weinbauregionen sind Neusüdwales (mit dem bekannten Weingut Rosemount Estate), Victoria, Südaustralien (mit den bekannten Weinen Grange Hermitage und Chardonnay von Penfolds sowie Hill of Grace) und Westaustralien.

Neuseeland

Wie der Inselstaat selbst, werden auch die Weinbauzonen in die Nord- und die Südinsel eingeteilt. Der Weinbau des Landes hat sich sprunghaft entwickelt. Vor allem mit den Weißweinen aus den Sorten Chardonnay und Sauvignon blanc hat sich Neuseeland weltweit einen guten Namen gemacht.

Schaumweine

Als Schaumweine werden alle kohlensäurehältigen Weine (Weiß-, Rosé- und Rotweine) bezeichnet, die meist durch eine zweite Gärung natürlich entstanden sind und einen Mindestdruck von 3 bar aufweisen müssen.

Europa ist führend in der Erzeugung von Schaumweinen. Der Champagner, nach der aufwändigen Flaschengärmethode hergestellt, macht nur einen geringen Anteil aus. Die weit größere Menge stammt von der Tankgärung. Eine Besonderheit ist der Natur-schaumwein Asti spumante, der nur eine Gärung durchmacht. Weitere Bezeichnungen rund um schäumende Weine sind Vin mousseux, Crémant, Spumante, Prosecco, Cava, Krimsekt, Sparkling wine, Perlwein und Frizzante.

🎯 Unsere Ziele

Nach Bearbeitung dieses Kapitels werden Sie

- erklären können, wo Champagner herkommt, aus welchen Rebsorten und wie er erzeugt wird,
- einige bekannte Champagnerfirmen nennen können,
- die unterschiedlichen Herstellungsverfahren von Schaumwein erster Gärung, Sekt und Perlwein erklären können,
- bekannte Sekterzeuger bzw. ihre Produkte nennen können,
- die Begriffe Vin mousseux, Crémant, Spumante, Prosecco, Cava, Krimsekt, Sparkling wine, Perlwein und Frizzante erklären können,
- über Einkauf und Lagerung sowie Service von Schaumweinen Bescheid geben können.

1 Champagner

Champagner ist ein moussierender Weißwein, der aus Rot- und Weißweintrauben hergestellt wird. Eine Ausnahme ist der Champagner Blanc de Blancs, der nur aus weißen Trauben besteht. Der Champagner-Gesamtverband (CIVC–Comité Interprofessionel du Vin de Champagne) achtet streng auf die Befolgung der Vorschriften und Maßnahmen zur Sicherung der Qualität von Champagner.

Die Schaumweine mit der Bezeichnung Champagner kommen aus einem gesetzlich geschützten Gebiet in Frankreich, der Champagne. Alle nicht aus dieser Weinbauregion stammenden Schaumweine tragen in Frankreich die Bezeichnung „Vin mousseux".

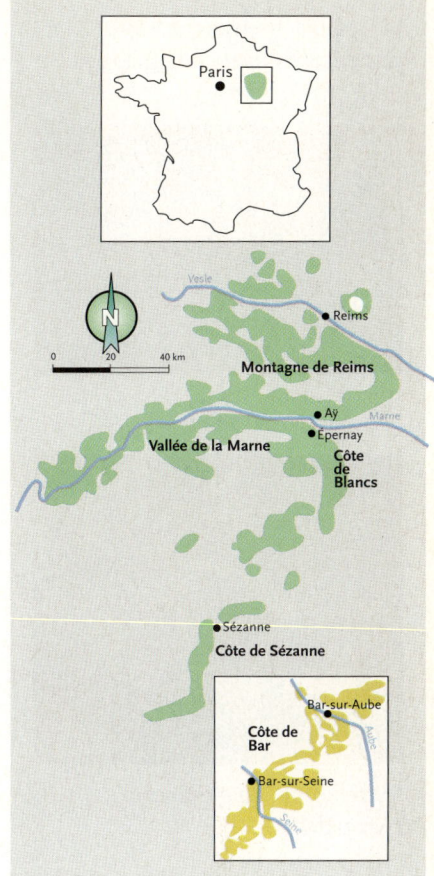

1.1 Champagnergebiet

Die Rebfläche der Champagne umfasst 34.000 Hektar. Etwa 17.000 Weinbaubetriebe sind mit der Champagnererzeugung befasst. Im Champagnergebiet gibt es ca. 130 Champagnererzeugungsfirmen, von denen ungefähr 30 absoluten Weltruf besitzen. Die bekanntesten Champagnerhersteller sind in Épernay und Reims.

Die Champagne gliedert sich in fünf Weinbaugebiete:
- **Montagne de Reims:** Im Reimser Bergland gibt es meist Nordlagen. Es werden hauptsächlich Rotweintrauben angebaut.
- **Vallée de la Marne:** Das Marnetal hat vor allem Süd- und Südostlagen. Auch hier werden Rotweintrauben angebaut.
- **Côte de Blancs:** In den Ostlagen werden weiße Trauben (Chardonnay) angebaut.
- **Côte de Bar:** Die Weine dieses Anbaugebietes verleihen der Cuvée Körper und Kraft.
- **Côte de Sézanne:** Es werden hauptsächlich Chardonnayreben angebaut.

1.2 Champagnererzeugung (Méthode champenoise)

Für die Champagnererzeugung sind drei Traubensorten zugelassen, nämlich Pinot noir (blaue Traube), Pinot Meunier (blaue Traube) und Chardonnay (weiße Traube).

Weinlese

Sie beginnt Ende September. Die Trauben werden von Hand gelesen. Jedes Jahr wird der Höchstertrag pro Hektar gesetzlich festgelegt. Auch die Traubenpreise werden bestimmt. Die besten Gemeinden, die so genannten Grands Crus, erhalten 100 Prozent, also den vollen Preis. Die Premiers-Crus-Dörfer erzielen 90 bis 99 Prozent des Preises und die übrigen Dörfer (Crus) 80 bis 89 Prozent.

Kelterung

Die Kelterung von ganzen Trauben in für die Champagne typischen Pressen (Coquard).

Aus dem Kelterinhalt von 4000 kg Trauben presst man 20,5 hl Most mit der Bezeichnung Cuvée und 5 hl Most mit der Bezeichnung Taille (2. Pressung).

Cuvée: Die Moste ergeben Weine von großer Finesse und gutem Alterungspotezial.

Taille: Die daraus erzeugten Weine entwickeln sich sehr rasch und weisen kräftige, einfache Aromen auf.

Erste Gärung

Sie geht wie bei der normalen Weinerzeugung vor sich, nach etwa drei Wochen erfolgt der Abstich.

Cuvéebereitung

Die roten Pinot- und die weißen Chardonnaytrauben werden in unterschiedlich großen Mengen, aus verschiedenen Gebieten und Lagen sowie mehreren Jahrgängen von erfahrenen Fachleuten zur Cuvée verschnitten.

Wenn ein Jahrgang besonders gute Eigenschaften aufweist, werden ausschließlich Weine dieses Jahrganges zur Cuvée verschnitten und man erhält einen Champagne Millésimé (Vintage).

Die Cuvée wird geschönt, filtriert und gelagert.

Millésimé bzw. Vintage = Jahrgangschampagner. Unter non-vintage versteht man einen Normalverschnitt.

Jahrgangschampagner wird mindestens drei Jahre gelagert.

Rüttelpulte

Rüttelkörbe, so genannte Gyropalettes

Agraffe = Drahtkorb

Zweite Gärung

Die Cuvée wird mit einer Fülldosage aus Zucker und Reinzuchthefe versetzt und so zu einer zweiten Gärung gebracht. Bevor die Gärung beginnt, wird der Wein in Flaschen abgefüllt und verkorkt. Die zweite Gärung dauert mehrere Wochen. Insgesamt werden die Flaschen ab der Abfüllung mindestens 15 Monate bei etwa 10 °C mit der Hefe gelagert.

Während der Gärung wird Zucker in Alkohol und Kohlensäure umgewandelt. Durch die langsame Gärung und die nachfolgende lange Lagerung verbindet sich die Kohlensäure besonders gut mit dem Wein und ergibt später den feinen Schaum und das lang anhaltende Perlen. Gegen Ende der Lagerzeit kommen die Flaschen einige Wochen auf ein Rüttelpult (händisch) oder in Rüttelkörbe (mechanisch). Hier werden sie täglich gerüttelt, gedreht und ein Stück steiler gestellt. Die Trubstoffe können sich im Flaschenhals absetzen.

Degorgierung

Das ist die Entfernung des Trubpfropfens, der sich im Flaschenhals abgesetzt hat. Diese Arbeit wird dadurch erleichtert, dass man den Flaschenhals in eine Gefrierlösung taucht. Nach Öffnen der Flasche wird der gefrorene Satz herausgeschleudert. Ein geringer Teil des Flascheninhaltes geht verloren.

Dosierung (oder Dosage)

Die Flasche wird mit der Fülldosage, einer Mischung aus alten Weinen, Rohrzucker und eventuell anderen Ingredienzien, wie Süßreserve und Esprit de Cognac, aufgefüllt. Die Dosage ist für den Geschmack und die Klassifizierung des Champagners entscheidend. Die Zusammensetzung der Dosage ist das Geheimnis der Champagnerfirmen.

Abhängig vom Restzuckergehalt unterscheidet man folgende Sorten (die Bezeichnungen sind in den EU-Ländern verbindlich):

Restzucker in Gramm pro Liter	Österreich Deutschland	Frankreich Italien	England
0 bis 3	Naturherb	Brut nature, Brut zéro, Brut sauvage	
0 bis 6	Extra herb	Extra brut, Extra bruto	Extra brut
bis 15	Herb	Brut, Bruto	Brut
12 bis 20	Extra trocken	Extra dry, Extra secco	Extra dry
17 bis 35	Trocken	Sec, Secco, Asciutto	Dry
33 bis 50	Halbtrocken	Demi-sec, Semi sec, Abboccato	Medium dry
über 50	Mild	Doux, Dolce, Dulce	Sweet

Verkorkung

Nun wird die Flasche endgültig verschlossen, und zwar mit einem Naturkorken, einem Metallband und einer Agraffe.

Lagerung

Dann wird der Champagner nochmals gelagert, bis er die Flaschenreife erreicht hat.

Adjustierung (oder Etikettierung)

Zum Schluss wird die Flasche mit einer Halsschleife und einer Etikette versehen. Bei Jahrgangschampagner (Vintage) ist auf der Etikette der Jahrgang (Jahreszahl) ersichtlich. Bei den Champagnerflaschen gibt es verschiedene Größen – hauptsächlich Ganze und Doppelte Flaschen. Die anderen Flaschengrößen werden nur in Ausnahmefällen gefüllt.

Inhalt in Litern	Bezeichnung	Deutsche Bezeichnung
0,2	Baby-Quart	Baby, Zwerg, Pikkolo, Knirps
0,375	Split, Demi	Halbe Flasche
0,75	Imperial	Ganze Flasche
1,5	Magnum	Doppelte Flasche
3	Jeroboam	Vierfache Flasche
4,5	Rehoboam	Sechsfache Flasche
6	Methusalem	Achtfache Flasche
9	Salmanasar	Zwölffache Flasche
12	Balthazar	Sechzehnfache Flasche
15	Nebukadnezar	Zwanzigfache Flasche

1.3 Bekannte Champagnerfirmen

Name	Herkunft
Ayala & Montebello	Aÿ
Billecart-Salmon	Mareuil-sur-Aÿ
J. Bollinger	Aÿ
A. Charbaut & Fils (Blanc de Blancs)	Épernay
Charles Heidsieck	Reims
Heidsieck & Co Monopole	Reims
Henriot	Reims
Krug & Co	Reims
Lanson Père & Fils (Black Label)	Reims
Marne & Champagne	Épernay
Mercier	Épernay
Moët & Chandon (mit der Marke Dom Pérignon Vintage)	Épernay
G. H. Mumm & Co	Reims
Laurent-Perrier	Tours-sur-Marne
Perrier-Jouët & Co	Épernay
Piper-Heidsieck	Reims
Pol Roger & Co	Épernay
Pommery	Reims
Louis Roederer (Cristal)	Reims
Ruinart Père & Fils	Reims
Taittinger (Comtes de Champagne)	Reims
Veuve Clicquot Ponsardin	Reims

Kleines Abc der Etikettensprache

Blanc de Blancs: nur aus weißen Trauben erzeugt

Blanc de Noirs: nur aus blauen Trauben erzeugt

C. M.: Champagnerabfüllung einer Winzergenossenschaft, die nur Traubenmaterial der Mitglieder verwendet

M. A.: Marke eines Handelshauses oder Großabnehmers

N. M.: Champagner von einem Champagnerhaus, das Weine für die Cuvée zukauft.

Rosé: roséfarbiger Champagner mit Rotweinzusatz (schwierige Erzeugung)

R. M.: Champagner-Winzer, der ausschließlich aus eigenen Weinen seiner Ernte im eigenen Betrieb Champagner herstellt

Tête de Cuvée: Der beim Pressen zuerst abfließende Most hat, weil unter leichtem Druck gewonnen, die höchste Qualität. Er hat ein ausgewogenes Verhältnis von Zucker, Säure und Extrakten.

2 Schaumwein aus erster Gärung

Der auch als **Naturschaumwein** bezeichnete schäumende Wein wird in Italien, vereinzelt auch in Frankreich erzeugt. Der **Asti** bzw. **Asti spumante** sind die bekanntesten Naturschaumweine. Sie sind mit dem D.-O.-C.-G.-Prädikat ausgezeichnet und kommen aus dem Piemont (Italien). Der Asti spumante wurde ein Synonym für Schaumwein mit nur einer Gärung. Die Gärung wird in großen Druckbehältern durch Kälte gestoppt, wenn ein Alkoholgehalt von etwa 8 bis 9 Vol.-% erreicht ist. Ein Teil des Zuckers bleibt unvergoren. Daher hat dieser Schaumwein einen etwas süßlichen, mostigen Geschmack und eine kräftigere Färbung als andere Schaumweine. Nach dem Herausfiltern der Hefe werden die Naturschaumweine abgefüllt.

Einige Weinbauern in Österreich erzeugen ihren eigenen Sekt. Der Begriff **Hauersekt/Winzersekt** darf verwendet werden, wenn

- der Weinbaubetrieb die Trauben und den daraus hergestellten Wein im eigenen Betrieb gewonnen hat,
- eine traditionelle Flaschengärung erfolgte,
- die Vermarktung durch den Betrieb, der die Trauben zu Wein verarbeitet hat, erfolgte,
- auf der Etikette der Weinbaubetrieb, die Sorte und der Jahrgang aufscheinen.

Bekannte Hauersekte stammen u.a. von den Weingütern Bründlmayer und Steininger.
Die Firma Szigeti in Gols stellt Sekte in Lohnfertigung her.

www.schlumberger.at
www.szigeti.at

3 Sekt/Qualitätsschaumwein

Sekt ist die Bezeichnung für alle Schaumweine aus Österreich und der Schweiz sowie für Qualitätsschaumweine aus Deutschland.

3.1 Sekterzeugung

Klassische Flaschengärung – traditionelles Verfahren

Der Sekt wird auf dieselbe Art wie Champagner hergestellt. Die zweite Gärung sowie die Reifung erfolgen in der Flasche.

Transvasierverfahren

Der wesentliche Unterschied zur klassischen Flaschengärung besteht darin, dass nach der zweiten Gärung der erste Teil der Reifung in der Flasche erfolgt. Anschließend wird der Inhalt der Flaschen unter Gegendruck in einen Sammelbehälter entleert. Erst nach dem zweiten Teil der Reifung im Behälter und nach dem Zusatz der Dosage werden die Trubstoffe durch Gegendruckfiltration separiert und der Sekt wieder in Flaschen abgefüllt.

Tankgärverfahren (Charmat-Methode)

Die Erzeugung des Tanksektes ist preiswerter. Zwar unterscheidet sich die Grundweinbereitung nicht von der Champagnermethode, die Zweitgärung findet jedoch in großen Stahltanks statt. Die Gärung dauert zirka vier Wochen. Die entstehende natürliche Kohlensäure ist ebenfalls an den Wein gebunden. Nach der Gärung wird der Rohsekt auf –5 °C abgekühlt, um die verbrauchte Hefe entfernen zu können. Dann kommt die Dosage dazu, der Sekt wird filtriert und mit Hilfe einer Gegendruckfüllanlage in Flaschen gefüllt. Diese wesentlich billigere Erzeugungsmethode bewirkt einen qualitativ nicht so guten Sekt.

Imprägnierverfahren (zur Perlweinerzeugung)

Bei dieser Methode wird fertigem Wein Kohlensäure unter Druck zugesetzt. Dann wird die Dosage beigegeben und das Produkt unter Gegendruck abgefüllt. Nach diesem Verfahren werden Imprägnierschaumwein, Perlwein und Obstschaumwein erzeugt.

3.2 Bekannte Sektmarken

Österreich	
Firma	**Marke**
Ferschli	MM
Henkell-Söhnlein	Henkell Trocken, Kardinal, Fürst Metternich, Söhnlein-Brillant, Kupferberg
Inführ	Eigenmarken
Kattus	Hochriegl
Kleinoscheg	Herzogmantel, Admiral Rot, Schilchersekt
Schlumberger	Goldeck, Sparkling, DOM, Mounier
Stift Klosterneuburg	Klostersekt
Szigeti	Eigenmarken
Deutschland	
Firma	**Marke**
Henkell-Söhnlein	Carstens SC, Deinhard, Henkell Trocken, Fürs Metternich, Rüttgers Club, Söhnlein, Kupferberg
Peter Herres	Faber
Rotkäppchen-Mumm	Rotkäppchen, MM, Mumm, Geldermann

3.3 Andere Bezeichnungen für schäumende Weine

Vin mousseux: Schaumweine aus Frankreich, die außerhalb der Champagne erzeugt werden. Bekannt sind ua der Blanquette de Limoux aus der Region Languedoc-Roussillon und der Clairette de Die aus Südfrankreich. Sie werden nach der Champagnermethode hergestellt.

Crémant: Diese Bezeichnung ist bestimmten Gebieten in Frankreich und Luxemburg vorbehalten. Der Name des Anbaugebietes muss in der Produktbezeichnung aufscheinen, wie zB Loiretal (Crémant de Loire), Elsass (Crémant d'Alsace) und Burgund (Crémant de Bourgogne).

Spumante: Schaumweine aus Italien, zB Ca' del Bosco und Bellavista aus dem lombardischen D.-O.-C.-G.-Gebiet Franciacorta, Riccadonna und Martini & Rossi aus dem Piemont, Prosecco di Conegliano-Vadobbiadene aus Venetien und Ferrari aus dem Trentin.

Cava: Qualitätsschaumwein aus dem spanischen Gebiet Penedés, der nach der Champagnermethode hergestellt wird. Bekannte Erzeuger sind zB Codorníu und Freixenet.

Krimsekt: Der ins Ausland exportierte russische Sekt wird nach der Champagnermethode hergestellt.

Sparkling wine: so heißen in den USA alle Schaumweine, die eine zweite Gärung durchmachen. Zum Unterschied von Europa dürfen in Amerika alle schäumenden Weine als „champagne" bezeichnet werden, bei denen die zweite Gärung in einer Glasflasche stattgefunden hat. Bekannte Erzeuger sind ua Hanns Kornell, Schramsberg und Weibel.

Perlwein: Wird nach dem Imprägnierverfahren hergestellt. Die künstliche Kohlensäure hat keine feste Bindung mit dem Wein und ergibt große Kohlensäurebläschen, die im Glas rasch entweichen. **Frizzante** ist die italienische Bezeichnung für Perlwein.

4 Einkauf und Lagerung

Die meisten Schaumweine sind zum Zeitpunkt des Einkaufs bereits trinkreif und müssen nicht mehr über längere Zeit gelagert werden. Eine Ausnahme bildet der Jahrgangschampagner. Schaumwein wird grundsätzlich kühl und liegend gelagert. Mit Plastikkorken versehene Flaschen können auch stehend gelagert werden.

5 Service und Ausschank

Service, Gläser, Verwendung	
Service	▪ Ideale Trinktemperatur für junge Schaumweine 6–8 °C, für qualitativ höherwertige Schaumweine und Jahrgangschampagner 10 °C. ▪ Je trockener der Schaumwein, desto kühler soll er serviert werden.
Gläser	▪ Das ideale Schaumweinglas ist schlank und tulpenförmig. Tulpe (1), Flöte (2), Kelch (3) 1 2 3
Verwendung	▪ Als Aperitif. ▪ Als Begleiter zu Speisen: Sekt und Champagner harmonieren mit nahezu allen Speisen. Bei einem Menü sollte der Verlauf von trockenen bis süßen Qualitäten gegeben sein. ▪ Für Cocktails, Bowlen etc.

Prosecco ist grundsätzlich nach der Traube benannt. Ist er ein Schaumwein, trägt er die Bezeichnung Vino Spumante, ist er ein Perlwein, kommt er als Vino Frizzante in den Handel.

💡 „Champagne" muss die Bezeichnung „méthode champenoise" oder „fermented in this bottle" tragen. „Bottle fermented" oder „fermented in the bottle" entspricht dem Transvasierverfahren. „Bulk process" oder „charmat process" bedeutet Tankgärung.

💡 Sektschalen bieten eine viel zu große Oberfläche, aus der die Kohlensäure und die Bukettstoffe sehr schnell entweichen.

 Servierkunde

Hinweise zur Gästebetreuung

Eine Auswahl verschiedener Schaumweine wird von den Gästen erwartet. Viele Feinschmecker sind überzeugt, dass Schaumweine die besten Aperitifs sind. Sie machen den Anfang eines Essens nicht alkoholschwer und wirken durch die natürliche Kohlensäure erfrischend und appetitanregend.

(?) Fragen und Arbeitsaufgaben

1. Erklären Sie die Herstellung von Champagner.

2. Welche Geschmacksrichtungen von Champagner gibt es?

3. Was versteht man unter Naturschaumwein?
   Wie heißt der berühmteste Vertreter dieser Gruppe?

4. Nennen Sie fünf Champagnererzeuger und drei Sekterzeuger in Österreich bzw. Deutschland.

5. Erläutern Sie die verschiedenen Sektherstellungsverfahren.

6. Erklären Sie die Begriffe Crémant, Spumante, Cava und Sparkling wine.

7. Wie wird Perlwein hergestellt?

8. Bei welcher Temperatur wird Schaumwein serviert?
   Welches Glas eignet sich für Schaumwein am besten?

ZUSAMMENFASSUNG

Champagner

Champagner ist ein moussierender Weißwein, der aus Rot- und Weißweintrauben hergestellt wird und aus der Champagne in Frankreich stammt. Im Champagnergebiet gibt es ca. 130 Champagnererzeugungsfirmen, von denen ungefähr 30 absoluten Weltruf besitzen. Die bekanntesten sind in Épernay und Reims.

Für die Champagnererzeugung (Méthode champenoise) sind drei Traubensorten zugelassen, nämlich Pinot noir (blaue Traube), Pinot Meunier (blaue Traube) und Chardonnay (weiße Traube). Die Schritte der Champagnererzeugung sind: Weinlese – Kelterung – Erste Gärung (wie bei der normalen Weinerzeugung) – Cuvéebereitung (aus verschiedenen Gebieten, Lagen und Jahrgängen; die Cuvée wird geschönt, filtriert und gelagert) – Zweite Gärung (Versetzen des Weines mit Zucker und Hefe; Abfüllen in Flaschen; Umwandlung des Zuckers in Alkohol und Kohlensäure; tägliches Rütteln und Drehen in Rüttelpulten oder -körben) – Degorgieren (Entfernen des Trubpfropfens aus dem Flaschenhals) – Dosierung (Auffüllen mit einer Mischung aus alten Weinen und Rohrzucker) – Verkorkung – Lagerung – Etikettierung.

Abhängig vom Restzuckergehalt unterscheidet man die Sorten Naturherb, Extra herb, Brut, Extra trocken, Trocken, Halbtrocken und Mild.

Schaumwein aus erster Gärung

Naturschaumwein wird in Italien, vereinzelt auch in Frankreich erzeugt. Der **Asti** bzw. **Asti spumante** ist der bekannteste Naturschaumwein. Er ist mit dem D.-O.-C.-G.-Prädikat ausgezeichnet und kommt aus dem Piemont (Italien). Die Gärung wird in großen Druckbehältern durch Kälte gestoppt. Ein Teil des Zuckers bleibt unvergoren.

Sekt/Qualitätsschaumwein

Sekt ist die Bezeichnung für alle Schaumweine aus Österreich und der Schweiz sowie für Qualitätsschaumweine aus Deutschland. Die Erzeugung kann nach der klassischen Flaschengärung erfolgen. Weitere Methoden sind das Transvasierverfahren (nach der zweiten Gärung erfolgt die Reifung in einem Sammelbehälter), das Tankgärverfahren (zweite Gärung in großen Stahltanks) und das Imprägnierverfahren (zur Perlweinerzeugung; fertigem Wein wird unter Druck Kohlensäure zugesetzt).

Andere Bezeichnungen für schäumende Weine

Vin mousseux: Schaumwein aus Frankreich, der außerhalb der Champagne nach der Champagnermethode hergestellt wird.

Crémant: Aus bestimmten Gebieten in Frankreich und Luxemburg, zB Crémant de Loire

Spumante: Schaumwein aus Italien.

Cava: Qualitätsschaumwein aus dem spanischen Gebiet Penedés.

Krimsekt: Der ins Ausland exportierte russische Sekt wird nach der Champagnermethode hergestellt.

Sparkling wine: so heißen in den USA alle Schaumweine, die eine zweite Gärung durchmachen. Zum Unterschied von Europa dürfen in Amerika alle schäumenden Weine als „champagne" bezeichnet werden, bei denen die zweite Gärung in einer Glasflasche stattgefunden hat.

Perlwein: Wird nach dem Imprägnierverfahren hergestellt. **Frizzante** ist die italienische Bezeichnung für Perlwein.

Einkauf und Lagerung, Service
Die meisten Schaumweine sind zum Zeitpunkt des Einkaufs bereits trinkreif und müssen nicht mehr über längere Zeit gelagert werden. Die ideale Trinktemperatur liegt bei 6–8 °C für junge Schaumweine bzw. bei 10 °C für qualitativ höherwertige Schaumweine und Jahrgangschampagner. Das ideale Schaumweinglas ist schlank und tulpenförmig.

Versetzte Weine

Aperitifs und Digestifs, vor bzw. nach dem Essen konsumierte Getränke, sind eine Erfindung der Mittelmeerländer. In Italien trinkt man vor dem Essen einen Wermut oder Campari (Bitter – siehe Seite 154), in Frankreich einen Pernod (Anisée– siehe Seite 154) und in England einen trockenen Sherry oder Portwein. Die süßeren und schwereren Sorten werden nach dem Essen getrunken. Die versetzten Weine werden als „fortified wines" – verstärkte Weine bezeichnet.

Versetzte Weine sind Weine, deren Beschaffenheit neben der durch die Weintraube gegebenen Eigenart auf besondere Behandlungsweisen oder auf Zusätze bei der Erzeugung zurückzuführen ist. So werden zB dem Sherry und dem Portwein Alkohol und Most zugesetzt. In Österreich muss der Alkoholgehalt bei versetzten Weinen mindestens 13 Vol.-% betragen und darf 22,5 Vol.-% nicht überschreiten.

 Unsere Ziele

Nach Bearbeitung dieses Kapitels werden Sie

- die Sherryerzeugung erklären können,

- die Sherry-Grundtypen nennen können und wissen, wie sie gelagert werden,

- die verschiedenen Sherrys korrekt servieren können,
  die Portweinherstellung erläutern können,

- die unterschiedlichen Qualitätsbezeichnungen für Portwein nennen können und wissen, wie und wozu Portwein serviert wird,

- über die korrekte Lagerung von Portwein informieren können,

- Madeira, Samos, Mavrodaphne, Marsala, Málaga, Tokajer und Wermut beschreiben können.

Zusatz von Alkohol und Most	Sherry Portwein Madeira Samos Mavrodaphne
Zusatz von Alkohol, Wein, Most und Mostkonzentraten	Marsala Málaga
Zusatz von Rosinen (Trockenbeeren) und Most	Tokajer
Zusatz von Alkohol, Zucker und Kräuterauszügen	Wermut
Zusatz von Kohlensäure	Perlwein – siehe Seite 133

1 Sherry

Der Sherry kommt aus dem spanischen Weinbaugebiet Jerez in Andalusien und darf nur in einem genau abgegrenzten Gebiet um die Städte Jerez de la Frontera, Puerto de Santa Maria und Sanlúcar de Barrameda erzeugt werden.

www.sherry.org

1.1 Sherryerzeugung

Sherry wird zu 95 Prozent aus der **Palomino-Traube** hergestellt. Bei den süßen Sherry-Typen werden kleine Mengen Süßwein bzw. Mostkonzentrat von der Moscatel- und Pedro-Ximénez-Traube verwendet.

Bei der Reifung des Grundweines entwickelt sich die **Florhefe**, die das typische Fino-Aroma hervorbringt. Nach einigen Wochen wird entschieden, welche Weine für die Fino- und welche für die Oloroso-Produktion verwendet werden.

Fino = sehr trocken, sehr hell.

Oloroso = dunkler als Fino, höherer Alkoholgehalt.

Die Sherryproduktion zeichnet sich durch drei wesentliche Prozesse aus:

Zugabe von Weinbrand
Erst durch die Zugabe von Weinbrand entsteht junger Sherry. Bei den Fino-Sherrys wird auf mindestens 15 Vol.-% aufgespritet – die Florhefe bleibt erhalten.
Bei den Olorosos wird auf mindestens 16,5 Vol.-% aufgespritet und die Florentwicklung auf diese Weise unterbunden.

Kontrollierte Oxydation
Sie stimuliert das Wachstum des Flors bei den Finos und fördert die Entwicklung der Amontillados und Manzanillas (trockenen bis halbtrockenen Sherrys). Gleichzeitig erhält der Sherry den typischen oxydativen Geschmack.

Amontillado = trocken, farbintensiver als Fino.

Solera-Verfahren
Die Fässer werden in drei bis fünf Lagen übereinander gestapelt. Ganz unten lagert der älteste Sherry, in der obersten Reihe der jüngste. Von den untersten Fässern wird maximal die Hälfte in Flaschen abgefüllt. Die fehlende Menge wird durch Sherry der zweiten Reihe wieder aufgefüllt. Die zweite Reihe wiederum mit Sherry der dritten Reihe und so fort. Dadurch wird eine gleich bleibende Qualität garantiert. Bei Sherry gibt es durch das Solera-Verfahren keine Jahrgangsbezeichnung.

Manzanilla = Fino, der in Sanlúcar de Barrameda ausgebaut wurde.

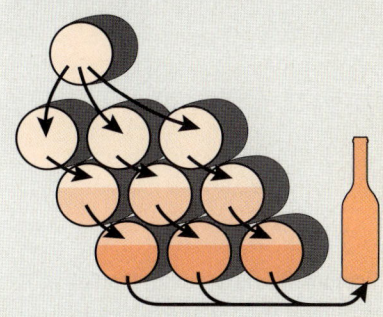

1.2 Sherry-Grundtypen

Je nach Geschmacksrichtung unterscheidet man folgende Sherrys:

Fino
Sehr trocken (extra dry), der klassische Sherry; sehr hell mit einem klar definierbaren Mandelaroma. Der Fino gilt im Allgemeinen als der feinste und in der Regel auch der teuerste Sherry.

Solera = Verschneidungsverfahren

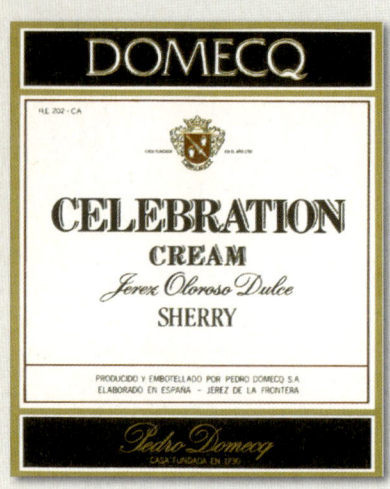

Reifeprüfung durch den Venenciador: In hohem Bogen gießt er zielsicher den Sherry in die Copita (das Sherryglas). Durch den langen Strahl tritt der Wein in intensiven Sauerstoffkontakt und entfaltet sein volles Aroma.

Porto = Hafenstadt in Portugal. Portwein wird von Porto aus exportiert.

Manzanilla

Fino, der in Sanlúcar de Barrameda ausgebaut wurde (intensivere Florentwicklung, leicht salzig).

Amontillado

Etwas kräftiger in der Farbe als der Fino, hat mehr Körper. Im Duft erinnert er an Walnuss- und Eichenholztöne. Er wird sowohl trocken als auch halbtrocken angeboten.

Oloroso

Dunkler als Finos und auch der Alkoholgehalt ist etwas höher; körperreich, mit mehr oder weniger leichter Süße, markantem Walnussaroma und vollem Bukett.

Cream

Dunkler, süßer Sherry, besteht aus Oloroso und Süßwein aus der Pedro-Ximénez-Traube.

Pale Cream

Eine Art gesüßter Fino, hell in der Farbe.

Bekannte Sherrymarken und Erzeuger

Don Fino (Sandeman), Tio Pepe (Gonzales Byass), Bristol Cream (Harvey's), Dry Sack (Williams & Humbert), La Ina (Pedro Domecq), Don Zoilo (Diéz-Merito), Tio Mateo (Palomino e Vergara).

1.3 Einkauf und Lagerung

Sherry ist in Österreich zumeist in 0,75-Liter-Flaschen erhältlich. Jeder Sherry ist bei der Flaschenabfüllung fertig ausgebaut, dh, er gewinnt durch Lagerung nicht mehr an Qualität. Finos und Manzanillas sollten möglichst kühl, dunkel und vor allem nur kurze Zeit gelagert werden. Die anderen Sherrytypen sind bei der Flaschenlagerung weniger empfindlich.

1.4 Service und Ausschank

Service, Gläser, Verwendung	
Service	▪ Ideale Trinktemperatur für Fino und Manzanilla 10–12 °C, für Amontillado 12–13 °C. ▪ Ideale Trinktemperatur für Oloroso und Cream 18 °C; werden, vor allem in den südlichen Ländern, auch leicht gekühlt serviert.
Glas	Am besten geeignet ist die Copita, das klassische Sherryglas.
Verwendung	▪ Als Aperitif: Fino, Amontillado, Manzanilla, Pale-Cream (gut gekühlt). ▪ Zu Fisch, Muscheln und Krustentieren: Fino, Manzanilla. ▪ Zu Desserts bzw. als Digestif: Oloroso, Cream.

2 Portwein

Portwein kommt aus Portugal. Die Trauben dürfen nach portugiesischem Gesetz nur aus dem oberen Tal des Douro stammen, der ältesten D.-O.-Region der Welt (1856). Vinho do Porto, so die portugiesische Bezeichnung für Portwein, sagt genau das aus, was er ist – nämlich Wein aus Porto.

2.1 Portweinerzeugung

Die Gärung des Mostes (meist aus blauen Trauben) wird durch **Zusatz von Weinbrand** (1 Teil Weinbrand, 5 Teile Most) gestoppt. Eine Restsüße bleibt erhalten (100 Gramm/Liter). Laut Gesetz darf ein Portwein zwischen 19 und 22 Vol.-% Alkohol aufweisen.

Nach dem Ausbau und der zirka einjährigen **Reifung** im Douro werden die Weine zur Lagerung in die Kellereien von Vila Nova de Gaia gebracht, wo auch der Verschnitt verschiedener Grundweine zum endgültigen Produkt führt. Die **Lagerung** kann zwischen 2 und 50 Jahren dauern. Einige Portweine altern im Fass, andere in der Flasche.

2.2 Qualitätsbezeichnungen

Nach der Farbe unterscheidet man zwischen rotem (Ruby) und weißem (White) Port.

Während die roten Portweine durch längere Fasslagerung immer heller werden, verändert sich die Farbe der White Ports mit zunehmender Lagerzeit von hell auf dunkel.

Ruby Port

Der Ruby ist ein Verschnitt von relativ jungen Weinen verschiedener Jahrgänge. Nach zwei bis drei Jahren Fasslagerung wird er in Flaschen gefüllt. Er verbessert sich in der Flasche nicht mehr. Ruby Port ist dunkel- bis hellrubinrot und fruchtig bis süßlich im Geschmack.

Tawny Port

Verschnitt von besonders guten Ruby Ports mit einer längeren Reifezeit in kleinen Eichenfässern (550 Liter/Pipes). Gute Tawny Ports haben ein delikates Aroma nach Nüssen und Mandeln. Tawnys lagern durchschnittlich fünf Jahre. Besondere Qualitäten kommen nach einer langen Reifezeit im Fass mit Altersangaben von 10 bis 40 Jahren in den Handel. Sie sind die gängigste Portweinqualität.

Colheita

Verschnitt lang gereifter Portweine eines Jahrgangs, aber (im Gegensatz zu den Vintage Ports) im Fass ausgebaut. Sie dürfen frühestens nach sieben Jahren auf Flaschen gezogen werden. Sowohl das Erntejahr als auch der Zeitpunkt der Abfüllung werden auf der Etikette vermerkt.

White Port

Wird aus weißen Trauben hergestellt und ist trocken (mind. 40 g Restzucker), halbtrocken oder süß. White Ports spielen mengenmäßig eine untergeordnete Rolle.

Vintage Port

Nach zweijähriger Fasslagerung wird der Jahrgangsportwein in Flaschen abgefüllt, wo er Jahre bzw. Jahrzehnte reift. Es sind seltene, sehr teure Portweine aus Spitzenjahrgängen, die aus Weinen eines Jahrgangs, manchmal auch eines Weinguts (Quinta) hergestellt werden.

Late Bottled Vintage (LBV)

Wein eines Jahrganges, der sehr gut ist, aber nicht perfekt genug, um als Vintage deklariert zu werden. Die ausgewählten Weine werden nach vier bis fünf Jahren Fasslagerung abgefüllt (trinkreif). Das Erntejahr ist auf der Etikette angeführt.

Vintage Character Port

Verschnitt hochwertiger Ruby Ports mehrerer Jahrgänge, der nach drei- bis vierjähriger Lagerung abgefüllt wird. Er kann noch weitere Jahre in der Flasche reifen.

Bekannte Portweinmarken

Barros, Burmester, Cockburn's, Croft, Delaforce, Dow's, Ferreira, Fonseca, Graham's, Kopke, Niepoort's, Offley, Quinta do Noval, Sandeman, Taylor, Warre.

2.3 Einkauf und Lagerung

Portwein in Standardqualität ist fast überall erhältlich. Spitzenprodukte findet man vorwiegend in Vinotheken und Weinhandelsfirmen. Portweine sollen kühl und dunkel lagern. Jahrgangsportweine werden liegend gelagert, alle Flaschen mit Griffkorken jedoch stehend.

Die geernteten Trauben werden nach alter Tradition von Männern in den „Lagares" (Steinbottichen) mit bloßen Füßen gestampft oder mit moderner Kellertechnik weiter verarbeitet.

Rote und weiße Ports werden aus verschiedenen Rebsorten hergestellt.

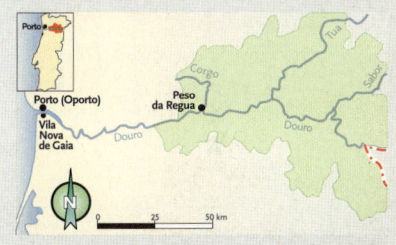

Quinta = Portwein, dessen Trauben zu 100 Prozent aus einem Weingut stammen, nennt man Single Quinta Port.

Der Portwein wird in eine Dekantierkaraffe umgefüllt. Das Depot (Bodensatz) bleibt in der Flasche.

2.4 Service und Ausschank

Service, Gläser, Verwendung	
Service	■ Ideale Trinktemperatur für White Port 10–12 °C. ■ deale Trinktemperatur für Vintage Port, Vintage Character Port und Late Bottled Vintage 16–18 °C. ■ Vintage Ports müssen dekantiert werden.
Glas	Die ideale Glasform ist tulpenförmig. Im sogenannten Portweinglas können sich die Duftstoffe richtig entfalten.
Verwendung	■ Als Aperitif: White Port. ■ Zu Käse: Vintage Port, Tawny Port. ■ Zu Schokoladedesserts bzw. als Digestif: Ruby, Tawny, Vintage Ports.

3 Madeira

Der Wein kommt von der portugiesischen Insel Madeira und wird vorwiegend aus Weißweinen hergestellt. Auf Grund des Herstellungsverfahrens zählt Madeira zu den lagerfähigsten Weinen. Die Jungweine werden gefiltert, mit Weindestillat auf 18 – 20 Vol.-% aufgespritet und über Monate in Holzbehältern mit Heizschlangen erwärmt (Estufagem) und dadurch konzentriert. Durch die weitere Reifung nach dem Solera-Verfahren und die Beigabe von Mostkonzentrat erhält der Wein seinen charakteristischen Karamellgeschmack.

Nach der Rebsorte unterscheidet man: **Sercial** (trocken), **Verdelho** (halbtrocken), **Bual** (süß) und **Malmsey** (Malvasia, sehr süß)

Klassifizierung nach dem Alter:

Reserve	5 Jahre alt
Spezial Reserve	10 Jahre alt
Extra Reserve	15 Jahre alt
Vintage Madeira	wird nur aus einer Rebsorte und Weinen aus einem Jahrgang hergestellt. Reifung: 20 Jahre im Holzfass (ohne Estufa-Verfahren) und 2 Jahre in der Flasche

Madeira hat 2.200 ha Rebfläche, oft auf Klippen hoch über dem Meer

Bekannte Madeira-Erzeuger sind:

Madeira Wine Company (mit Blandy's, Cossart Gordon, Leacock's und Miles) sowie Barbeito, Borges, Henriques&Henriques, Justino Henriques

4 Samos, Mavrodaphne

Samos ist ein weißer Dessertwein von der gleichnamigen griechischen Insel. Dem noch nicht voll vergorenen Most wird Branntwein zugesetzt und so die Gärung gestoppt. Nach einer fünfjährigen Reifezeit in Eichenholzfässern besitzt der Samos einen natürlichen Alkoholgehalt von zirka 14 Vol.-%. Er wird mit Branntwein auf 15 Vol.-% aufgespritet. **Mavrodaphne** ist ein schwerer roter Dessertwein vom Peloponnes. Er wird mit Weingeist versetzt, um die Gärung zu stoppen. Der Alkoholgehalt liegt bei 15 Vol.-%. Er braucht mehrere Jahre zur Reifung.

5 Marsala

Er kommt aus dem Nordwesten Siziliens und wird aus Weißwein unter Zusatz von Traubendestillat und konzentriertem Traubenmost hergestellt. Der Marsala ist dunkelrot bis braun, sein Alkoholgehalt liegt zwischen 17 und 18 Vol.-%. Es gibt die Sorten **Vergine** (trocken), **Fine** (trocken bis süß) und **Superiore** (halbtrocken bis süß).

6 Málaga

Er kommt wie der Sherry aus dem spanischen Weinbaugebiet Andalusien. Die Trauben wachsen in der Umgebung der Stadt Málaga. Den weißen Grundweinen werden Mostkonzentrate und eine karamellisierte Zuckerlösung sowie Alkohol und alte Málagaweine beigemischt. Die guten Sorten werden nach dem Solera-System (wie Sherry) veredelt.

7 Tokajer

Der Name stammt von dem ungarischen Städtchen Tokaj. Das Anbaugebiet umfasst rund 5.200 Hektar. Nach dem EU-Gesetz ist der Tokajer kein versetzter Wein. Neben dem süßen Tokajer gibt es den trockenen Weißwein **Tokaji Száraz Szamorodni** und den süßen **Édes Szamorodni.**

Tokaji eszencia (Tokajeressenz)

Die ausgelesenen edelfaulen Trauben kommen auf Keltertische, wo ihre Haut platzt und der Saft ohne Druck von Pressen abfließt. Dieser extrem zuckerreiche Most kommt in Fässer, in denen er sehr langsam vergärt. Die Tokajeressenz ist sehr süß und weist einen Alkoholgehalt von 6 bis 10 Vol.-% auf. Sie wird nur in Ausnahmejahren erzeugt und selten im Handel angeboten.

Aszú-Ernte

Tokaji aszú

Wenn der Saft für die Tokajeressenz abgeflossen ist, bereitet man aus dem Rest der rosinenartig eingeschrumpften Beeren in kleinen Butten eine Maische. Diese Maische wird dem Wein, der aus den nicht edelfaulen Trauben gekeltert wurde (Tokaji Szamorodni), zugesetzt. Je nachdem, wie viele Butten (Puttonyos) zu einem Fass Wein gegeben werden, unterscheidet man dreibuttige bis höchstens sechsbuttige Aszú-Weine. Die Maische wird 12 bis 36 Stunden ausgelaugt, dann wird abgepresst und der Wein beginnt zu gären. Die Aszú-Weine weisen einen Alkoholgehalt von rund 15,5 Vol.-% auf und brauchen mindestens vier Jahre zur Reifung.
In den modernen Betrieben von heute wird der Wein nicht mehr im Holzfass, sondern in Edelstahltanks vergoren. Der Tokaji aszú (Tokajer-Trockenbeerenauslese) ist dem österreichischen Ausbruchwein vergleichbar.

8 Wermut

Wermut ist ein aromatisierter Wein. Er kommt ursprünglich aus Italien (süßer, roter Wermut) und aus Frankreich (sehr trockener, heller Wermut). Heute gibt es, abhängig von Geschmack und Farbe, eine Reihe von Sorten. Wermut besteht zu 70 bis 75 % aus Wein mit einem Zusatz von Branntwein, Zucker und verschiedenen Kräutern, wie Wermutkraut, Wacholder, Ysop, Orangen- und Zitronenschalen, Zimt und Koriander. Die Zusammensetzung ist das Geheimnis der Hersteller. Der Mindestalkoholgehalt beträgt 16 Vol.-%.

Bekannte Wermutmarken

Martini, Cinzano, Punt e Més (alle Italien), Noilly Prat (Frankreich).

Einkauf und Lagerung

Meist ist Wermut in Einliterflaschen erhältlich. Wermut wird stehend und kühl gelagert.

Andere aromatisierte Weine

Während im Wermut das Wermutkraut die wichtigste Zutat ist, überwiegt bei den anderen aromatisierten Weinen die Chinarinde. Bekannte Marken sind ua Byrrh, St-Raphaël, Dubonnet (weiß, rot) und Rosso Antico.

Kleines Abc der Etikettensprache
Secco bzw. Extra dry: hellgelb, sehr trocken
Bianco: dunkleres Gelb, süß
Rosé: rosa, halbsüß
Rosso: rotbraun, süß
Amaro: rotbraun, bittersüß

Service und Ausschank

Service, Gläser, Verwendung	
Service	■ Ideale Trinktemperatur 10–12 °C. ■ Auf Eis mit Zitronenzeste.
Glas	Südweinglas (1) oder kleiner Tumbler (2) 1 2
Verwendung	■ Als Aperitif. ■ Als Bestandteil eines Mixgetränkes.

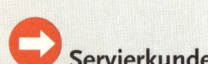
Servierkunde

? Fragen und Arbeitsaufgaben

1. Welche drei Arbeitsprozesse sind für die Sherryerzeugung maßgeblich? Erklären Sie sie.

2. Nennen Sie die verschiedenen Sherry-Grundtypen und beschreiben Sie ihre Charakteristik. Zu welchen Gerichten kann man sie anbieten?

3. Wie serviert man Sherry ?

4. Erklären Sie die Herstellung von Portwein.

5. Wie lauten die unterschiedlichen Qualitätsbezeichnungen für Portwein?

6. Wie serviert man Portwein? Welche Portweinarten würden Sie zu einem Dessert bzw. als Digestif empfehlen?

7. Wie wird Portwein richtig gelagert?

8. Welche versetzten Weine außer Sherry reifen noch nach dem Solera-System?

9. Erklären Sie folgende Produkte: Madeira, Samos, Mavrodaphne, Marsala, Málaga, Tokajer und Wermut.

ZUSAMMENFASSUNG

Sherry

Der Sherry kommt aus dem spanischen Weinbaugebiet Jerez in Andalusien. Er wird zu 95 Prozent aus der Palomino-Traube hergestellt. Bei der Reifung des Grundweines entwickelt sich die Florhefe, die das typische Fino-Aroma hervorbringt.

Die Sherryproduktion zeichnet sich durch drei wesentliche Prozesse aus: Zugabe von Weinbrand (bei Finos auf 15 Vol.-% – die Florhefe bleibt erhalten, bei den Olorosos auf 16,5 Vol.-% – die Florentwicklung wird unterbunden) – kontrollierte Oxydation (es entsteht der typische oxydative Geschmack) – Solera-Verfahren (die Fässer werden in drei bis fünf Lagen übereinander gestapelt. Ganz unten lagert der älteste Sherry, in der obersten Reihe der jüngste. Von den untersten Fässern wird maximal die Hälfte in Flaschen abgefüllt. Die fehlende Menge wird durch Sherry der zweiten Reihe wieder aufgefüllt. Die zweite Reihe wiederum mit Sherry der dritten Reihe und so fort).

Durch das Solera-Verfahren gibt es keine Jahrgangsbezeichnung.

Je nach Geschmacksrichtung unterscheidet man folgende Sherrys: Fino, Amontillado, Manzanilla, Oloroso, Cream, Pale Cream.

Jeder Sherry ist bei der Flaschenabfüllung fertig ausgebaut, dh, er gewinnt durch Lagerung nicht mehr an Qualität. Die ideale Trinktemperatur für Fino und Manzanilla beträgt 10–12 °C, für Amontillado 12–13 °C sowie für Oloroso und Cream 18 °C. Das klassische Sherryglas ist die Copita.

Portwein

Portwein kommt aus Portugal. Die Trauben dürfen nur aus dem oberen Tal des Douro stammen. Die Gärung des Mostes (meist aus blauen Trauben) wird durch Zusatz von Weinbrand (1 Teil Weinbrand, 5 Teile Most) gestoppt. Eine Restsüße bleibt erhalten. Laut Gesetz darf ein Portwein zwischen 19 und 22 Vol.-% Alkohol aufweisen. Zur Reifung lagern die Fässer in Lagerhallen, wo auch der Verschnitt verschiedener Grundweine zum endgültigen Produkt führt. Die Lagerung kann zwischen 2 und 50 Jahren dauern. Einige Portweine altern im Fass, andere in der Flasche.

Es gibt folgende Sorten: Ruby Port (dunkel- bis hellrubinrot, fruchtig), Tawny Port (delikates Aroma nach Nüssen und Mandeln), Colheita (Verschnitt lang gereifter Portweine eines Jahrgangs), White Port (weiß, trocken, halbtrocken oder süß), Vintage Port (aus Weinen eines Jahrgangs), Late Bottled Vintage (Wein eines Jahrganges, der nicht gut genug ist, um als Vintage deklariert zu werden), Vintage Character Port (Verschnitt hochwertiger Ruby Ports mehrerer Jahrgänge). Jahrgangsportweine werden liegend gelagert. Die ideale Trinktemperatur für White Port beträgt 10–12 °C, für Vintage Port, Vintage Character Port und Late Bottled Vintage 16–18 °C. Das ideale Portweinglas ist tulpenförmig.

Madeira

Er kommt von der portugiesischen Insel Madeira und wird vorwiegend aus Weißweinen hergestellt. Die Jungweine werden gefiltert, mit Weindestillat aufgespritet und über Monate erwärmt. Der Alkoholgehalt des konzentrierten Weines liegt bei 18–20 Vol.-%. Es gibt die Sorten Sercial (trocken), Verdelho (halbtrocken), Bual (süß) und Malmsey (sehr süß).

Samos

Weißer Dessertwein von der gleichnamigen griechischen Insel. Dem noch nicht voll vergorenen Most wird Branntwein zugesetzt und so die Gärung gestoppt.

Mavrodaphne

Schwerer roter Dessertwein vom Peloponnes. Er wird mit Weingeist versetzt, um die Gärung zu stoppen.

Marsala

Aus dem Nordwesten Siziliens. Dem Weißwein wird Traubendestillat und konzentrierter Traubenmost zugesetzt. Es gibt die Sorten Vergine (trocken), Fine (trocken bis süß) und Superiore (halbtrocken bis süß).

Málaga

Er kommt aus dem spanischen Weinbaugebiet Andalusien. Den weißen Grundweinen werden Mostkonzentrate und eine karamellisierte Zuckerlösung sowie Alkohol und alte Málagaweine beigemischt.

Tokajer

Der Name stammt von dem ungarischen Städtchen Tokaj. Die **Tokaji eszencia (Tokajeressenz)** wird aus edelfaulen Trauben hergestellt. Sie kommen auf Keltertische, wo ihre Haut platzt und der Saft ohne Druck von Pressen abfließt. Sehr süß. Selten im Handel.

Wenn der Saft für die Tokajeressenz abgeflossen ist, bereitet man aus dem Rest eine Maische. Sie wird dem Wein, der aus den nicht edelfaulen Trauben gekeltert wurde, zugesetzt. Je nachdem, wie viel zu einem Fass Wein gegeben werden, unterscheidet man dreibuttige bis höchstens sechsbuttige **Tokaji-Aszú-Weine** (ähnlich den österreichischen Ausbruchweinen).

Wermut

Wermut ist ein aromatisierter Wein und besteht zu 70 bis 75 % aus Wein mit einem Zusatz von Branntwein, Zucker und verschiedenen Kräutern, wie zB dem Wermutkraut. Es gibt die Sorten Secco bzw. Extra dry (hellgelb, sehr trocken), Bianco (dunkleres Gelb, süß), Rosé, Rosso (rotbraun, süß) und Amaro (rotbraun, bittersüß). Die ideale Trinktemperatur liegt bei 10–12 °C. Wermut wird auf Eis mit einer Zitronenzeste serviert.

Spirituosen

Wir unterscheiden Destillate aus Wein (zB Cognac, Weinbrand), Destillate aus Getreide (zB Whisky), Obstdestillate (zB Marillenbrand) sowie sonstige Destillate (zB Tequila aus Agaven, Rum aus Zuckerrohr).

Spirituosen ist ein Sammelbegriff für alle gebrannten Getränke. Sie lassen sich aus jedem Material destillieren, das vergoren werden kann und genügend Zucker enthält, der sich in Alkohol umwandeln lässt. Den Vorgang, der notwendig ist, um trinkfertigen Alkohol zu gewinnen, nennt man Destillation.

 Unsere Ziele

Nach Bearbeitung dieses Kapitels werden Sie:

- die Herstellung von Spirituosen und ihre zwei Verfahren erklären können,
- die Qualitätsbezeichnungen für Destillate nennen können,
- die verschiedenen Weindestillate nennen und erklären können,
- die verschiedenen Getreidedestillate nennen und erläutern können,
- über Rum, Tequila sowie Anisées und Bitters Bescheid geben können,
- die verschiedenen Obstdestillate nennen und erklären können,
- die Likörerzeugung erklären sowie die Qualitätsbezeichnungen bei den Likören nennen können,
- die verschiedenen Likörarten nennen und erläutern können,
- über Einkauf und Lagerung sowie Service aller Spirituosengruppen Bescheid geben können.

1 Herstellung

1.1 Maischen und Gären

Die Rohstoffe (Getreide, Obst, Beeren, Wurzeln und Kräuter, Zuckerrohr oder Reis) werden gereinigt, zerkleinert und eingemaischt. Die zuckerhältige Maische wird mit Hilfe von Hefe in Alkohol und Kohlensäure umgewandelt.

1.2 Destillation

Will man hochprozentige Spirituosen erzeugen, muss man dem Ausgangsprodukt (Wein, Obstmaische oder anderen vergorenen Säften) den Alkohol entziehen.
Da Alkohol schon bei 78,3 °C zu verdampfen beginnt, Wasser aber erst bei 100 °C, muss man die Alkoholdämpfe auffangen und durch Kühlung wieder verflüssigen. Diesen Vorgang nennt man destillieren. Je öfter destilliert wird, desto höher ist der Alkoholgehalt.

- **Erste Destillation:** Es entsteht der Raubrand mit einem Alkoholgehalt von 30 Vol.-%.
- **Zweite Destillation:** Vor- und Nachlauf werden ausgeschieden. Ver- wendet wird der Mittellauf **(Feinbrand)** mit einem Alkoholgehalt von 60 bis 70 Vol.-%.

Die zwei wichtigsten Destillationsverfahren sind:

Brennblasenverfahren oder Rau- und Feinbrandverfahren (Pot-still-Verfahren)

- Destillation in zwei voneinander unabhängigen Brennvorgängen.
- Kondensieren (Verflüssigen) und Ausscheiden des Vor- und Nachlaufes beim zweiten Brennvorgang. Nur der Mittellauf wird zum weiteren Veredeln genommen.
- Ergebnis: beste Alkoholqualität, Alkoholgehalt von 60 bis 70 Vol.-%.
- Anwendung: zB für Obst- und Edelbrände.

Kontinuierliches Verfahren oder Kolonnenbrennverfahren (Patent-still-Verfahren)

- Einmalige Destillation, sehr hoch gebrannt (bis zu 80 Vol.-%).
- Kondensieren des Mittellaufes.
- Ergebnis: hohe Alkoholausbeute, Alkoholgehalt 80 bis 85 Vol.-%.
- Anwendung: zB bei Armagnac, Grain Whisky.
- Ist wirtschaftlicher als das Pot-still-Verfahren. Die in sich geschlossene Patent-still-Anlage wiederholt in gleicher Zeit zirka 20-mal den Destillationsvorgang des Pot-still-Verfahrens.

1.3 Lagern und Reifen

Ebenso wichtig wie das Brennen ist das Lagern und Reifen. Meist werden Holzfässer oder Edelstahltanks bzw. Glasballons verwendet. Durch das Lagern wird die Schärfe des Alkohols gemildert und es bildet sich das charakteristische Aroma der einzelnen Spirituosen.

1.4 Verschneiden

Das Verschneiden ist eine besondere Kunst. Nicht alle Spirituosen werden verschnitten.

1.5 Abfüllen

Die meisten Spirituosen werden erst kurz vor dem Versand abgefüllt, da sie in der Flasche nicht mehr reifen.

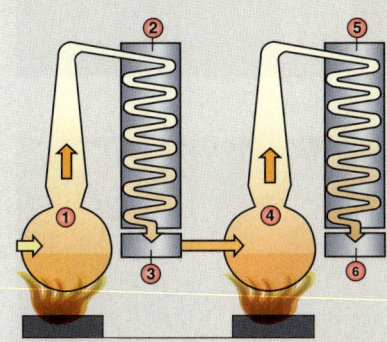

Pot-still-Verfahren

☐ Würzblase
☐ Kondensator
☐ Raubrandbehälter
☐ Alkoholblase
☐ Kondensator
☐ Sammelbehälter

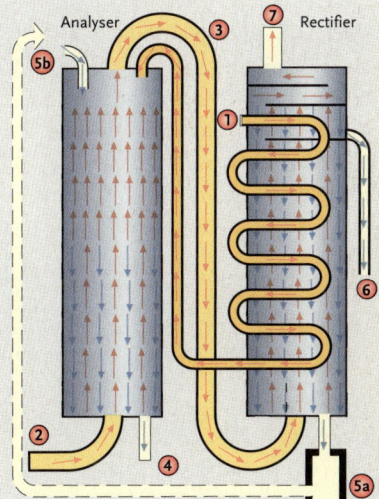

Patent-still-Verfahren

☐ heiße Würze
☐ Wasserdampf
☐ Dampfleitung
☐ Ausscheiden der übrigen Flüssigkeit
☐ Ausscheiden von Vor- und Nachlauf
☐ Sammelbehälter für Mittellauf
☐ Ablassventil für überschüssigen Wasserdampf

Fassherstellung durch einen Küfer
(Fassbinder)

Fremdalkohol = Ethylalkohol landwirtschaftlichen Ursprungs (früher als Monopolalkohol bzw. Weingeist bezeichnet). Er wird aus agrarischen Grundstoffen hergestellt und ist geruchs- und geschmacksneutral.

www.schnapsmuseum.com
www.schnapsnase.at

2 Qualitätsbezeichnungen

Nach dem Österreichischen Lebensmittelcodex (Codex Alimentarius Austriacus).

Edelbrände	
■ Alkohol stammt ausschließlich aus der namengebenden Frucht ■ müssen das ihren Ausgangsstoffen eigene Aroma (charakteristischer Geruch und Geschmack) aufweisen ■ werden nur mit Wasser auf den gewünschten Alkoholgehalt herabgesetzt	
Weinbrände	■ entweder 100%ige Weindestillate oder Verschnitte mit hochgradigem Weindestillat, wo bei dessen Anteil im Fertigprodukt höchstens 50 % betragen darf ■ Reifungszeit mindestens ein Jahr, bei Fässern mit einem Fassungsvermögen unter 1.000 Litern mindestens sechs Monate ■ Alkoholgehalt mindestens 36 Vol.-%
Österreichische Qualitätsweinbrände	■ 100%ige, hochwertige Weindestillate aus österreichischen Grundweinen ■ Verschneiden mit Weinalkohol nicht erlaubt ■ Alkoholgehalt mindestens 36 Vol.-%
Branntweine	■ sind 100%ige, hochwertige Weindestillate ■ Branntweine sind farblos, die Lagerung in Eichenfässern ist nicht erwünscht ■ sind keine Obstbrände ■ zusätzliche Hinweise wie Veltliner-, Schilcher-, Muskatellerbrand sind handelsüblich (zB Dürnsteiner Veltlinerbrand)
Obstbrände	■ 100%ige Destillate ■ werden mit keinem anderen Alkohol verschnitten ■ meist sortenrein; entweder aus der fleischigen Frucht (einschließlich Weintrauben) oder aus dem frischen Most (auch Traubenmost) hergestellt ■ Alkoholgehalt mindestens 37,5 Vol.-%
Beerenbrände	■ beim Einmaischen Fremdalkohol im Verhältnis 20 Liter reiner Alkohol zu mind. 100 kg Früchte verwenden ■ Alkoholgehalt mindestens 37,5 Vol.-%
Österreichische Qualitätsbrände	■ 100%ige Destillate ■ nicht aromatisiert
Spirituosen aus Obst	
Obstschnäpse	■ handelsübliche Bezeichnung: Spirituosen mit dem Zusatz Schnaps (zB Spirituose Marillenschnaps) ■ mindestens Drittelverschnitt eines österreichischen Qualitätsobstbrandes mit Fremdalkohol ■ Destillatanteil der namengebenden Frucht am Gesamtalkohol beträgt mindestens 33 %
Obstspirituosen	■ durch Einmaischen einer Frucht in Fremdalkohol; es werden mindestens 5 kg Früchte je 20 Liter reinem Alkohol verwendet
Spirituosen nach besonderen oder traditionellen Verfahren	
■ aus schwer vergärbaren oder zuckerarmen Rohstoffen ■ Produkte, die nach traditionellen Verfahren hergestellt werden und sich seit über 30 Jahren am Weltmarkt behaupten (zB Steinhäger, Whisk(e)y, Aquavit, Wodka)	
Geiste	■ Spirituosen aus Früchten (zB Himbeeren), die nicht so zuckerhaltig sind, dass sich bei ihrer natürlichen Gärung genug Alkohol bildet; die Früchte (meist Beerenobst; nicht Stein- oder Kernobst) werden in Alkohol gelegt, der die Aromastoffe auslaugt; nach einer angemessenen Einwirkungszeit wird dieser Auszug destilliert ■ Alkoholgehalt mindestens 35 Vol.-%

3 Weindestillate

3.1 Cognac

Cognac ist ein Destillationsprodukt aus Weißweinen, die ausschließlich aus dem in Frankreich gesetzlich geschützten Gebiet der **Charente** kommen. Die Hauptstadt dieses Gebietes ist **Cognac,** die dem weltbekannten Weinbrand seinen Namen gegeben hat. Unter allen Weindestillaten der Welt gilt Cognac als das vornehmste. In Eleganz und Finesse kommt ihm kein anderes gleich.

Destillate aus Wein sind Cognac, Armagnac, Eau de Vie de Vin, Acquavite d'Uva, Weinbrand, Brandy, Weinhefebranntweine und Tresterbrände.

Paris

Bordeaux

La Rochelle

Bois Ordinaires

Charente

Fins Bois

Charente

Seudre

Les Borderies

Cognac

Grande Champagne

Petite Champagne

0   25   50 km

N

Bons Bois

Dronne

Bois Ordinaires

Isle

Isle

Dordogne

Bordeaux

Die Charente ist in sechs Produktionszonen eingeteilt:

Grande Champagne, Petite Champagne, Les Borderies, Fins Bois, Bons Bois, Bois Ordinaires

Diese Reihung ist gleichzeitig eine Qualitätsbeurteilung. Der beste Cognac kommt aus der **Grande Champagne** (Grande Fine Champagne). Produkte, die von dort und aus der Petite Champagne kommen, dürfen die Bezeichnung **Fine Champagne** tragen. Cognacs, die nur aus Feinbränden einer Destillerie stamen, bezeichnet man als **Single Distillery Cognacs.**

Cognacerzeugung

Die für die Cognacerzeugung verwendeten Rebsorten sind Ugni blanc, Folle blanche und Colombard.

- **Brennen:** Das Destillieren der jungen, hefehaltigen Weine geschieht in den für die Charente typischen Kupferbrennblasen (Alambics charentais). Es wird zweimal destilliert (Raubrand, Feinbrand). Der Mittellauf hat etwa 60 bis 70 Vol.-% Alkohol.
- **Lagern und Reifen:** Ebenso wichtig wie das Brennen ist für Cognac das Lagern in Eichenfässern aus Limousin-Eiche. Der ursprünglich farblose Brand nimmt aus den Eichenfässern die Gerbsäure Tannin und die goldgelbe Farbe auf. Die Schärfe des Alkohols wird gemildert, es bildet sich das charakteristische Aroma. Cognac muss mindestens zwei Jahre reifen, gute Cognacs lagern aber wesentlich länger.
- **Verschneiden:** Diese besondere Kunst wird nur von erfahrenen Kellermeistern durchgeführt.
- **Verdünnen:** Im Laufe der Lagerzeit wird der Cognac einige Male mit destilliertem Wasser verdünnt und so auf die Trinkstärke von mindestens 40 Vol.-% Alkohol gebracht.
- **Abfüllen:** Cognac wird erst kurz vor dem Versand abgefüllt. In der Flasche reift er nicht mehr.

Welche Champagne gibt es noch neben der Champagne de Cognac?

◆ DAS CHARENTAISER BRENNVERFAHREN

Helm   Schwanenhals   Weinvorwärmer   Kühlschlange

Brennkessel

Cognacbezeichnungen	
Mindestens zwei- bis dreijährige Fasslagerung *** Trois Étoiles (Sterne) bis *******Sept Étoiles	**Réserve** Grande Fine
Dreijährige Fasslagerung Sélection Cuvée Spéciale Fine De Luxe V.S. (Very Special)	**Sechsjährige Fasslagerung und älter** Extra Vieux Vieille Réserve Napoléon
Vierjährige Fasslagerung Superior Premiér Choix Grande Sélection	V.V.S.O.P. (Very Very Superior Old Pale) Hors d'Age Age Inconnu Trés Rare Fine Champagne X.O. Extremly Old
Fünfjährige Fasslagerung V.O. (Very Old) V.S.O.P. (Very Superior Old Product)	

Napoléon = Der Name ist nicht geschützt. Manche Firmen halten sich nicht an die mindestens sechsjährige Fasslagerung.

Bekannte Marken
Bisquit, Camus, Courvoisier, Leopold Gourmel, Hennessy, Hine, Rémy Martin, Martell, Delamain, Larsen, Monnet, Otard, Louis Royer

3.2 Armagnac

Armagnac ist ein Weindestillat aus Südfrankreich aus dem Gebiet der Gascogne und wird ausschließlich aus Weinen dieses Gebietes hergestellt. Zusätze wie Veilchenwurzel-, Dörrpflaumen- oder Nussextrakt sind möglich. Armagnac ist nachweislich älter als Cognac. Er darf in Jahrgängen, die bis ins 19. Jahrhundert zurückreichen, verkauft werden. Armagnac wird nach dem kontinuierlichen Verfahren hergestellt. Der Alkoholgehalt liegt bei 38 bis 43 Vol.-%.

Bekannte Marken
Larresingle, Clés des Ducs, Janneau, Marquis de Montesquiou, Gerland, Sempé, Goudoulin.

3.3 Eau de Vie de Vin

Bezeichnung für einen französischen Weinbrand, der außerhalb der Gascogne und der Charente erzeugt wird. Der Alkoholgehalt beträgt 40 Vol.-%.

Bekannte Marke
De Ville V.S.O.P.

3.4 Acquavite d'Uva

Italienisches Traubendestillat mit meist 40 Vol.-%. Es schmeckt besonders fein, da ihm der herbe Auszug aus den Kernen fehlt.

Bekannte Marke
Nonino

3.5 Weinbrand

Wird in vielen Ländern erzeugt. In Österreich ist er laut Gesetz ein Edelbrand aus Wein.

Bekannte Marken
Österreich: Bouchet, Stock, Spitz
Deutschland: Asbach, Dujardin, Eckes, Scharlachberg, Mariacron, Chantré

www.asbach.de

3.6 Brandy

Brandy ist ein sehr allgemeiner Begriff, der weltweit für verschiedenartigste Spirituosen verwendet wird. In erster Linie sind damit jedoch Weinbrände gemeint, vor allem aus südeuropäischen Ländern, insbesondere Spanien.
Generell ist Brandy milder und weicher als Weinbrand.

Bekannte Marken
Spanien: Miguel Torres Imperial, Cardenal Mendoza, Carlos I, Osborne (Veterano), Gonzalez Byass (Soberano), Lustau
Italien: Stock 84, 84 Originale, 84 V.S.O.P., Stock X.O., Vecchia Romagna Etichetta Nera
Griechenland: Metaxa 3*** bis 7*******
Portugal: Antiqua V.S.O.P.

3.7 Weinhefebranntweine

Nach dem „Abstechen des Weines vom Geläger" (vgl. Weinerzeugung) werden diese Rückstände nochmals gepresst. Sie enthalten noch eine beträchtliche Menge Wein. Daraus wird der Hefebranntwein (Gelägerbrand, Glöger) destilliert.

Bekannte Marke
Dürnsteiner Glöger-Reserve.

3.8 Tresterbrände

Dies sind Edelbrände, die aus den Pressrückständen der Weinmaische (Weintrestern) hergestellt werden. In Frankreich werden sie als **Marc,** in Italien als **Grappa** und in der Schweiz als **Träsch** oder bezeichnet. Der Alkoholgehalt muss mindestens 37,5 Vol.-% betragen. Es gibt glasklare Grappas und solche mit einer Gelbtönung (sie wurden einige Zeit im Holzfass gelagert). In Italien, hauptsächlich Norditalien, gibt es große Grappahersteller. In Österreich sind es meist die Winzer, die einen Tresterbrand erzeugen oder erzeugen lassen.

Bekannte Marken
Österreich: Jurtschitsch, Böckl, Bründlmayer, Kollwentz, Gölles, Kracher, Lagler, Stadlmann
Italien: Grappa Julia, Vite d'oro, Piave, Nonino, Ceretto, Jacopo Poli
Frankreich: Marc de Champagne, Marc de Bourgogne und Marc d'Alsace von verschiedenen Herstellern

3.9 Einkauf und Lagerung

Die Flaschengrößen reichen von ganz kleinen Flaschen (Miniaturen; zB für eine Minibar) bis 0,75-Liter-Flaschen und vereinzelt größeren Flaschen. Sie werden stehend gelagert und müssen stets gut verschlossen sein.

3.10 Service und Ausschank

Service, Gläser, Verwendung	
Service	**Cognac, Weinbrand** ■ Ideale Trinktemperatur liegt bei 18 °C. Eine Unsitte ist es, die Cognacgläser anzuwärmen. Die feinen Aromen werden dadurch zerstört. ■ Ausschankmaß 2 bzw. 4 cl; Cognacs werden gerne unmittelbar vor dem Gast einschenkt; sehr alte Cognacs werden auch in Karaffen angeboten. **Grappa** ■ Ideale Trinktemperatur für klaren Grappa 8–10 °C; für besondere Qualitäten 18 °C. ■ Ausschankmaß: 2 bzw. 4 cl.

Gäste aus dem asiatischen Raum trinken gerne gekühlten Cognac.

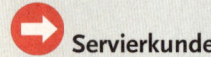
Servierkunde

Destillate aus Getreide sind Whisky & Whiskey, Genever, Gin, Aquavit, Wodka, Korn & Kümmel.

Die Schreibweisen Whisky und Whiskey sollten ursprünglich den schottischen Whis**ky** vom irischen Whis**key** unterscheiden.

gedarrt = getrocknet

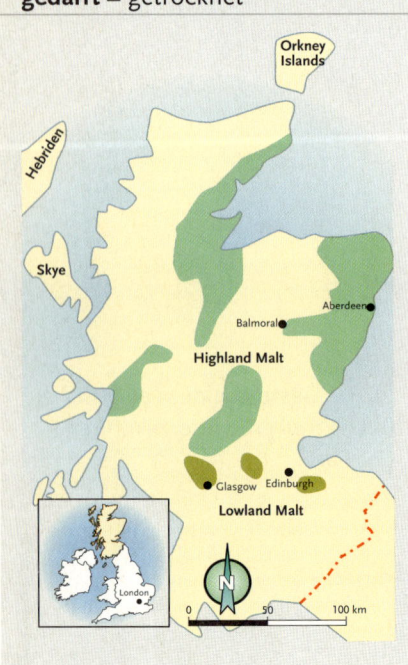

Gläser	**Cognac, Weinbrand:** Cognacschwenker (1), immer häufiger das klassische Cognacglas (2), **Grappa:** Grappaglas (3)
	1 2 3
Verwendung	■ Klassische Digestifs. ■ Für Mixgetränke. ■ Zum Flambieren. ■ Zum Verfeinern von Speisen. ■ Gäste aus dem asiatischen Raum trinken Cognac auch als Aperitif oder, verdünnt mit Wasser, zum Essen.

4   Getreidedestillate

4.1   Whisky & Whiskey

Whisk(e)y ist der bedeutendste aller Getreidebrände und kommt ursprünglich aus Schottland und Irland. Whisk(e)y wird heute auch in den USA, Kanada, Japan, Deutschland etc. erzeugt. In Österreich stellen zB der Waldviertler Roggenhof (in Roggenreith) sowie der Schnapsbrenner Reisetbauer (in Kirchberg-Thening bei Linz) verschiedene Whiskysorten her. Früher wurde Whisk(e)y nur aus Gerste und Hafer hergestellt. Heute werden auch Weizen, Mais und Roggen zur Herstellung verwendet.

Scotch Whisky
Schottischer Whisky hat als einziger Whisky den typischen Rauchgeschmack. Aber auch das weiche, klare Berg- und Moorwasser Schottlands ist für die Güte von größter Bedeutung.

Malt Whisky
Ursprünglichste Form des Whiskys. Er besteht aus reiner Gerste, die man zum Keimen bringt **(Malz).** Die gekeimten Körner werden über einem gleichmäßigen Torffeuer gedarrt. Dadurch entwickelt sich der Rauchgeschmack und die Stärke wird durch Enzyme in vergärbaren Zucker umgewandelt. Dann wird das getrocknete Malz geschrotet, mit heißem Wasser vermischt, abgekühlt und durch Hefezusatz zum Gären gebracht.

Diese vergorene Würze wird nun in Kupferkesseln zweimal destilliert (Pot-still-Verfahren). Danach wird das Destillat mindestens drei Jahre in Eichenfässern (gebrauchten Bourbon-, Rum-, Sherry- oder Portweinfässern) gelagert. Spitzenprodukte lagern 12 und mehr Jahre.

Man unterscheidet:
Single Malt: Malt Whisky aus einer einzigen Destillerie.
Blended Malt: aus verschiedenen Malt Whiskys unterschiedlicher Destillerien.

Bekannte Marken: The Glenlivet, Glenfiddich, Knockando, The Macallan, Rosebank, Glenkinchie, Bowmore, Laphroaig, Lagavulin, Springbank

Grain Whisky
Er besteht aus Mais, Weizen, ungemälzter Gerste und anderen Getreidesorten. Er wird nach dem Patent-still-Verfahren hergestellt. Grain Whisky ist mild, leicht und hat wenig Farbe. Er wird hauptsächlich zum Blenden (Verschneiden) verwendet.
Bekannte Marken: Invergordon, Cameronbridge

Blended Scotch Whisky

Wird aus Grain Whiskys und Malt Whiskys unterschiedlicher Jahrgänge und Herkunft so zusammengestellt, dass stets der gleiche markentypische Geschmack gegeben ist.

Bekannte Scotch Blends: Johnnie Walker Red Label, White Horse, J & B Rare, Cutty Sark, Black & White, Ballantine's, Grant's, Bell's

Bekannte De-Luxe-Scotch-Blends: Johnnie Walker Black Lable, Chivas Regal Gold Signature, Ballantine's Brown Label, Grant's Royal, Dimple Haig

Ab einem Maltanteil von 35 Prozent spricht man von einem **De-Luxe-Blend.**

Irish Whiskey

Der klassische Irish Whiskey wird ebenfalls aus Gerstenmalz bereitet, das jedoch im Heißluftofen gedarrt wurde. Deshalb ist der typische Irish Whiskey ohne Rauchgeschmack. Außerdem enthält er Anteile ungemälzter Gerste.
Irish Whiskey wird dreimal destilliert und mit neutralem Kornsprit versetzt.

Bekannte Marken: Paddy, Jameson, Tullamore Dew, Old Bushmills

www.potstill.org

Beim **Sour-Mash-Verfahren** werden der Maische die Rückstände der vorangegangenen Destillation zugesetzt.

American Whiskey

Die amerikanischen Whiskeys sind schwer, körperreich und ein wenig süßlich. Die drei wichtigsten Arten sind Bourbon, Tennessee Bourbon und Rye Whiskey.

Bourbon Whiskey

Er hat seinen Ursprung im amerikanischen Bundesstaat Kentucky. Er muss zumindest aus 51 % Mais hergestellt werden. Zusätze sind Roggen und Gerste. Er wird im Patentstill-Verfahren hergestellt und mindestens zwei Jahre in innen ausgekohlten Eichenfässern gelagert.

Man unterscheidet:
Straight Bourbon: aus einer Destillerie.
Blended Straight Bourbon: Verschnitt mehrerer Straight-Bourbons.
Blended Bourbon: Verschnitt verschiedener Bourbon Whiskeys mit einem Mindestanteil von 51 % Straight Bourbon.

Bekannte Marken: Jim Beam, Wild Turkey, Old Crow, Old Forester, Four Roses

Tennessee Bourbon Whisk(e)y

Er entsteht auf ähnliche Weise wie Bourbon. Hervorzuheben ist der ungewöhnlich milde Charakter, den er durch ein aufwändiges Filtrationsverfahren durch Holzkohle bekommt.

Bekannte Marken: Jack Daniel's, George Dickel

Rye Whiskey

Er besteht zu mindestens 51 % aus Roggen und wird mindestens zwei Jahre in neuen ausgekohlten Eichenfässern gelagert.

Bekannte Marken: Wild Turkey Rye, Jim Beam Rye

Canadian Whisky

Ist immer ein Verschnitt von Whiskys aus Roggen und anderen Getreidesorten mit Neutralalkohol. Kanadische Whiskys sind leicht und relativ geschmacksneutral. Die Mindestlagerzeit beträgt drei Jahre und erfolgt in Sherryfässern.

Bekannte Marken: Black Velvet, Canadian Club (C.C.), Seagram's (VO und Crown Royal)

Japanischer Whisky

Japanischer Whisky wird mit den gleichen Grundmaterialien in der gleichen Art und Weise hergestellt wie das große Vorbild Scotch Whisky. Der japanische Student Masataka Taketsuru kam nach Glasgow und erlernte die Destillaton von Whisky. Wieder in der Heimat gründete er 1923 die erste Brennerei. Neben Blended Whiskys werden Blended Malts und seit kurzem auch Single Malts erzeugt.

4.2 Genever

Gebrannt wurde die auch als Jenever bezeichnete Spirituose erstmals Ende des 15. Jahrhunderts im holländischen Ort Schiedam bei Rotterdam. Genever wird heute in vielen Ländern hergestellt.
Seine Bestandteile sind Gerste, Roggen und Mais unter Verwendung von Darrmalz, Wacholderbeeren und Gewürzen. Er durchläuft drei Brennvorgänge und hat einen Alkoholgehalt zwischen 35 und 43 Vol.-%.

Bekannte Marken
Bokma, Bols, De Kuyper Holland

4.3 Gin

Gin stammt aus England und wird aus Gerste und Roggen unter Verwendung von Wacholderbeeren und Gewürzen hergestellt. Er hat einen Alkoholgehalt von 38 bis 45 Vol.-% und ist wasserklar.

Es gibt verschiedene Sorten:
- Dry Gin und London Dry Gin sind ungesüßt.
- Old Tom Gin und Plymouth Gin sind leicht gesüßt.
- Versetzte Gins unterscheiden sich in der Farbe; es gibt Sloe Gin (mit Schlehen), Almond Gin (mit Bittermandeln), Apple Gin (mit Äpfeln), Lemon Gin (mit Zitronen) und Orange Gin (mit Bitterorangen).

Bekannte Marken
Beefeater, Bols Silver Top, Seagram's, Gilbey's, Gordon's, Tanqueray, Bombay Saphir

4.4 Aquavit (Akvavit)

Die Heimat des Aquavits sind die skandinavischen Länder und Norddeutschland. Er wird aus Korn und Neutralalkohol unter Verwendung von Kräutern und Gewürzen (vorwiegend Kümmel und Wacholderbeeren) hergestellt. Er hat einen Alkoholgehalt von 38 bis 45 Vol.-%.

Bekannte Marken
Aalborg, Holger Danske Line Aquavit, Malteserkreuz, Bommerlunder

Line Aquavit = mildere Sorte. Zur Reifung werden die Flaschen auf Schiffen über den Äquator und wieder zurück gefahren.

4.5 Wodka

Die Heimat des Wodkas liegt in Polen und Russland. Die Grundmaterialien für Wodka sind in der Regel Getreidemischungen, aber auch Kartoffeln. Wodkas werden mit Ingredienzien aus Kräutern und Gewürzen (zB Vanille-Wodka), mit Büffelgrasextrakt (Grasovka) und auch mit Zitrusfrüchten sowie Beerenfrüchten (Himbeeren) versetzt. Wodka hat zwischen 38 und 55 Vol.-% Alkohol.

Bekannte Marken
Stolitschnaya, Moskovskaya, Sibirskaya (GUS), Wyborowa, Zyntia Extra, Zubrovka (Polen), Puschkin, Stroganoff, Smirnoff, Samovar (Österreich), Absolut (Schweden), Finlandia (Finnland), Popov (USA), Gorbatschow, Eristoff, Nikita (Deutschland)

4.6 Korn & Kümmel

Ein Kornbranntwein ist ein Branntwein, der ausschließlich aus Gerste, Hafer, Weizen, Buchweizen und Roggen hergestellt wird. Sein Mindestalkoholgehalt muss 32 Vol.-% betragen. Ist der Korn mit Kümmel aromatisiert, wird er als Kümmel oder Kornkümmel bezeichnet.

Bekannte Marken
Berentzen, Berliner Kümmel, Doornkaat Der Ostfriesische, Gilka Kümmel, Steinhäger, Schinkenhäger

4.7 Service und Ausschank

Service, Gläser, Verwendung	
Service	**Whisk(e)y** ■ Ausschankmaß: 2 bzw. 4 cl. ■ Ideale Trinktemperatur = Raumtemperatur. ■ Auf Wunsch des Gastes wird Whisk(e)y mit Eiswürfeln, Wasser bzw. Sodawasser serviert. **Gin und Wodka** ■ Ausschankmaß: 4 cl. ■ Pur trinkt man Wodka eisgekühlt. Gin wird selten pur getrunken. Er ist Bestandteil von Mixgetränken. **Weitere Getreidebrände** ■ Ideale Trinktemperatur: stark gekühlt.
Gläser	■ Whisk(e)y: Old-fashioned-Glas (1); sehr alte Single Malts im Cognacschwenker (2) oder Single Malt Whisky Glas (3) ■ Für alle Getreidedestillate gibt es eigene Glasformen: Aquavitglas (4), Doornkaatglas (5), Wodkaglas (6), Schnapsglas (7; nur mehr vereinzelt zu finden).

Verwendung	■ Als Digestif. ■ Getreidebrände sind beliebte Begleiter zu Bier. ■ Whisk(e)y, Gin und Wodka als Bestandteil von Mixgetränken.

💡 Amerikaner trinken Whisk(e)y gern sehr kalt (4–6 °C) oder mit Limonaden (zB Cola, Ginger Ale, Seven up) aufgespritzt.

Sehr oft werden die Gläser für Getreidebrände und auch die Flaschen im Tiefkühlfach des Kühlschranks aufbewahrt.

➡ **Servierkunde**

5 Rum

Originalrum ist ein Destillat aus Zuckerrohr oder Zuckerrohrmelasse. Der berühmteste Rum kommt aus **Jamaika.** Auch in Kuba, Guadeloupe, Martinique, Trinidad, Haiti, Barbados, Puerto Rico und Mexiko werden hervorragende Rumarten erzeugt, die alle ihre eigene Charakteristik haben.

Während auf den Inseln mit britischer Tradition im Allgemeinen nach dem Whiskyverfahren gebrannt wird, bevorzugt man in den französisch beeinflussten Gebieten eine dreifache Cognacdestillation.

In die Maische kommen vor der Gärung je nach Gebiet verschiedene Würzen (Rosinen, Ananas, Fruchtsäfte, Vanille, Bataya-Akazien). Nach der Destillation wird der Rum gelagert. Die Art und Dauer der Lagerung sind entscheidend für die Qualität und das Bukett des Rums. Weißer Rum lagert in vorbehandelten Fässern, die keine Farbe abgeben, oder in Stahltanks, während brauner Rum seine Farbe aus den Eichenholzfässern, in denen er lagert, bekommt. Reicht der Farbton nicht aus, darf im Ursprungsland auch mit Zuckercouleur nachgeholfen werden.

Unterschiedlich ist der Alkoholgehalt des Rums. Er wird mit einem Alkoholgehalt von 62 bis 81 Vol.-% hergestellt (Originalrum). „Echter Rum" ist ein auf Trinkstärke (38–54 Vol.-%) herabgesetzter Originalrum. Die Bezeichnung „echt" darf ebenso wie die Bezeichnung „original" nur im Zusammenhang mit dem Herstellungsgebiet genannt werden, zB Echter Jamaika-Rum.

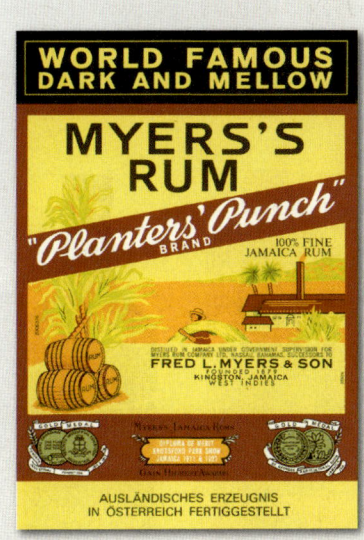

Zuckercouleur = Karamellzucker

Bekannte Marken
Puerto Rico: Bacardi (weiß, dunkel), Ronrico
Jamaika: Coruba (weiß und dunkel sowie „overproofed" mit 74 Vol.-%), Myers's, Lemon Heart
Martinique: Old Nick (weiß), Saint James (weiß und dunkel)
Haiti: Barbancourt
Kuba: Havana Club
Guyana: Demerara (dunkel)

Ebenso aus dem Saft des Zuckerrohrs destilliert wird der **Cachaça.** Seine Heimat ist Brasilien. Er wird nicht gereift und weist einen Alkoholgehalt ab 40 Vol.-% auf. Eine der bekanntesten Marken ist der Pitú. Er ist Hauptbestandteil des Mixgetränkes Caipirinha.

5.1 Service und Ausschank

Service, Gläser, Verwendung	
Service	<ul><li>Ideale Trinktemperatur von besten Qualitäten ist Raumteperatur.</li><li>Die besten Qualitäten werden pur serviert.</li><li>Ausschankmaß: 4 cl.</li></ul>
Glas	Tumbler, beste Qualitäten auch im Cognacglas.
Verwendung	<ul><li>Zum Mixen.</li><li>Zu Tee und Grog.</li></ul>

6 Tequila

Tequila stammt aus Mexiko und wird aus Agavensaft durch zweimalige Destillation gewonnen. Der Alkoholgehalt liegt zwischen 40 und 50 Vol.-%.
Die weißen und die braunen Sorten unterscheiden sich erheblich. Während die weißen Sorten nach der Destillation sofort abgefüllt werden und dadurch ihr helles Aussehen sowie den frischen Geschmack behalten, entsteht bei den bräunlichen Solo-Tequilas durch die ein- bis dreijährige Fasslagerung ein schweres, fast rauchiges Aroma.
Tequila eignet sich hervorragend zum Mixen (zB Margerita, Tequila Sunrise). Die altgelagerten dunklen Sorten werden auch pur getrunken.

Bekannte Marken
Tequila Silla, Tequila Mariachi, Olmeca, José Cuervo, Sauza, Don Emilio

7 Anisées und Bitters

Anisées sind alkoholische Getränke mit Anisgeschmack. Der französische Anisée heißt **Pastis.** Es gibt mehrere Marken, zB Berger Pastis, Pastis 51 (von Pernod Ricard). Der **Pernod** ist ebenfalls eine französische Anisspirituose, bei dem Sternanis und Fenchel den Geschmack bestimmen. Auch der **Ricard** kommt aus Frankreich. Er ist etwas dunkler. Der griechische Anisée heißt **Ouzo,** der türkische **Raki.** Die Anisées werden mit Wasser verdünnt getrunken.

Eine hochprozentige Bitterspirituose auf Wermutbasis ist der **Absinth.**
Bitters werden auf Eis im Tumbler serviert, sehr oft mit Sodawasser oder Orangensaft gemischt. Der bekannteste Bitteraperitif ist der **Campari.** Die rubinrote, herbsüße Spirituose aus Italien wird aus Kräutern und Gewürzen mit Neutralalkohol, Zucker und destilliertem Wasser hergestellt. Weitere bekannte Marken sind Aperol, Ramazzotti und Cynar.

8 Obstdestillate

Obstbrände

- Obstbrände werden durch alkoholische Gärung und Destillieren gewonnen. Sie sind also aus 100 Prozent Früchten; mind. 37,5 Vol.-%.
- Werden die Maischen zweier oder mehrerer Obstarten gemeinsam destilliert, heißt das Erzeugnis **Obstler.**

Beerenbrände

- Beerenbrände werden durch Einmaischen von Beerenfrüchten, z. B. Himbeeren in Alkohol und anschließendem Destillieren gewonnen; mind. 100 Kilogramm Früchte auf 20 Liter Alkohol.
- Auf der Etikette steht „durch Einmaischen und Destillieren gewonnen".
- Es gibt auch Beerenbrände, bei deren Herstellung kein Alkohol beim Einmaischen zugesetzt wird. Sie dürfen dann **Österreichische Qualitätsbeerenbrände** bezeichnet werden.

Geiste

- Geiste werden aus zuckarmen Früchten, hauptsächlich Beerenfrüchten gewonnen. Diese haben bei der Vergärung eine geringe Alkoholausbeute.
- Sie werden mit Alkohol versetzt und erst nach einer Einwirkzeit destilliert.

Herkunft	Name	Sorte	Vol.-%
Steiermark	Gölles	Apfel, Birne, Zwetschke, Kirsche, Kriecherl, Pfirsich, Brombeere, Himbeere, Holunder, Vogelbeere	40–45
	Jöbstl	Apfel, Birne, Pfirsich, Johannisbeere, Himbeere, Waldheidelbeere, Holunder, Stachelbeere	40–43
	Retter	Apfel, Birne, Quitte, Kirsche, Weichsel, Marille, Pfirsich, Schlehe, Brombeere, Erdbeere, Holunder, Hagebutte, Moosbeere, Vogelbeere	40–43
Burgenland	Lagler	Zwetschke, Apfel, Tafelbirne, Williamsbirne, Kirsche, Quitte, Marille, Pfirsich, Kriecherl, Johannisbeere, Holunder, Himbeere, Vogelbeere, Schlehe	39
Oberösterreich	Destillerie Schosser	Asperl (Mispel), Quitte, Dirndl, Familie Schosser Weichsel, Kirsche, Zwetschke, Schlehdorn, Himbeere, Hagebutte, Preiselbeere, Heidelbeere, Stachelbeere, Brombeere, Mehlbeere, Johannisbeere	40–41
	Reisetbauer	Apfel, Birne, Quitte, Zwetschke, Weichsel, Himbeere, Johannisbeere	40
	Hochmair	Elsbeere, Traubenkirsche, Wildkirsche	42–48
Niederösterreich	Böckl	Apfel, Birne, Quitte, Marille, Kirsche, Pfirsich, Johannisbeere, Hagebutte, Himbeere, Heidelbeere	39–40
	Holzapfel	Apfel, Birne, Quitte, Marille, Johannisbeere	45
	Wetter	Apfel, Birne, Marille, Pfirsich, Holunder, Ribisel, Himbeere, Vogelbeere	40–43

„Wasser" ist ein synonymer Begriff für Brand. Die Bezeichnung wird in Österreich jedoch sehr selten verwendet. In Deutschland hingegen ist z. B. Kirschwasser (aus dem Schwarzwald) häufig auf Etiketten zu finden.

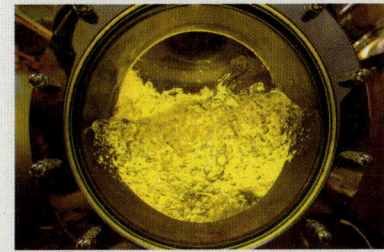

Im Brennkessel

Einige österreichische Brennereien haben sich zum Verband **„Quinta Essentia"** zusammengeschlossen. Diese Interessengemeinschaft bringt ausschließlich österreichische Qualitätsbrände auf den Markt.

Herkunft	Name	Sorte	Vol.-%
Salzburg	Guglhof	Apfel, Quitte, Zwetschke, Marille, Weichsel, Holunder, Vogelbeere	40
Kärnten	Birkenhof (WOB) Wolfram Ortner	Apfel, Birne, Quitte, Zwetschke, Marille, Johannisbeere, Brombeere, Himbeere, Schwarzbeere	42
	Pfau Valentin Latschen	Apfel, Birne, Quitte, Pfirsich, Weichsel, Zwetschke, Himbeere, Johannisbeere	43–45
Tirol	Erber	Apfel, Birne, Pflaume, Heidelbeere, Holunder, Vogelbeere	40–45
	Rochelt	Apfel, Birne, Quitte, Marille, Weichsel, Holunder, Vogelbeere	48–54
Voralberg	Freihof	Apfel, Birne, Quitte, Kirsche, Marille, Kriecherl, Holunder, Vogelbeere, Himbeere	40–42
Deutschland	Schladerer	Apfel, Birne, Kirsche, Sauerkirsche, Mirabelle, Zibärtle (Wildpflaume), Schlehe, Himbeere, Brombeere, Heidelbeere	40–42
	Ziegler	Birne, Kirsche, Sauermorelle (Sauerkirsche)	43
Schweiz	Dettling	Kirsche, Birne	40–43
	Etter	Zuger Kirsch, Pflümli (Zwetschke)	41
urspr. Ungarn	Barack Pálinka	Marille	40

 Wussten Sie, dass ...

die Calvadosäpfel für den normalen Verzehr kaum geeignet sind? Sie sind reich an Gerbstoffen.

Digestifs werden gerne im so genannten Digestifwagen angeboten

Calvados

In Eichenfässern gelagertes Destillat aus französischem Apfelwein (Cidre) mit bis zu 10 % Birnenwein (Poiré). Er stammt aus einer Region in der Normandie. Die Spitzenqualität kommt aus der „Appellation Pays d'Auge" an der Atlantikküste. Die meisten Calvados-Produkte sind Verschnitte von Destillaten verschiedener Jahrgänge. Die Altersangabe bezieht sich immer auf das jüngste im Verschnitt verwendete Destillat.

Bekannte Marken

Boulard, Busnel, Gilbert, Père Magloire, Roger Groult

Einkauf und Lagerung

Bezugsquelle für die verschiedenen Destillate sind zumeist Großhandelsfirmen. Besondere Qualitäten werden häufig direkt vom Produzenten bezogen.
Die Flaschen sollen kühl, dunkel und stehend gelagert werden.

Service und Ausschank

Service, Gläser, Verwendung	
Service	■ Ideale Trinktemperatur für klare Obstbrände 15–18 °C, für fassgelagerte Brände ca. 18 °C. Für Obstler und einfache Destillate wird eine kühlere Temperatur empfohlen, und zwar 8–10 °C. ■ Ausschankmaß: in der Regel 2 cl, jedoch auch 4 cl möglich.
Gläser	**Calvados:** im Cognacschwenker. **Obstbrände:** auf die Frucht abgestimmte Gläser; Beerenobst (1), Kernobst (2), Steinobst (3). Das traditionelle Schnapsglas ist vereinzelt zu finden. 1 2 3
Verwendung	■ Als Digestif.

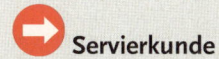
Servierkunde

9 Liköre

Liköre sind gesüßte Spirituosen. Der Mindestzuckergehalt beträgt 100 g Zucker pro Liter. Sie werden mit Farbstoffen, Duftstoffen und Geschmacksstoffen versetzt.
Zur Aromatisierung des so genannten Grundlikörs, einer Mischung aus Alkohol und Zucker, werden die folgenden Methoden angewendet.

Infusions- oder Destillationsmethode
Früchte, Blätter oder Kräuter werden mit Alkohol getränkt, bis dieser die Aromastoffe vollkommen aufgenommen hat. Danach wird der aromatisierte Alkohol nochmals destilliert, damit sich der Duft und der Geschmack noch verstärken.

Perkolations- oder Filtriermethode
Diese Methode ähnelt dem Filtern von Kaffee. Die aufsteigenden Alkoholdämpfe dringen von unten durch den Filter, auf dem die zerkleinerten Früchte, Gewürze, Blätter und Kräuter liegen, und nehmen dabei die Duft- und Geschmacksstoffe auf. Danach wird der Alkoholdampf kondensiert und tropft wieder in den unteren Teil des Filters.

Emulsionsmethode
Die Ingredienzien werden homogenisiert. Grundbestandteile der Emulsionsliköre sind in der Regel Milch, Obers, Ei und/oder Schokolade.

Kompositionsmethode
Ethylalkohol wird mit künstlichen Essenzen oder Kompositionen daraus versetzt.

9.1 Likörarten

Edelliköre bestehen aus hochwertigem Alkohol, zB Cognac, Rum, Whisky, und natürlichen Geschmacksstoffen. Diese werden durch die Infusions- oder Perkolationsmethode gewonnen. Künstliche Farbstoffe sind nicht erlaubt. Die Basis von **Tafellikören (Konsumlikören)** ist meist Neutralalkohol. Künstliche Essenzen und künstliche Farbstoffe sind erlaubt.

Man geht davon aus, dass die Liköre aus mittelalterlichen Heilgetränken hervorgegangen sind. Man wollte die Medizin versüßen und erfand so indirekt die Kräuterliköre.

Komposition = Zusammensetzung

Essenz = konzentrierter Auszug

Bitterliköre

Sammelbezeichnung für Würzbitter, Stark- oder Vollbitterliköre (meist über 45 Vol.-%) und Halbbitterliköre sowie Magenbitter (Stark- oder Halbbitter). Die Würzbitter (Angosturabitter, Orange Bitter) werden nur zum Mixen verwendet.

Marke	Herkunft	Vol.-%	Charakteristik
Averna	Italien	34	Magenbitter; dunkelbraun
Boonekamp	Deutschland	40	Magenbitter; dunkelbraun
Fernet-Branca	Italien	42	Magenbitter; dunkelbraun
Rossbacher	Österreich	32	Magenbitter; dunkelbraun
Underberg	Deutschland	49	Magenbitter; dunkelbraun
Unicum	Ungarn	42	Magenbitter; dunkelbraun

Fruchtsaftliköre und Fruchtliköre

In den Fruchtsaftlikören ist Fruchtsaft als geschmacksbestimmender Bestandteil enthalten. Fruchtliköre werden auf Basis von alkoholischen Ansätzen von Früchten sowie der daraus gewonnenen Destillate hergestellt.

Marke	Herkunft	Vol.-%	Charakteristik
Cherry Heering	Dänemark	25	Kirsch-Edellikör; kirschrot
Cointreau	Frankreich	40	Orangen-Edellikör aus Curaçao-Orangen; wasserklar
Marie Brizard Crème de Cassis	Frankreich	21	Johannisbeer-Edellikör; dunkelrot
Bols Curaçao Triple sec	Holland	40	Orangenlikör aus Curaçao-Pomeranzen; wasserklar, orange, rot und blau
Grand Marnier Cordon Jaune	Frankreich	38	Fruchtlikör auf Feinspritbasis mit Orangen sowie einer Kräuter-Gewürz-Mischung; gelblich
Grand Marnier Cordon Rouge	Frankreich	40	Fruchtlikör auf Basis von Cognac und Curaçao-Orangen mit einer Kräuter-Gewürz-Mischung
Limoncino, Limoncello	Italien	28–32	Zitronenlikör; klar und als Creme
Maraschino	Kroatien	22,5–40	Sauerkirschenlikör aus Dalmatien; wasserklar; zum Abrunden und Verfeinern
Sambuca	Italien	40	Holunderbeerlikör mit Anisgeschmack; wasserklar
Southern Comfort	USA	40	Pfirsich-Orangen-Kräuterlikör auf Bourbon-Whiskey-Basis

Curaçao = Insel in der Karibik

Marie Brizard, Bols = Namen der Erzeugerfirmen

Honigliköre

Sie enthalten 25 Kilogramm Honig je 100 Liter Fertigprodukt.

Marke	Herkunft	Vol.-%	Charakteristik
Drambuie	Schottland	40	Edellikör aus Malt Whisky, Honig und Heidekräutern
Irish Mist	Irland	35–40	Edellikör aus Whiskey, Honig und Kräutern

Kräuter- und Gewürzliköre

Sie werden aus Kräutern und/oder Gewürzen hergestellt. Leicht bitter-aromatischer oder stark würziger Geschmack.

Marke	Herkunft	Vol.-%	Charakteristik
Bénédictine D.O.M.	Frankreich	43	Edellikör aus Kräutern und Gewürzen; bernsteinfarben
Chartreuse	Frankreich	40 bzw. 55	Edellikör aus Kräutern, Gewürzen sowie Orangenschalen; Chartreuse jaune (gelb) und Chartreuse verte (grün)
Crème de Menthe	Frankreich	30	Kräuterlikör (Pfefferminze); meist dunkelgrün
Galliano	Italien	mind. 35	Kräuter-und-Gewürz-Likör mit ausgeprägtem Vanillegeschmack; gelb
Liquore Strega	Italien	40	Kräuterlikör; leicht bitter und goldgelb
Jägermeister	Deutschland	35	Kräuterlikör; herb-würzig, braun
Marie Brizard Anisette	Frankreich	25	Gewürzlikör; wasserklar
Gilka-Kaiser-Kümmel	Deutschland	38	Gewürzlikör; wasserklar

Emulsionsliköre

Sie werden aus Rohstoffen wie Eiern, Kaffee, Kakao, Haselnüssen oder Schokolade, die mit Wasser, Milch oder Obers und Zucker emulgiert werden, hergestellt.

Emulsion = feinste Verteilung einer Flüssigkeit in einer anderen, nicht mit ihr mischbaren Flüssigkeit.

Marke	Herkunft	Vol.-%	Charakteristik
Advokaat	Holland	20	Eierlikör; gelb
Bailey's Irish Cream	Irland	17	Emulsionslikör aus Schokolade, Obers und irischem Whiskey; cremefarbe
Droste Bittersweet Chocolate Liqueur	Holland	27	Schokoladelikör; bittersüß, schokoladefarben
Batida de Coco	Brasilien	20	Aus Kokosnüssen, Kokosmilch und Nüssen

Kakao- und Kaffeeliköre

Sie werden als Destillatliköre oder als Extraktliköre aus Kakao- oder Kaffeebohnen hergestellt.

Marke	Herkunft	Vol.-%	Charakteristik
Crème de Cacao	Holland	25	Kakaolikör mit Vanille; sehr süß, farblos oder braun
Crème de Mocca	Holland	25	Kaffeelikör; braun
Kahlúa	Mexiko	26,5	Kaffee-Edellikör aus Tequila und Kaffeebohnen; dunkelbraun
Tia Maria	Jamaika	31,5	Kaffee-Edellikör aus Jamaika-Rum und Kaffee; dunkelbraun

Sonstige Liköre

Marke	Herkunft	Vol.-%	Charakteristik
Amaretto di Saronno	Italien	28	Mandeledellikör; mittelbraun
Danziger Goldwasser	Deutschland, Polen	38	Kräuterlikör mit Goldplättchen; blank
Malibu	England	24	Klarer Kokosnusssaftlikör mit weißem Jamaikarum

9.2 Einkauf und Lagerung

Liköre lassen sich ihres hohen Zuckergehalts wegen im Allgemeinen gut aufbewahren. Einige kristallisieren aus, wenn sie zu kalt gelagert werden. Das ist aber bei Zimmertemperatur schnell zu beheben. Andere, besonders Fruchtsaftliköre, verlieren bei Luftzutritt mit der Zeit ihr frisches Aroma und werden braun. Fruchtsaft- und Eierliköre sollte man daher nicht allzu lange stehen lassen, wenn sie geöffnet sind.

9.3 Service und Ausschank

Service, Gläser, Verwendung	
Service	■ Ideale Trinktemperatur in Österreich in der Regel Raumtemperatur, in anderen Ländern auch gerne auf gestoßenem Eis oder mit Eiswürfeln. Emulsionsliköre leicht gekühlt. ■ Ausschankmaß: 2 bzw. 4 cl. ■ Bitterliköre, wie Underberg oder Fernet-Branca, werden mit einem Glas Soda- oder Leitungswasser angeboten.
Gläser	Likörglas (1), Likörschale (2) für dickflüssige Liköre, Cognacschwenker (3) für besonders edle Liköre 1 2 3
Verwendung	■ Zum Mixen. ■ Als Digestif. ■ Zum Aromatisieren von Süßspeisen, Obstdesserts etc.

Angebrochene Flaschen sind häufig außen klebrig. Sie müssen mit einem Tuch mit lauwarmem Wasser abgewaschen werden.

Eierlikör wird in einer Likörschle auf passendem Unterteller mit Serviette und einem Mokkalöffel serviert.

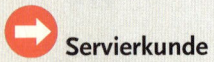 Servierkunde

? Fragen und Arbeitsaufgaben

1. Erklären Sie die Erzeugungsschritte folgender Spirituosen: Cognac, Tresterbrand, Obstdestillat.

2. Worin liegen die Unterschiede zwischen Pot-still-Verfahren und Patent-still-Verfahren?

3. Was ist der Unterschied zwischen Edelbrand und Geist?

4. Nennen Sie die Schritte der Cognacerzeugung und erklären Sie sie.

5. Nennen Sie drei bekannte Cognac- und drei Armagnacmarken.

6. Erklären Sie die folgenden Begriffe: Grappa, Weinbrand, Brandy, Weinhefebranntwein.

7. In welchen Ländern wird Whisk(e)y erzeugt? Beschreiben Sie die Gruppen.

8. Welche Getreidedestillate außer Whisk(e)y kennen Sie noch? Beschreiben Sie ihre Charakteristik.

9. Aus welchen Rohstoffen werden Rum und Tequila erzeugt?

10. Was sind Anisées? Erklären Sie kurz die Gruppe der Bitters.

11. Welche Anforderungen müssen Obstbrände erfüllen?

12. Beschreiben Sie die vier Likörherstellungsmethoden.

13. Zählen Sie die Likörarten auf und ordnen Sie jeder Gruppe mindestens ein Markenprodukt zu.

14. Mit welcher Trinktemperatur und in welchem Glas servieren Sie folgende Spirituosen: Cognac, Whiskey, Obstler, Bacardi, Pastis, Wodka, Calvados, Bitterlikör?

ZUSAMMENFASSUNG

Herstellung

Sie geschieht in folgenden Schritten: Maischen und Gären (die zuckerhältige Maische wird mit Hilfe von Hefe in Alkohol und Kohlensäure umgewandelt) – Destillation (Auffangen der Alkoholdämpfe und Verflüssigen durch Kühlung; Pot-still-Verfahren destilliert in zwei voneinander unabhängigen Brennvorgängen, nur der Mittellauf wird zum weiteren Veredeln genommen; Patent-still-Verfahren destilliert nur einmal und kondensiert den Mittellauf. Die in sich geschlossene Patent-still-Anlage wiederholt in gleicher Zeit zirka 20-mal den Destillationsvorgang des Pot-still-Verfahrens) – Lagern und Reifen – Verschneiden – Abfüllen.

Qualitätsbezeichnungen

Edelbrände: Der Alkohol stammt ausschließlich aus der namengebenden Frucht. Folgende Bezeichnungen werden verwendet: **Weinbrände** (100%ige Weindestillate oder höchstens 50%ige Verschnitte mit hochgradigem Weindestillat). **Österreichische Qualitätsweinbrände** (100%ige, hochwertige Weindestillate aus österreichischen Grundweinen). **Branntweine** (100%ige, hochwertige Weindestillate). **Obstbrände** (100%ige Destillate, meist sortenrein; entweder aus der fleischigen Frucht oder aus dem frischen Most hergestellt). **Beerenbrände** (bereits beim Einmaischen kann Fremdalkohol im Verhältnis von 20 Liter reinem Alkohol auf mindestens 100 kg Früchte verwendet werden). **Österreichische Qualitätsbrände** (100%ige Destillate, nicht aromatisiert).
Spirituosen aus Obst: Obstschnäpse (mindestens Drittelverschnitt eines österreichischen Qualitätsobstbrandes mit Fremdalkohol). **Obstspirituosen** (durch Einmaischen einer Frucht in Fremdalkohol).
Spirituosen nach besonderen oder traditionellen Verfahren: Geiste (Beerenfrüchte werden in Alkohol gelegt, der die Aromastoffe auslaugt; nach einer angemessenen Einwirkungszeit wird dieser Auszug destilliert).

Weindestillate

Destillate aus Wein sind Cognac, Armagnac, Eau de Vie de Vin, Acquavite d'Uva, Weinbrand, Brandy, Weinhefebranntweine und Tresterbrände.

Cognac: Destillationsprodukt aus Weißweinen aus der Charente, die sich in sechs Produktionszonen teilt. Die besten Cognacs kommen aus der Grande Champagne, dem innersten Teil der Charente. Cognacs, die nur aus Feinbränden einer Destillerie stammen, bezeichnet man als Single Distillery Cognacs. Die für die Cognacerzeugung verwendeten Rebsorten sind Ugni blanc, Folle blanche und Colombard. Das zweimalige Destillieren geschieht in den für die Charente typischen Kupferbrennblasen (Alambics charentais). Ebenso wichtig wie das Brennen ist für Cognac das Lagern in Eichenfässern aus Limousin-Eiche (mindestens zwei Jahre). Gute Cognacs lagern aber wesentlich länger. Anschließend wird verschnitten, mit destilliertem Wasser auf Trinkstärke verdünnt und schließlich kurz vor dem Versand in Flaschen abgefüllt.

Armagnac: Weindestillat aus Südfrankreich aus der Gascogne. Armagnac ist nachweislich älter als Cognac. Er darf in Jahrgängen, die bis ins 19. Jahrhundert zurückreichen, verkauft werden.

Eau de Vie de Vin: Bezeichnung für einen französischen Weinbrand, der außerhalb der Gascogne und der Charente erzeugt wird.

Acquavite d'Uva: Italienisches Traubendestillat.

Weinbrand: In vielen Ländern erzeugt. In Österreich ein Edelbrand aus Wein.

Brandy: In erster Linie sind damit Weinbrände aus Spanien gemeint.

Weinhefebranntweine: Nach dem „Abstechen des Weines vom Geläger" werden diese Rückstände nochmals gepresst und diese dann destilliert.

Tresterbrände: Edelbrände aus den Pressrückständen der Weinmaisch (Weintrestern). In Frankreich als Marc, in Italien als Grappa bezeichnet. Die Weindestillate werden stehend gelagert, die Flaschen müssen stets gut verschlossen sein. Die ideale Trinktemperatur liegt bei 18 °C.

Getreidedestillate

Destillate aus Getreide sind Whisky & Whiskey, Genever, Gin, Aquavit, Wodka, Korn & Kümmel.

Whisk(e)y: Die Schreibweisen Whisky und Whiskey sollten ursprünglich den schottischen Whisky vom irischen Whiskey unterscheiden. Früher wurde er nur aus Gerste und Hafer hergestellt. Heute werden auch Weizen, Mais und Roggen verwendet.

Scotch Whisky hat als einziger den typischen Rauchgeschmack. Der **Malt Whisky** besteht aus reiner Gerste, die man zum Keimen bringt (Malz) und über einem gleichmäßigen Torffeuer darrt. Anschließend wird das Malz geschrotet, mit heißem Wasser vermischt, abgekühlt und durch Hefezusatz zum Gären gebracht. Die Destillation erfolgt nach dem Pot-still-Verfahren. Der **Single Malt** ist ein Malt Whisky aus einer einzigen Destillerie. Der **Grain Whisky** wird hauptsächlich zum Blenden (Verschneiden) verwendet. Der **Blended Scotch Whisky** wird aus Grain Whiskys und Malt Whiskys unterschiedlicher Jahrgänge und Herkunft so zusammengestellt, dass stets der gleiche markentypische Geschmack gegeben ist. **Irish Whiskey** wird ebenfalls aus Gerstenmalz bereitet, das jedoch im Heißluftofen gedarrt wurde. **American Whiskey** ist schwer, körperreich und ein wenig süßlich. Der **Bourbon Whiskey** hat seinen Ursprung im amerikanischen Bundesstaat Kentucky. Er muss zumindest aus 51 % Mais hergestellt werden. **Tennessee Bourbon Whisk(e)y** weist einen ungewöhnlich milden Charakter auf, den er durch ein aufwändiges Filtrationsverfahren durch Holzkohle bekommt. **Rye Whiskey** besteht zu mindestens 51 % aus Roggen.

Canadian Whisky ist immer ein Verschnitt von Whiskeys aus Roggen und anderen Getreidesorten mit Neutralalkohol.

Japanischer Whisky ist dem schottischen sehr ähnlich

Genever: Besteht aus Gerste, Roggen und Mais unter Verwendung von Darrmalz, Wacholderbeeren und Gewürzen.

Gin: Besteht aus Gerste und Roggen unter Verwendung von Wacholderbeeren und Gewürzen. Es gibt ungesüßte Sorten (Dry Gin, London Dry Gin), leicht gesüßte Sorten (Old Tom Gin, Plymouth Gin) und versetzte Gins.

Aquavit: Aus Korn und Neutralalkohol unter Verwendung von Kräutern und Gewürzen (vorwiegend Kümmel und Wacholderbeeren) hergestellt.

Wodka: Die Grundmaterialien sind in der Regel Getreidemischungen, aber auch Kartoffeln. Es gibt auch versetzte Wodkas.

Korn & Kümmel: Ein Kornbranntwein wird aus Gerste, Hafer, Weizen, Buchweizen und Roggen hergestellt. Ist er mit Kümmel aromatisiert, wird er als Kümmel oder Kornkümmel bezeichnet. Die ideale Trinktemperatur für alle Whisk(e)ys ist Raumtemperatur. Auf Wunsch des Gastes wird er mit Eiswürfeln, Wasser bzw. Sodawasser serviert. Pur trinkt man Wodka eisgekühlt. Gin wird selten pur getrunken. Er ist Bestandteil von Mixgetränken. Alle anderen Getreidebrände werden stark gekühlt serviert.

Rum

Originalrum ist ein Destillat aus Zuckerrohr oder Zuckerrohrmelasse. Der berühmteste Rum kommt aus Jamaika. Während auf den Inseln mit britischer Tradition im Allgemeinen nach dem Whiskyverfahren gebrannt wird, bevorzugt man in den französisch beeinflussten Gebieten eine dreifache Cognacdestillation. In das Destillat kommen je nach Gebiet verschiedene Würzen (Rosinen, Ananas, Zimtäpfel, Vanille, Bataya-Akazien). Anschließend wird der Rum gelagert. Man unterscheidet zwischen weißem und braunem Rum. Er wird mit einem Alkoholgehalt von 62 bis 81 Vol.-% hergestellt (Originalrum). „Echter Rum" ist ein auf Trinkstärke (38–54 Vol.-%) herabgesetzter Originalrum.

Tequila

Tequila stammt aus Mexiko und wird aus Agavensaft durch zweimalige Destillation gewonnen. Der Alkoholgehalt liegt zwischen 40 und 50 Vol.-%. Es gibt weiße und braune Sorten. Tequila eignet sich wie der Rum hervorragend zum Mixen. Ebenso wie beim Rum werden die altgelagerten dunklen Sorten auch pur getrunken.

Anisées und Bitters

Anisées sind alkoholische Getränke mit Anisgeschmack. Der französische Anisée heißt Pastis. Der Pernod ist ebenfalls eine französische Anisspirituose mit Sternanis- und Fenchelgeschmack. Weiters zu nennen sind der französische Ricard, der Ouzo aus Griechland und der Raki aus der Türkei. Bitters werden auf Eis im Tumbler serviert, sehr oft mit Sodawasser oder Orangensaft gemischt. Der bekannteste Bitteraperitif ist der Campari.

Obstdestillate

Obstbrände werden durch alkoholische Gärung und Destillieren gewonnen (aus 100 Prozent Früchten; mind. 37,5 Vol.-%). Beim **Obstler** werden die Maischen zweier oder mehrerer Obstarten gemeinsam destilliert. **Beerenbrände** werden durch Einmaischen von Beerenfrüchten gewonnen (mind. 100 Kilogramm Früchte auf 20 Liter Alkohol; auf der Etikette steht „durch Einmaischen und Destillieren gewonnen"). Zur Herstellung der **Geiste** werden die meist zuckarmen Früchte mit Alkohol versetzt und erst nach einer Einwirkzeit destilliert.
Calvados: In Eichenfässern gelagertes Destillat aus französischem Apfelwein.

Liköre

Liköre sind gesüßte Spirituosen. Zur Aromatisierung des so genannten Grundlikörs, einer Mischung aus Alkohol und Zucker, werden verschiedene Methoden angewendet. Es sind dies: Infusions- oder Destillationsmethode (aromatisierter Alkohol wird destilliert) – Perkolations- oder Filtriermethode (Alkoholdämpfe werden kondensiert) – Emulsionsmethode (Grundbestandteile werden homogenisiert) – Kompositionsmethode (Ethylalkohol wird mit künstlichen Essenzen versetzt). Liköre lassen sich wegen ihres hohen Zuckergehalts im Allgemeinen gut aufbewahren. Die ideale Trinktemperatur ist Raumtemperatur. Nur die Emulsionsliköre werden leicht gekühlt. Die Bitterliköre werden mit einem Glas Soda- oder Leitungswasser angeboten.
Likörarten: Edelliköre bestehen aus hochwertigem Alkohol und natürlichen Geschmacksstoffen. Bei den Tafellikören (Konsumlikören) sind künstliche Essenzen und künstliche Farbstoffe erlaubt. Man unterscheidet folgende Gruppen: Bitterliköre (Magenbitter wie zB Underberg; Würzbitter wie zB Angosturabitter, der nur zum Mixen verwendet werden kann) – Fruchtsaftliköre und Fruchtliköre (zB Cointreau) – Honigliköre – Kräuter- und Gewürzliköre (zB Galliano) – Emulsionsliköre (zB Advokaat Eierlikör, Bailey's Irish Cream) – Kakao- und Kaffeeliköre (zB Kahlúa) – sonstige Liköre (zB Amaretto di Saronno).

Stichwortverzeichnis

Literaturverzeichnis

Michael Jackson, Bier international, Hallwag Verlag, Bern, 1994

Karl Rudolf, Bier – Der Guide für Kenner und Genießer, Wilhelm Heyne Verlag, München, 1998

Michael Hlatky, Das große österreichische Bierlexikon, austria medien service GmbH, 1999

Hugh Johnson, Der große Johnson, Hallwag Verlag, Bern, 1997

Siegel ua., Getränke- und Menükunde, Trauner Verlag, Linz, 2000

Siegel ua., Handlexikon der Getränke, Band 1–3, Trauner Verlag, Linz, 1996, 1990 und 1992

Siegel ua., Service. Die Grundlagen, Trauner Verlag, Linz, 1999

Siegel ua., Service. Die Getränke, Trauner Verlag, Linz, 2000

Teekanne (Hrsg.), Tee, Lehrmittelverlag Wilhelm Hagemann, Düsseldorf, 1983

Max Allen ua., Weine der Neuen Welt, Hallwag Verlag, Bern, 1998

Siegel ua., Weine, Schaumweine, Versetzte Weine, Trauner Verlag, Linz, 2004

Bildnachweis

Seite 7 und 8:	Trauner Verlag
Seite 10:	IDM (Informationszentrale Deutsches Mineralwasser, Bonn)
Seite 11:	MEV Bildarchiv, Augsburg
Seite 12, 13 und 23:	Fa. Römerquelle (Coca-Cola Beverages Austria Gmbh, Wien)
Seite 14:	Trauner Verlag
Seite 16:	Fairtrade (Foto von Helmut Adam), www.fairtrade.at
Seite 17 und 18:	Fa. Pfanner, Lauterach
Seite 19:	Fa. Pago, Klagenfurt
Seite 20:	Fairtrade, www.fairtrade.at
Seite 21:	Trauner Verlag
Seite 23 oben:	Novartis Nutrition GmbH, Wien
Seite 24:	Fa. Red Bull, Salzburg
Seite 25:	Coca-Cola Beverages Austria Gmbh, Wien
Seite 27:	Gmundner Milch, Gmunden/OÖ
Seite 28 und 29:	Trauner Verlag
Seite 31:	MEV Bildarchiv, Augsburg
Seite 32 oben:	Fairtrade, www.fairtrade.at
Seite 33:	Kaffee- und Teeverband, Wien
Seite 35:	Fa. WMF, Innsbruck und Fa. Nespresso, Wien
Seite 37 oben:	MEV Bildarchiv, Augsburg
Seite 37 unten:	Trauner Verlag
Seite 38 unten:	Dir. Leopold Josef Edelbauer, Wien; restliche Bilder: Trauner Verlag
Seite 40:	Fairtrade, www.fairtrade.at
Seite 41:	Infozentrum Schokolade, www.schokolade.de
Seite 42:	Trauner Verlag
Seite 44:	Deutsches Teebüro, Hamburg (Spalte), Fa. Teekanne, Salzburg
Seite 45 und 46:	Kaffee- und Teeverband, Wien
Seite 48 oben und Seite 49:	Fa. Teekanne, Salzburg
Seite 48 unten:	Fairtrade, www.fairtrade.at
Seite 51:	Brauerei Wieselburg
Seite 52, 53 und 58:	Brau Union Österreich AG, Linz
Seite 57:	Brauerei Zwettel, Zwettel/NÖ
Seite 60, 68, 79, 80 und 83:	Österreichische Weinmarketing Serviceges.mbH, Wien
Seite 61 und 62:	Höhere Bundeslehranstalt für Wein- und Obstbau, Klosterneuburg
Seite 63:	Weingut Johannishof, Familie Reinisch, Tattendorf
Seite 64 und 65:	Trauner Verlag
Seite 69, 70 und 71:	Rechteinhaber unbekannt
Seite 75 und 81:	Dinstlgut Loiben, Unterloiben
Seite 85 und 87:	Weinakademie Rust
Seite 90:	Mosel-Saar-Ruwer e. V., Trier (Foto von Ansgar Schmitz)
Seite 98 und 103:	B.I.V.B., Beaune
Seite 100:	Burdin S. A., Médoc
Seite 101:	C.I.V.B., Bordeaux
Seite 104:	Rechteinhaber unbekannt
Seite 107:	Consorzio del Vino Brunello di Montalcino, Montalcino
Seite 109:	Rechteinhaber unbekannt
Seite 110:	Weingut St. Michael, Eppan
Seite 111:	Consorzio Franciacorta
Seite 112:	Hans Stickler, Baden
Seite 113:	Weingut Rivera, Andria und Weingut Donnafugata, Marsala
Seite 116 und 124:	Australian Wine Bureau, AWEC Adelaide
Seite 119:	Willy Gutmayer, Krems
Seite 121:	Franz Summer, Wien
Seite 122 oben:	Rechteinhaber unbekannt
Seite 122 unten:	Weingut Opus One, Oakville
Seite 123:	Argentinische Botschaft, Wien
Seite 124:	Weingut Nederburg, Paarl und Villa Maria, Auckland
Seite 128:	Trauner Verlag
Seite 129 und 130:	C.I.V.C., Epernay
Seite 136:	Trauner Verlag
Seite 138:	Portugiesische Botschaft, Wien
Seite 139, 140 und 141:	Weine aus Portugal, Familie Kuranda, Kronsdorf
Seite 144:	Fa. Asbach Uralt, Rüdesheim am Rhein
Seite 146:	Rechteinhaber unbekannt
Seite 155:	Erber GMBH, Brixen im Thale
Seite 156:	Trauner Verlag

Karten, Grafiken und Etiketten sowie Flaschenaufnahmen
(Seite 12, 13, 22, 32 unten, 41, 54, 55, 56, 61, 62, 63, 67, 68, 72, 76, 77, 78, 80, 81, 82, 84, 85, 86, 87, 88, 92, 93, 94, 95, 96, 99, 100, 102, 108, 109, 110, 117, 118, 120, 122, 129, 131, 132, 137, 138, 139, 141, 145, 147, 148, 149, 150, 151, 152, 153, 154, 158, 159 und 160): Trauner Verlag